国际民航组织概论

姬瑞鹏　陈曦光　许家祺　编著

北京航空航天大学出版社

内 容 简 介

本书对国际民航组织(ICAO)进行了全面、系统、深入的介绍，全书共分为7章，分别从概况、历史、组织机构和运作机制、法规体系、主要项目和工作、中国与ICAO，以及国际民航业的其他主要国际组织等方面进行了全方位介绍。书中对ICAO的组织机构、历任理事会主席、历任秘书长、历届大会、公约及附件、开展的主要项目等都进行了系统介绍，总结了国际民航组织大事记，介绍了中国的席位变化、作用和中国代表处情况，并选取了部分民航业其他的国际性组织进行了简要介绍。

本书是关于国际民航组织的科普书籍和业内人士的参考用书。普通读者可通过本书较为全面地了解国际民航组织，业内人士也可将其作为查询国际民航组织相关知识的工具书。

图书在版编目(CIP)数据

国际民航组织概论 / 姬瑞鹏，陈曦光，许家祺编著. -- 北京 ：北京航空航天大学出版社，2017.4
ISBN 978-7-5124-2364-0

Ⅰ. ①国… Ⅱ. ①姬… ②陈… ③许… Ⅲ. ①民航运输－国际运输－民航管理 Ⅳ. ①F561

中国版本图书馆CIP数据核字(2017)第063185号

国际民航组织概论
姬瑞鹏 陈曦光 许家祺 编著
责任编辑 周华玲
*
北京航空航天大学出版社出版发行
北京市海淀区学院路37号(邮编100191) http://www.buaapress.com.cn
发行部电话:(010)82317024 传真:(010)82328026
读者信箱: bhpress@263.net 邮购电话:(010)82316936
涿州市新华印刷有限公司印装 各地书店经销
*
开本:710×1 000 1/16 印张:16.25 字数:346千字
2017年5月第1版 2017年5月第1次印刷 印数:3 000册
ISBN 978-7-5124-2364-0 定价:32.00元

若本书有倒页、脱页、缺页等印装质量问题，请与本社发行部联系调换。联系电话:(010)82317024

序

姬瑞鹏、陈曦光等同志编写的《国际民航组织概论》一书即将付梓，我十分欣慰。他们在整整一年的编写过程中，付出了巨大的艰辛和努力。时常是在工作之余，还看到他们在一起探讨和写作，这让我很感动，他们做了一件很有意义的事情。该书对于民航从业人员来说，是一部具有较高参考价值的图书。

中国连续十余年担任国际民航组织一类理事国，民航运输量位居世界第二位，并仍将保持快速、可持续的增长。在我国为实现"两个一百年"的目标而奋斗的伟大征程中，中国民航也正处在由民航大国迈向民航强国的关键时期。民航作为国民经济中具有战略性、基础性作用的产业，必将在未来发挥着更为重要的作用。

民航工作具有高度的国际化、敏感性和专业化的特点。国际民航组织是国际民航界的重要角色，其公约和标准是全球民航通行的准则。中国民航与国际民航组织有着十分紧密的联系，该组织现任秘书长柳芳博士就来自中国。以中国民用航空局飞行标准司来讲，我们担任着国际民航组织多个专家委员会或项目的主席、委员，也有同事被国际民航组织借调，广泛参与了国际民航组织标准的制定和推广。随着多年来民航安全管理的深入推进，我们的航空安全管理能力已居于世界前列，运输航空安全记录已处于世界领先水平，中国民航有必要更广泛地参与到国际民航组织的工作中，充分发挥积极的作用，提高国际影响力和话语权，在重大决议和国际标准出台方面发挥越来越重大的作用，将中国优良的理念和标准推向国际，促成全球标准。

中国民航也在积极贯彻国际民航组织"不让一个国家掉队"的理念，加大对民航落后国家的技术支持，输出中国标准，做好国产航空器走出国门的支持工作。这也是党中央提出的"道路自信、理论自信、制度自信、文化自信”的具体体现。

这本书从现状、历史、组织架构等方面对国际民航组织(ICAO)进行了全面、系统的介绍,相信能够为广大读者,特别是为民航工作者提供学习的蓝本。希望此书能给大家带来帮助和收获,不断提升管理能力,促进行业发展。

胡振江

2016年12月于中国民用航空局

前　言

我们都有着十多年的民航管理工作经验，在工作中我们切实感觉到，应当将日常工作中积累的一些知识和材料进行归纳、总结，写成一本书，与行业内外有关人士分享，以丰富民航知识，开拓国际视野，为建设民航强国尽一份绵薄之力。

本着这个目的，2016年初，我们开始着手书籍的撰写工作。在选题过程中，我们发现，随着我国民航国际地位的提高，中国民航与国际民航组织(ICAO)的交流日益密切。中国自2004年起就是国际民航组织的一类理事国，广泛参与国际民航组织各类活动(该组织现任秘书长就是中国籍)，但是目前，据我们所知，国内几乎没有一本系统介绍国际民航组织的中文书籍。现有可查询到的关于国际民航组织的资料庞杂，大部分都是碎片化、零散的，难以形成全面、系统性的认识。而且，很多资料均为英文版本，不利于推广普及；现有的中文资料部分内容专业性强，不易于一般读者理解。因此，有必要编写一本系统介绍国际民航组织的书籍。

确定选题后，我们开始了为期一年的撰写工作。本书所采用的资料都是国际民航组织公开的资料或工作经验的总结。我们从现有的资料中进行了优选、重新组合，形成了本书的框架，并对材料进行了“本土化”和“深加工”，从民航专业角度全面归纳，系统总结，提炼出最具有价值的国际民航组织资料。译文在保持资料原意的基础上，按照现今中国人的阅读和理解习惯进行了修正。全书力求通俗易懂，采用了简明概况的写法，让读者在短时间内全面、系统地了解国际民航组织的基本情况。用词方面尽量采用民航专业词汇和用语。

本书共分为七章，分别从ICAO的概况、历史、组织机构和运作机制、法规体系、运行中的主要项目和工作、中国与ICAO以及国际民航业其他主要国际组织等方面进行了全方位介绍。其中，关于国际民航组织历届大会的中文介绍、大事记等都是国内首次系统性的总结。本书的定位是一部关于国际民航组织的民航科普书籍和业内人员的参考书。普通读者阅读本书可以较为全面地了解国际民航组织，业内人员亦可将其作为查询国际民航组织相关知识的工具书。

在该书编写过程中，姬瑞鹏同志和陈曦光同志负责全书结构和内容的设计、材料的准备、统稿和全书校对等工作；许家琪同志负责第2章、第3章、第5章、第6章内容和第4章部分内容的编写工作。除此之外，公昆颖同志参与了第1章、第7章内容和第4章部分内容的整理汇总工作。

本书的编写得到了中国常驻国际民航组织理事会代表马涛先生，中国民用航空局飞行标准司司长胡振江先生、副司长朱涛先生、综合处副处长齐纲先生，北京航空航天大学飞行学院院长张建华先生，国际民航组织北亚地区运行安全和持续适航项目总技术顾问韦恩·查宾先生、项目办公室孙群女士，国际航空运输协会安全及航行事务高级副总裁罗麦吉先生，北亚地区安全与航行事务总监李文新先生，项目经理张威先生等人的大力支持和帮助，在此表示深深的谢意。

由于本书涉及的内容覆盖面广、知识点多，加之我们的水平有限，在编写、统稿的过程中，难免会有不足和错误之处，敬请各位同仁和读者批评指正。

姬瑞鹏　陈曦光

2016年12月4日于北京

目　　录

第 1 章　ICAO 概况 …… 1

1.1　概况与职责 …… 1

1.1.1　概　述 …… 1

1.1.2　法律地位和职责 …… 2

1.1.3　宗旨和目的 …… 3

1.1.4　总部地址 …… 3

1.1.5　愿景和使命 …… 4

1.1.6　成员国 …… 4

1.2　机构组成 …… 5

1.2.1　大　会 …… 6

1.2.2　理事会 …… 6

1.2.3　秘书处 …… 7

1.3　人力资源情况 …… 7

1.4　制定标准和建议措施 …… 8

1.5　2014—2016 年战略目标 …… 9

1.6　国际民航日 …… 9

1.7　爱德华·沃纳奖 …… 10

第 2 章　ICAO 的历史 …… 14

2.1　ICAO 的成立:芝加哥会议 …… 14

2.2　发展(大事记) …… 17

2.3　成员国 …… 24

2.3.1　创始成员国 …… 24

2.3.2　成员国加入情况 …… 25

2.3.3　成员国的责任和权益 …… 27

2.4　战略目标的历史 …… 28

2.4.1　21 世纪战略目标 …… 28

2.4.2　2011—2013 年战略目标 …… 36

2.4.3　2005—2010 年战略目标 …… 36

2.5　总部协定 …… 39

2.6 历任理事会主席 …… 40

2.6.1 第一任理事会主席爱德华·皮尔森·沃纳(美国) …… 40

2.6.2 第二任理事会主席沃尔特·比纳吉(阿根廷) …… 41

2.6.3 第三任理事会主席阿萨德·柯台特(黎巴嫩) …… 41

2.6.4 第四任理事会主席罗伯特·高贝·冈萨雷斯(墨西哥) …… 42

2.6.5 第五任理事会主席奥卢穆伊瓦·贝纳德·阿留(尼日利亚) …… 43

2.7 历任秘书长 …… 43

2.7.1 第一任秘书长艾伯特·让·弗朗索瓦·罗珀(法国) …… 43

2.7.2 第二任秘书长厄恩斯特·卡尔·罗伯特·永贝里(瑞典) …… 44

2.7.3 第三任秘书长罗纳德·麦卡利斯特·麦克唐纳(加拿大) …… 45

2.7.4 第四任秘书长博纳多斯·特尔曼·维特(荷兰) …… 45

2.7.5 第五任秘书长阿萨德·柯台特(黎巴嫩) …… 46

2.7.6 第六任秘书长伊夫·毛里斯·兰伯特(法国) …… 46

2.7.7 第七任秘书长温德·辛格·西度(印度) …… 47

2.7.8 第八任秘书长菲力普·罗扎特(瑞士) …… 47

2.7.9 第九任秘书长雷纳托·克劳迪奥·柯斯塔·佩雷拉(巴西) …… 48

2.7.10 第十任秘书长塔耶布·谢里夫(阿尔及利亚) …… 48

2.7.11 第十一任秘书长雷蒙·邦雅曼(法国) …… 49

2.7.12 第十二任秘书长柳芳(中国) …… 50

第3章 ICAO组织机构和运作机制 …… 51

3.1 大会 …… 51

3.1.1 概况 …… 51

3.1.2 历届大会介绍 …… 52

3.2 理事会 …… 73

3.2.1 概况 …… 73

3.2.2 理事国 …… 75

3.2.3 理事会年度报告 …… 78

3.2.4 理事会主席及委员会主席 …… 95

3.3 秘书处 …… 95

3.3.1 概况 …… 95

3.3.2 秘书长 …… 96

3.3.3 秘书长办公室 …… 96

3.3.4 下设局 …… 97

3.3.5 地区办事处 …… 99

3.4 航行委员会 …… 102

3.4.1　概　况 …… 102
3.4.2　标准和建议措施 …… 103
3.4.3　空中航行服务程序 …… 104
3.4.4　国际民航组织如何制定各项标准 …… 104
3.4.5　技术专家组 …… 105
3.4.6　空中航行工作方案 …… 110

第4章　ICAO的法规体系 …… 111

4.1　概　况 …… 111
4.2　公　约 …… 111
4.2.1　《国际民用航空公约》 …… 111
4.2.2　其他国际公约 …… 116
4.3　《国际民用航空公约》附件 …… 117
4.3.1　附件1《人员执照的颁发》 …… 119
4.3.2　附件2《空中规则》 …… 120
4.3.3　附件3《国际空中航行气象服务》 …… 122
4.3.4　附件4《航图》 …… 124
4.3.5　附件5《空中和地面运行中所使用的计量单位》 …… 127
4.3.6　附件6《航空器的运行》 …… 128
4.3.7　附件7《航空器国籍和登记标志》 …… 135
4.3.8　附件8《航空器适航性》 …… 136
4.3.9　附件9《简化手续》 …… 141
4.3.10　附件10《航空电信》 …… 145
4.3.11　附件11《空中交通服务》 …… 146
4.3.12　附件12《搜寻与援救》 …… 149
4.3.13　附件13《航空器事故和事故征候调查》 …… 151
4.3.14　附件14《机场》 …… 154
4.3.15　附件15《航空情报服务》 …… 157
4.3.16　附件16《环境保护》 …… 159
4.3.17　附件17《安保:保护国际民用航空免遭非法干扰行为》 …… 165
4.3.18　附件18《危险品的安全航空运输》 …… 168
4.3.19　附件19《安全管理》 …… 170
4.4　其他文件 …… 172
4.4.1　空中航行服务程序 …… 172
4.4.2　文　件 …… 173
4.4.3　通　告 …… 173

4.4.4 期 刊 …… 173
4.5 法规的制定程序 …… 173
4.5.1 提出意见阶段 …… 173
4.5.2 研究阶段 …… 173
4.5.3 评议阶段 …… 174
4.5.4 采纳阶段 …… 174

第 5 章 ICAO 开展的主要项目和工作 …… 175

5.1 普遍安全监督审计计划 …… 175
5.2 持续监测做法 …… 178
5.3 普遍航空安保审计计划 …… 182
5.4 国际航空安全财务机制 …… 184
5.5 ICAO 预算 …… 185
5.6 国际民航组织出版物 …… 188
5.6.1 国际民航组织出版物的宗旨 …… 188
5.6.2 国际民航组织出版物的分类 …… 188
5.6.3 国际民航组织出版物的语言 …… 189
5.6.4 国际民航组织出版物的分发 …… 189
5.6.5 国际民航组织出版物的发展 …… 189
5.7 ICAO 网站 …… 190
5.8 运行安全及持续适航性合作发展方案 …… 190
5.9 飞行程序方案 …… 192
5.10 国际民航组织专家委员会 …… 193
5.11 预防和管理民用航空公共卫生事件的协作安排 …… 194
5.12 全球航空安全计划 …… 194
5.13 全球空中航行计划 …… 198
5.14 追踪系统 …… 202
5.15 冲突地区 …… 202
5.16 不让任何国家掉队 …… 203
5.17 安全管理手册 …… 205
5.18 安保管理体系 …… 208
5.19 亚太地区空中航行规划和实施小组 …… 209

第 6 章 中国与 ICAO …… 211

6.1 中国在 ICAO 的席位 …… 211
6.2 中国在 ICAO 的活动 …… 212

6.2.1　当选理事国和一类理事国 …… 212
6.2.2　设立 ICAO 常驻代表处 …… 212
6.2.3　积极研究和加入国际航空法文书 …… 212
6.2.4　扩大中文的适用范围 …… 213
6.2.5　积极参加国际民航组织的活动 …… 214
6.2.6　积极参与并主持 ICAO 在本地区开展的各项活动 …… 214
6.2.7　亚洲和太平洋地区分办事处 …… 214
6.2.8　《北京公约》和《北京议定书》 …… 215
6.2.9　主办亚太地区民航局长会议 …… 216
6.2.10　承办 COSCAP-北亚地区指导委员会办公室 …… 217
6.2.11　为 ICAO 提供技术支持和财政支持 …… 218
6.3　中国代表处 …… 219
6.4　港澳事务 …… 220

第 7 章　国际民航业其他主要国际组织 …… 224

7.1　非洲民用航空委员会 …… 224
7.1.1　基本情况 …… 224
7.1.2　成　员 …… 224
7.1.3　组织机构 …… 225
7.1.4　愿景和使命 …… 225
7.1.5　主要工作 …… 225
7.2　欧洲民用航空会议 …… 225
7.2.1　基本情况 …… 225
7.2.2　成　员 …… 226
7.2.3　组织机构 …… 226
7.2.4　愿景和使命 …… 226
7.2.5　主要工作 …… 226
7.3　国际航空运输协会 …… 226
7.3.1　基本情况 …… 226
7.3.2　会　员 …… 227
7.3.3　组织机构 …… 227
7.3.4　愿景和使命 …… 229
7.3.5　主要工作 …… 230
7.3.6　安全与航行事务的有关情况 …… 231
7.3.7　国际航协运行安全审计 …… 231
7.4　国际机场理事会 …… 232

7.4.1 基本情况 …… 232
7.4.2 成　员 …… 233
7.4.3 发展目标 …… 233
7.4.4 组织机构 …… 233
7.5 航空公司驾驶员协会国际联合会 …… 234
7.5.1 历史背景 …… 234
7.5.2 组织机构 …… 234
7.5.3 愿景和使命 …… 235
7.5.4 主要工作 …… 235
7.6 航空器拥有者和驾驶员协会国际理事会 …… 236
7.6.1 基本情况 …… 236
7.6.2 目　标 …… 236
7.6.3 组织机构 …… 237
7.7 民用航空航行服务机构 …… 237
7.7.1 基本情况 …… 237
7.7.2 成　员 …… 237
7.7.3 组织机构 …… 237
7.7.4 愿景和使命 …… 238
7.7.5 愿景 2020 …… 238
7.7.6 主要工作 …… 238
7.8 航空运输行动小组 …… 239
7.8.1 基本情况 …… 239
7.8.2 成　员 …… 239
7.8.3 组织机构 …… 239
7.8.4 愿景和使命 …… 239
7.8.5 主要工作 …… 240
7.9 国际商业航空委员会 …… 240
7.9.1 基本情况 …… 240
7.9.2 成　员 …… 240
7.9.3 愿景和使命 …… 241
7.10 亚太航空公司协会 …… 241
7.10.1 历史背景 …… 241
7.10.2 成　员 …… 241
7.10.3 组织机构 …… 242
参考网站 …… 245
参考文献 …… 246

第1章　ICAO概况

1.1　概况与职责

1.1.1　概　述

国际民用航空组织(International Civil Aviation Organization),简称国际民航组织或ICAO,是1944年创建的一个联合国专门机构,是世界上各主权国家以本国政府的名义参加的官方国际组织,旨在依据《国际民用航空公约》(即《芝加哥公约》)对国际民用航空活动进行协调和管理。

国际民航组织与191个成员国以及行业界进行合作,就国际民用航空的标准、建议措施及政策达成一致,以支持一个安全、有效、安保*、经济上可持续和对环境负责的全球民用航空业。国际民航组织成员国使用这些标准、建议措施及政策来确保本国民用航空的运行和规章符合全球规范,以保障全球航空网络内每天十万多架次的航班,在世界各个地区能够安全可靠地运行。除了在其成员国和行业之间就国际标准、建议措施及政策达成共识这一核心工作,以及许多其他优先事项和方案之外,国际民航组织还对各国的援助及能力建设活动进行协调,以支持各项航空发展目标。

国际民航组织工作的最终目标一方面是根据其针对全球航空运输网络的标准、建议措施和战略目标,为某一国家建立一个安全有效的航空运输基础。另一方面,国际民航组织持续致力于推进全球计划,对安全和空中航行的多边战略性事务进行协调。由于航空发展对执行全球任务和达成联合国新的可持续发展目标极其重要,所以国际民航组织开始更加积极地让各国家和有关方参与进来,按照可持续发展的目标制定工作计划。国际民航组织在开展这项工作时,不仅承担着重要的协调角色,还向各国提供其所需的支持。一旦建立起符合国际民航组织要求的航空运输连通性,将有利于实现有关国家和地区的旅游业及其他社会经济发展目标的实现。本国公民、企业和生产商获取国外物资和进入国外市场的机会也将大幅度的提升,并且可以通过加强医疗运输、应急响应和文化交流为本国政府和社会团体带来更多的福利。此外,国际民航组织还会持续监测并审计各国在安全和安保方面的民用航空监督能力。

---

* 说明:关于"安保"一词,国际民航组织在中文翻译中一般使用"保安"一词表示"保护国际民用航空免遭非法干扰行为"的含义,为符合中文的使用习惯,本书中一律改为使用"安保"一词表示此项含义。

1.1.2 法律地位和职责

1. 国际民航组织是国际法主体

一个国际法主体必须具有三个特征，即必须具有独立进行国际交往的能力，必须能够直接享有国际法赋予的权利，以及必须构成国际社会中地位平等的实体。国际民航组织的国际法主体资格是由《芝加哥公约》赋予的。《芝加哥公约》第 47 条规定："本组织在缔约国领土内应享有为履行其职能所必需的法律能力。凡与有关国家的宪法和法律不相抵触时，都应承认其完全的法人资格。"同时，《芝加哥公约》还详尽规定了国际民航组织作为一个独立的实体在国际交往中所应享有的权利和承担的义务。

2. 国际民航组织的权利

国际民航组织的权利主要表现在：

① 协调国际民航间的关系。在国际民航的各领域协调各国的关系及做法，制定统一的标准，促进国际民航健康、有序地发展。

② 解决国际民航争议。充当协调人，在协调各国关系上发挥不可替代的作用。

③ 缔结国际条约。参与国际条约的制定，以条约缔约方的身份签订国际条约。

④ 特权和豁免。各成员国代表和该组织官员，在每个成员国领域内，享有为达到该组织的宗旨和履行职务所必需的特权和豁免。

⑤ 参与国际航空法的制定。主持制定涉及民航各方面活动的国际公约以及国际航空方面的一系列文件。

3. 国际民航组织是政府间的国际组织

国际民航组织是各主权国家以本国政府的名义参加的官方国际组织，取得国际民航组织成员资格的法律主体是国家，代表这些国家的是其合法政府。对此，《芝加哥公约》第 21 章做出了明确规定，排除了任何其他非政治实体和团体成为国际民航组织成员的可能，也排除了出现两个以上的政府机构代表同一国家成为国际民航组织成员的可能。

4. 国际民航组织是联合国的一个专门机构

联合国的专门机构指的是通过特别协定而同联合国建立法律关系的，或根据联合国决定设立的，对某一特定业务领域负有广大国际责任的政府间专门性国际组织，它们并不是联合国的附属机构，而是在整个联合国体系中享有自主地位。协调一致，是这些专门机构与联合国相互关系的一项重要原则。1946 年，联合国与国际民航组织签订了一项关于两者之间关系的协议，并于 1947 年 5 月 13 日生效，国际民航组织由此成为联合国的专门机构之一。联合国承认国际民航组织在其职权范围内的职能，国际民航组织承认联合国有权提出建议并协调其活动，同时定期向联合国提交工作报告，相互派代表出席彼此的会议，但无表决权。此外，一个组织还可以根据需要参加另一组织的工作。

1.1.3 宗旨和目的

国际民航组织的宗旨和目的在于发展国际航行的原则和技术，促进国际航空运输的规划和发展，以便实现下列各项目标：

① 确保全球国际民用航空安全和有秩序地发展。

② 鼓励发展为和平用途的航空器设计和操作技术。

③ 鼓励发展国际民用航空应用的航路、机场和航行设施。

④ 满足世界人民对安全、正常、有效和经济的航空运输的需要。

⑤ 防止因不合理的竞争而造成经济上的浪费。

⑥ 保证成员国的权利得到充分尊重，每一成员国均享有经营国际空运企业的公平的机会。

⑦ 避免各成员国之间的差别待遇。

⑧ 促进国际航行的安全。

⑨ 促进国际民用航空在各方面的发展。

以上9条共涉及国际航行和国际航空运输两个方面的问题：一是技术问题，主要是安全；二是经济和法律问题，主要是公平合理，尊重主权。两者的共同目的是保证国际民用航空安全、正常、有效和有序地发展。

1.1.4 总部地址

国际民航组织总部现地址位于加拿大魁北克省蒙特利尔市学院路999号(999 University Street, Montreal, Quebec, Canada H3C5H7)。

国际民航组织总部

1.1.5 愿景和使命

国际民航组织的愿景为“实现全球民用航空系统的可持续增长”。

国际民航组织承担的使命是通过会员国及相关方的合作，制定政策、标准，开展循规审计，进行研究和分析，提供援助和建设航空的能力。

该愿景与使命用于指导 2013—2028 年期间整个国际民航组织的工作，并已得到国际民航组织理事会的批准。

1.1.6 成员国

截至 2016 年 8 月 15 日，国际民航组织共有 191 个成员国：

阿尔巴尼亚	厄瓜多尔	卢森堡	圣马力诺
阿尔及利亚	厄立特里亚	卢旺达	圣文森特和格林纳丁斯
阿富汗	法国	罗马尼亚	斯里兰卡
阿根廷	菲律宾	马达加斯加	斯洛伐克
阿拉伯联合酋长国	斐济	马尔代夫	斯洛文尼亚
阿拉伯叙利亚共和国	芬兰	马耳他	斯威士兰
阿曼	佛得角	马拉维	苏丹
阿塞拜疆	冈比亚	马来西亚	苏里南
埃及	刚果	马里	所罗门群岛
埃塞俄比亚	刚果民主共和国	马绍尔群岛	索马里
爱尔兰	哥伦比亚	毛里求斯	塔吉克斯坦
爱沙尼亚	哥斯达黎加	毛里塔尼亚	泰国
安道尔	格林纳达	美国	坦桑尼亚联合共和国
安哥拉	格鲁吉亚	蒙古	汤加
安提瓜和巴布达	古巴	孟加拉国	特立尼达和多巴哥
奥地利	圭亚那	密克罗尼西亚	突尼斯
澳大利亚	哈萨克斯坦	缅甸	土耳其
巴巴多斯	海地	摩尔多瓦共和国	土库曼斯坦
巴布亚新几内亚	荷兰	摩洛哥	瓦努阿图
巴哈马	黑山	摩纳哥	危地马拉
巴基斯坦	洪都拉斯	莫桑比克	委内瑞拉
巴拉圭	基里巴斯	墨西哥	文莱达鲁萨兰国

续表

巴林	吉布提	纳米比亚	乌干达
巴拿马	吉尔吉斯斯坦	南非	乌克兰
巴西	几内亚	南苏丹	乌拉圭
白俄罗斯	几内亚比绍	瑙鲁	乌兹别克斯坦
保加利亚	加拿大	尼泊尔	西班牙
贝宁	加纳	尼加拉瓜	希腊
比利时	加蓬	尼日尔	新加坡
秘鲁	柬埔寨	尼日利亚	新西兰
冰岛	捷克共和国	挪威	匈牙利
波兰	津巴布韦	帕劳	牙买加
波斯尼亚和黑塞哥维那	喀麦隆	葡萄牙	亚美尼亚
玻利维亚	卡塔尔	马其顿	也门
伯利兹	科摩罗	日本	伊拉克
博茨瓦纳	科特迪瓦	瑞典	伊朗
不丹	科威特	瑞士	以色列
布基纳法索	克罗地亚	萨尔瓦多	意大利
布隆迪	肯尼亚	萨摩亚	印度
朝鲜	库克群岛	塞尔维亚	印度尼西亚
赤道几内亚	拉脱维亚	塞拉利昂	约旦
大韩民国	莱索托	塞内加尔	越南
丹麦	老挝	塞浦路斯	赞比亚
德国	黎巴嫩	塞舌尔	乍得
东帝汶	立陶宛	沙特阿拉伯	智利
多哥	利比里亚	圣多美和普林西比	中非共和国
多米尼加共和国	利比亚	圣基茨和尼维斯	中国
俄罗斯联邦	英国	圣卢西亚	

1.2 机构组成

按照《芝加哥公约》条款，国际民航组织由大会、理事会和秘书处组成，主要官员是理事会主席和秘书长。

1.2.1 大 会

大会是国际民航组织的最高权力机构,由全体成员国组成。大会由理事会召集,一般情况下每三年举行一次,遇有特别情况时,或有五分之一以上成员国向秘书长提出要求时,可以召开特别会议。参加大会的每一个成员国只有一票表决权。大会决议一般以超过半数通过,但在某些情况下,如《芝加哥公约》的任何修正案,则需三分之二多数票通过。

大会的主要职能为:选举理事会成员国,审查理事会各项报告,提出未来三年的工作计划,表决年度财政预算,授权理事会必要的权力以履行职责,并可随时撤回或改变这种权力,审议关于修改《芝加哥公约》的提案,审议提交大会的其他提案,执行与国际组织签订的协议,处理其他事项等。

大会召开期间,一般由大会、行政、技术、法律和经济五个委员会对各项事宜进行讨论和决定,然后交大会审议。

最近的一次大会是国际民用航空组织于 2016 年 9 月 27 日至 10 月 7 日在蒙特利尔总部召开的第 39 届大会,来自 167 个成员国(部分成员国未参会)和 34 个国际组织的 2400 余名代表共聚一堂,商讨全球航空可持续发展的新路线图,制订组织未来三年的全球政策。

1.2.2 理事会

理事会是国际民航组织的管理机构,由大会选举的 36 个成员国组成,每三年为一任期。理事国分为三类:第一类是在航空运输领域居特别重要地位的成员国,第二类是在提供航行设施方面有突出贡献的成员国,第三类是覆盖全世界各主要区域的代表成员国。作为国际民航组织的管理机构,理事会提出国际民航组织的工作方向。理事会批准标准和建议措施,把内容纳入到《国际民用航空公约》的附件中。

理事会设主席一名,由理事会选举产生,任期三年,可连选连任。现任理事会主席为阿留博士(Olumuyiwa Bernard Aliu,尼日利亚),他于 2013 年当选,2014 年 1 月 1 日正式就职,并在 2016 年第一个任期结束后再次当选,新一届任期自 2017 至 2019 年。

理事会每年召开三次会议,每次会议会期约为两个月。理事会下设财务、技术合作、非法干扰、航行(技术事务)、新航行系统、航空运输(经济事务)、联营导航、爱德华奖八个委员会。每次理事会开会前,各委员会先分别开会,再将文件、报告或问题提交理事会。

理事会会议

1.2.3　秘书处

秘书处是国际民航组织的常设行政机构，由秘书长负责保证国际民航组织各项工作的顺利进行。秘书长由理事会任命。秘书处下设航行局、航空运输局、法律局、技术合作局、行政服务局五个局，以及财务处、外事处。此外，秘书处有一个地区事务处和七个地区办事处，分设在曼谷、开罗、达喀尔、利马、墨西哥城、内罗毕和巴黎。地区办事处直接由秘书长领导，主要任务是建立和帮助各成员国实行国际民航组织制定的国际标准和建议措施，以及地区规划。

现任秘书长为柳芳博士(Liu Fang，中国)，她曾任国际民用航空组织行政服务局局长。2015年3月11日，国际民用航空组织第204届理事会在位于加拿大蒙特利尔的总部召开，选举产生新任秘书长，即柳芳博士，任期三年，自2015年8月1日至2018年7月31日。

1.3　人力资源情况

国际民航组织秘书长和各级工作人员的身份是国际公务员，其职责为国际性质，没有国家性质。工作人员有义务在履行其职责和执行公务时，只为ICAO的利益着想。ICAO在秘书长之下的工作人员由专业及以上职类和一般事务职类组成。

截至2014年12月31日，国际民航组织在职工作人员共计676人，其中503人由经常方案预算供资，60人由行政和业务服务费用基金供资，113人由预算外资金供资。在所有工作人员当中，325人属于专业(P)及以上职类，351人属于一般事务(GS)职类。为了使秘书处的工作真正体现出国际化，其专业人员的招聘具有全球地域的广泛性，有87个成员国的代表在秘书处专业及以上职类中任职。

在人力资源管理政策方面，理事会批准了对秘书处工作人员授予连续任用的标准，根据理事会制定的《国际民航组织服务守则》，至少有三分之一的工作人员能够得到连续任用。连续任用制度与联合国及其他国际组织的做法基本一致，提高了工作人员的工作满意度和士气。

国际民航组织在关于国际公务员的规定中有一项重要的地域代表性原则，但在招聘原则中是以称职条件为优先的，其次才是地域代表性和性别因素(语言官员情况特殊，不计算在内)。

国际民航组织的国际公务员职位等级划分十分严格，按照职务性质一般可分为三类：D级以上职位、P级职位和G级职位。D代表Director，即高级管理人员；P代表Professional，即专业人员；G代表General，即一般事务类人员。D类属于领导类职务，很大一部分是从国际民航组织系统内部一级一级晋升上来的，另外一部分则是由各国直接派遣，比如我国各部委派驻到国际民航组织的工作人员。后者尽管是由国家派驻，但进入国际民航组织工作就是国际公务员，代表的是国际民航组织的利益。P类是国际民航组织的中坚力量，分为P-1到P-5。其中P-1和P-2面向公众公开招聘，通过考试者如为本科生学历，定级为P-1；研究生定级为P-2；P-3、P-4、P-5三级则不需要参加考试，在有职位空缺时，符合要求的可以直接申请，一般要求至少有5年以上的相关工作经验。G类属于基础性岗位，大多是行政、秘书等辅助性雇员，一般从机构所在国当地招聘。所有D-1级及以上职位的工作人员必须在接受任用时，及其后的任职中，均需依照秘书长的规定，定期提交本人、配偶和受抚养子女的财务报表。特别的一点是，国际民航组织中有一定比例的职员名额还与各国承担的会费的比例情况挂钩，如缴纳的会费占总会费额度，每0.5%的比额则相当于可以推荐任命P4级官员1人。例如，某国缴纳的会费占国际民航组织总会费的0.7%，则其可以向国际民航组织推荐1名P4级别的官员，由国际民航组织正式任命为其雇员。

国际民航组织将地域平衡原则广泛运用，近年来，也不断强调要更公平地按照地域分配秘书处的职位。目前，国际民航组织秘书处有来自70多个国家的专业官员300余人，其中女性约占30%(最终目标为50%)。

1.4 制定标准和建议措施

国际民航组织国际标准、建议措施以及空中航行服务程序的建立和维护，是《芝加哥公约》的基本原则，也是国际民航组织的工作核心，国际民航组织对各成员国和其他相关者极其重要。这些国际标准、建议措施以及空中航行服务程序，既是确立全球航空安全标准和运行效率的基本依据，又是航空服务设施功能性要求的全球化标准，也是促进航空运输业有序发展的根本原则。

当前，国际民航组织负责管理《芝加哥公约》及其19个附件，5个空中航行服务程序中超过12 000项的标准和建议措施，并伴随着民航业的发展和创新不断演变。

国际民航组织国际标准、建议措施以及空中航行服务程序的发展是结构化、透明化、多阶段的过程,通常被称为国际民航组织的"修正过程"或"定标过程",其中涉及的多是国际民航组织内部或与组织密切相关的机构。

一般而言,对于一个新的或者将要进行修订的标准、建议措施或程序,自启动至正式批准大约需要两年时间,有些时候,这个期限可以根据所考虑事项的性质和优先级进行适当延长或缩短。

1.5 2014—2016年战略目标

为了持续支持并不断完善全球航空运输网络,以满足社会和经济发展的需求,为全球企业和旅客提供更广泛的连通性服务,同时考虑到2030年全球航空运输运力实现翻番的情况,国际民航组织确定了5项2014—2016年的全面战略目标。

这5项目标的主要内容为:

第一,加强全球民用航空安全。此项战略目标的重点集中在国家监管能力方面。全球航空安全计划(Global Aviation Safety Plans,GASP)概述了这三年国际民航组织准备开展的各项主要活动。

第二,增强全球民用航空体系的能力并提高效率。这项战略目标虽然在功能和组织上与第一项目标相互依存,但其重点主要集中在空中航行和机场基础设施的升级和新程序开发,以优化现有航空系统的性能。全球空中航行计划(Global Air Navigation Plan,GANP)概述了这三年国际民航组织准备开展的各项主要活动。

第三,完善全球民用航空安保与简化手续。这项战略目标反映了国际民航组织在航空安保、简化手续及相关边境安保事项方面的领导作用。

第四,促进现有国际民航体系朝着健全并有经济活力的方向发展。这项战略目标反映了国际民航组织在侧重于经济政策和配套活动中协调统一航空运输框架方面的领导作用。

第五,将民航活动对环境的不利影响减至最小。这项战略目标将促进国际民航组织在所有与航空有关的环境活动方面所起的领导作用,并与国际民航组织框架下的环保政策和行动保持一致。

1.6 国际民航日

国际民航组织于1992年在召开的第29届大会上通过了一项决议(A29-1)。决议表明,1994年12月7日是ICAO成立50周年,将在总部举行专门的庆祝活动,呼吁各国在本国举行类似庆祝活动。同时宣布,将每年的12月7日定为"国际民用航空日"。因此,自1994年以来,每年的12月7日,国际民航组织总部和世界各地均会举办庆祝活动。其目的在于在全世界加强对民航在各国社会及经济发展中重要性的认识。该节日已纳入国际民航组织国际性纪念日系列。

国际民航组织会为每年的国际民用航空日确定一个特定的主题。2015 年国际民航组织理事会为国际民用航空日确定的主题为“共同努力，以确保不让任何国家掉队”，这一主题贯穿于 2015—2018 年。

历年国际民航日主题如下：

2014 年：庆祝航空运输合作进展 70 周年暨庆祝《芝加哥公约》70 周年。

2013 年：发展以满足 21 世纪航空运输的挑战。

2012 年：航空：您与世界可靠的联系纽带。

2011 年：团结一致实现全球可持续的航空运输。

2010 年：促进全球航空安全的、安保的和可持续的发展。

2009 年：以航空让世界腾飞的 65 年。

2008 年：人为因素：提高航空人员素质。

2007 年：全球航空运输——可持续的经济、社会和文化发展的驱动力量。

2006 年：安全和安保。

2005 年：绿色航空。

2004 年：国际合作是解决全球航空挑战的方案。

2003 年：为《国际民用航空公约》60 周年制定国际民航标准。

2002 年：纪念动力和持续飞行 100 周年。

2001 年：各国之间的飞行——人民之间的对话。

2000 年：执行标准和建议措施——航空安全和效率的关键。

1999 年：增进世界友谊和了解。

1998 年：安全飞入二十一世纪。

1997 年：通过全球合作加强飞行安全。

1996 年：利用卫星使民用航空更安全。

1995 年：国际民航组织准备就绪　迎接全球航空运输业的需要。

1994 年：纪念《国际民用航空公约》签署 50 周年。

1.7　爱德华·沃纳奖

爱德华·沃纳奖是国际民航组织理事会为褒奖对民用航空运输的安全和有序发展做出杰出贡献的个人或组织所设立的奖项，是世界民用航空领域的最高荣誉。这个奖项是为了纪念国际民航组织第一位理事会主席爱德华·沃纳博士，而以他的名字命名的。

爱德华·沃纳博士(Dr.Edward Warner，1894—1958)

爱德华·沃纳是航空事业的先驱，航空工程教育家、作家、科学家和国务活动家；美国全国劳工关系和民航委员会(已被取消)成立时的委员之一，出席芝加哥会议的美国代表;担任临时国际民航组织(Provisional International Civil Aviation Organization,PICAO)主席,后继任国际民航组织(ICAO)首任理事会主席,至1957年退休。

爱德华·沃纳博士担任理事会主席12年,领导国际民航组织度过了摇篮时期,做出了卓越的贡献。

爱德华·沃纳奖基金

1956年,意大利热亚那市将其享有盛名的“哥伦布奖”授予ICAO,以表彰其对国际民航事业做出的努力,该奖还包括7 000余美元奖金。

1958年12月8日,理事会决定:为纪念已故的爱德华·沃纳博士对国际民航事业做出的贡献,特设立爱德华·沃纳奖,以哥伦布奖奖金为基础,用以表彰世界上为国际民航发展做出杰出贡献的单位或个人,包括14K金质奖章和一份奖状,其至今仍是ICAO的最高荣誉奖。1982年,ICAO向该基金注入了少量其他收入拨款。

爱德华·沃纳奖委员会

该委员会由理事会主席和理事会选出的6名代表组成,负责审议和遴选候选人,向理事会提出建议。

爱德华·沃纳奖原定每年颁奖一次,1959—2002年共颁奖36次。自2003年起,改为每三年颁奖一次,结合大会的召开颁奖,任何政府、单位和个人均可提名,强调候选人或机构对国际民航做出的贡献。

最近一届获奖者

2016年5月24日,第208届理事会第5次会议批准将第41届爱德华·沃纳奖授予已故的戴维·沃仁(David Ronald de Mey Warren)博士,以表扬沃仁博士对国际民用航空,尤其是在黑匣子飞行数据记录仪早期概念性工作和原型开发方面的出色贡献,这对航空器事故调查和航空安全至关重要。

沃仁博士于1925年出生于澳大利亚,1945年获悉尼大学科学荣誉学位,2010年7月19日逝世。

沃仁博士设想了记录飞行机组会话和保护记录并在坠机事故中保存下来的理念。他设计制作了一个以铁丝为记录媒介的演示装置。该装置插拔运行完全自动化,伴有“记忆”机制,可储存直至任何事故前4小时的驾驶员语音和仪表读数,但当线缆重新使用时将自动涂抹掉过去的记录。该项目命名为“航空研究实验室飞行记忆装置”,最初原型现在在澳大利亚墨尔本科学博物馆展出。该装置成功演示后,英国当局开始强制要求本国民用航空器装载记录器。

该记录器是一种记录器“组合体”,即将飞行数据记录仪和驾驶舱语音记录器集成进一个单一装置。国际民航组织最近才通过一项于2016年施行的标准,该标准要求新航空器型号将两种记录仪器组合在一起，以代替各自独立的飞行数据记录仪和驾驶舱语音记录器。

飞行记录器呈鲜亮的橘黄色，但通称黑匣子，在调查大型航空器事故和事故征候发生前和发生中的情况至关重要。航空公司可在日常运行中使用飞行数据分析方案，以保证质量。驾驶舱语音记录器的音频记录可对飞行数据进行补充，协助调查人员确定飞行机组如何处理事故或事故征候的情形，并可为调查提供额外信息，例如无线电通信或其他外部干扰如何影响飞行机组。

沃仁博士曾于2010年、2013年和2016年3次被提名爱德华·沃纳奖。

历届获奖者

爱德华·沃纳奖自设立以来已经颁奖41次：

1959年，Albert Plesman博士，荷兰皇家航空公司创始人及资深总裁。

1961年，国际航空联合会。

1963年，Max Hymans先生，前法国民航局局长兼法航董事会主席。

1965年，William Hildred爵士，时任国际航空运输协会总干事。

1968年，Henri Bouché先生，前航空运输学院创始人及法国驻国际民航组织理事会代表。

1971年，Ruben Martin Berta先生，VARIG航空公司资深总裁。

1972年，非洲和马达加斯加航空安全机构。

1973年，Shizuma Matsuo先生，前日本航空局局长兼日本航空公司董事会主席。

1974年，Alex Meyer博士教授，科隆大学航空航天法学院院长兼名誉教授。

1975年，Charles A. Lindbergh先生，飞行员先驱。

1976年，中美洲空中航行服务公司。

1977年，Mohammed Soliman El Hakim先生，阿拉伯国家民用航空理事会首任主席。

1978年，Donald Anderson爵士，英国二等勋位爵士、澳大利亚民航局局长兼快达航空公司总裁。

1979年，Agnar Kofoed－Hansen先生，冰岛民航局局长。

1980年，Indalecio Rego Fernandez博士，西班牙驾驶员、法学家及教育家。

1981年，Harry G.Armstrong医学博士，航空医学先驱。

1982年，Werner Guldimann博士，前瑞士联邦民航局局长。

1983年，Knut Hammarskjold先生，国际航空运输协会总干事。

1984年，Maurice Bellonte先生，飞行员及领航员先驱。

1985年，Alexandr Fedotovitch Aksenov博士，研究科学家、工程师和教育家。

1986年，J.R.D. Tata先生，飞行员及航空公司先驱、印度航空公司资深主席。

1988年，泰国航空无线电有限公司。

1989年，Anesia Pinheiro Machado女士，女性飞行员先驱。

1990年，Igor Sikorsky先生，航空设计师及工程师先驱。

1991年，K.N.E. Bradfield博士，英国四等勋位爵士、民航局局长兼机场工程师。

1992年，Edward R.K. Dwemoh先生，非洲民航局局长。

1993年，Arnold W.G. Kean先生，英国二等勋位爵士、民用航空立法方面的法学专家。

1994年，Bacharuddin Jusuf Habibie工程博士，航空工程师及发展中国家航空器制造业推广人。

1995年，Elrey B. Jeppesen机长，编制并出版对安全开展飞行至关重要的航图和信息方面的先驱。

1996年，麦吉尔大学航空航天法学院。

1997年，Tatyana G. Anodina博士，科学家及研究员。

1998年，Kenneth O. Rattray博士，牙买加司法部副部长及民用航空法学专家。

1999年，Jerome F. Lederer先生，航空工程师及飞行安全先驱、飞行安全基金会创始人。

2000年，新加坡航空学院。

2001年，Petro Vasilyevich Balabuyev先生，O.K. Antonov航空科技联合体总设计师。

2002年，国际航空航天医学院。

2004年，Brian O'Keeffe教授，空中航行系统电气工程师及通信、导航和监视、空中交通管理实施工作的推广人。

2007年，Silvio Finkelstein博士，航空医学家，原ICAO航医科科长，退休后仍被返聘担任专项工作，在国际航医界享有盛名。

2010年，Nicolas Mateesco Matte博士教授，对航空航天法的制定、推广和理解的杰出贡献者。

2013年，阿萨德·柯台特博士，作为法学家、理事会代表、秘书长和理事会主席，为国际民用航空30年所做出的杰出贡献。

2016年，戴维·沃仁博士，在黑匣子飞行数据记录仪早期概念性工作和原型开发方面的出色贡献。

位于国际民航组织大楼内的爱德华·沃纳奖获奖者纪念牌

第 2 章　ICAO 的历史

2.1　ICAO 的成立:芝加哥会议

21 世纪 40 年代,受到第二次世界大战的影响,世界航空技术得到了巨大发展,与此同时,国际客货运输的需求与民航发展所面临的诸多障碍也形成了巨大矛盾。在这样的历史背景下,美国政府和其主要盟国政府在 1944 年初就未来民航的发展问题进行了有关磋商。经过反复研讨,美国政府最终决定邀请 55 个国家(或当局)共同召开国际民用航空会议。

1944 年 11 月 1 日,来自 54 个国家的 700 余名代表会聚在芝加哥史蒂文斯酒店(现为芝加哥希尔顿酒店)的大宴会厅。会上,澳、新(两国联名)、加、英、美提交了公约文本草案供会议审议。同年 12 月 7 日会议结束时,有 52 个国家签署了《国际民用航空公约》,即《芝加哥公约》(以下简称《公约》),该《公约》于 1947 年 4 月 4 日生效,以替代 1919 年的《巴黎公约》和 1928 年的《哈瓦那公约》。当时的中国政府派张家璇出席了会议,并代表中国政府签署了《国际民用航空公约》。

根据《公约》,世界上将成立一个永久性的国际民用航空组织,这个组织会在未来作为一种重要平台,确保在有关民用航空事务的规章、标准和程序以及组织统一性方面,世界各国各地区之间可以开展最大限度的国际合作。

因为《芝加哥公约》的批准和执行将不可避免地延后一段时间,所以会议同时还签署了《国际民用航空临时协定》,即成立一个具有技术和咨询性质的临时国际民用航空组织(PICAO),以便世界各国尽快开展在国际民用航空领域的协作。该组织于 1945 年 8 月成立,总部设在加拿大的蒙特利尔,1947 年 4 月被永久性的国际民用航空组织所取代;与此同时,其前身——空中航行国际委员会(International Committee for Air Navigation,ICAN),的成员国也同意解散该组织而由国际民航组织取代。

当时,国际民用航空会议上一共签订了包括《芝加哥公约》和《国际民用的航空临时协定》在内的五份重要文件,其余三份分别是《国际航班过境协定》(1945 年 1 月 30 日生效)、《国际航空运输协定》(1945 年 2 月 8 日生效)和《公约 12 项技术附件草案》(截至本书出版时已更新为 19 项附件)。此外,大会还签订了供各国政府间使用的《双边协定标准格式》。

根据大会决定,临时国际民用航空组织将由选举产生的三类 21 个国家的代表组成临时理事会进行管理。第一类:比利时、巴西、法国、墨西哥、荷兰、英国、美国 7 国(1 席位空缺);第二类:加拿大、印度、伊拉克、挪威、秘鲁 5 国;第三类:澳大利亚、智利、

芝加哥会议

《芝加哥公约》签字仪式(1944 年 12 月 7 日)

中国、哥伦比亚、捷克斯洛伐克、埃及、萨尔瓦多、土耳其 8 国。其中第一类理事国之所以空缺一个席位，是考虑到苏联当选的可能性，但苏联事实上直到 1970 年才加入国际民航组织，因此在 1946 年 5 月召开的临时国际民用航空组织大会上，各协约国选举爱尔兰填补了临时理事会的第 21 个席位。

时任美国总统罗斯福在开幕式致辞中这样阐述会议的目的——为了“制定一项对所有国家的主权和法律平等给予充分承认的基本法律，以便航空公司为人类服务”。这一原则被充分体现在《芝加哥公约》的第 44 条中，它阐述了国际民航组织的宗旨和目的：发展国际空中航行的标准和技术，促进国际航空运输业的合理规划，以保证整个国际民用航空领域安全而有秩序地发展；鼓励发展和平用途航空器的设计和制造技术；鼓励发展国际民用航空所使用的航路、机场以及航行设施；满足世界人民对安全、正常、有效和经济的航空运输的需要；防止因不正当竞争而造成的经济浪费；保证各缔约国的权利得到充分尊重，每个缔约国都公平地享有经营国际空运企业的机会；避免各缔约国之间遭受差别待遇；促进国际空中航行的飞行安全；促进国际民用航空技术在各个方面的发展。

Mr.Edward Warner，第一任 ICAO 理事会主席(1947—1957)

根据其宗旨，PICAO/ICAO 的工作可以概括为以下两个主要方面：一是制定国际通用的标准和规章，以满足下列各个方面在全世界范围内的统一，包括航空从业人员的培训和执照管理、通信系统及相关程序、空中规则及空中交通管制系统和措施、国际航行航空器的适航要求及其登记和识别、航空气象和航空地图等。显而易见，这些领域的活动需要由国际民航组织总部进行统一管理，以避免各地域之间产生偏差或恣意发展而影响国际航行。另一方面则是关注各国航行服务设施的实际应用情况，及其在某些特定领域的执行情况，这也是划定区域、设立区域办事处的原因。

除了成立国际民用航空组织，芝加哥会议完成的另一项重要工作是在技术领域奠定了有关国际航行的规则的基础，这些规则使飞行安全保障能力前进了一大步，为国际民航领域在全世界范围内使用同一个航行系统铺平了道路。如今，国际民航组织共拥有 191 个成员国，它已经成为一个全球性的政府间国际组织，同时也是联合国专门机构之一。

2.2　发展(大事记)

1944年12月7日，根据《芝加哥公约》的要求，成立一个永久性的国际民用航空组织。

1945年6月6日，国际民航业普遍采纳《国际民用航空临时协议》，并决定成立空中交通和航行委员会。该临时航行委员会于1947年被国际民航组织理事会航行委员会(AHK)取代。

1946年9月，国际民航组织召开了把军用无线电导航设施转为民用的特别会议，并决定设立无线电技术处，即未来航行系统委员会的前身。

1947年4月4日，《芝加哥公约》正式生效，《国际民用航空临时协议》同时失效，国际民航组织正式成立，并于5月6日召开了第一次大会。同年5月13日，国际民航组织正式成为联合国的一个专门机构。

1947年12月31日，根据1919年《巴黎公约》成立的空中航行国际委员会终止运行，并将其资产转移给国际民用航空组织。

1948年4月14日，ICAO理事会根据《国际民用航空公约》第37条，首次通过了人员执照颁发的标准和建议措施，并将其定为《公约》的附件1——《人员执照的颁发》，于1948年9月15日起生效，1949年5月1日起开始适用。

1948年4月15日，ICAO理事会根据《国际民用航空公约》第37条，首次通过了空中规则的标准和建议措施，并将其定为《公约》的附件2　《空中规则》，于1948年9月15日起生效。

1948年4月16日，ICAO理事会根据《国际民用航空公约》第37条，首次通过了关于气象代码的标准和建议措施，并将其定为《公约》的附件3——《空中航行气象代码》，于1948年9月15日起生效，1949年1月1日起开始适用。1955年4月1日，附件3更名为《国际空中航行气象服务》。

1948年4月16日，ICAO理事会根据《国际民用航空公约》第37条，首次通过了航图的标准和建议措施，并将其定为《公约》的附件4——《航图》，于1948年11月1日起生效，1949年3月1日起开始适用。

1948年4月16日，ICAO理事会根据《国际民用航空公约》第37条，首次通过了用于空地通信的量纲单位的标准和建议措施，并将其定为《公约》的附件5——《空中和地面运行中所使用的计量单位》，于1948年9月15日起生效，自1949年1月1日起开始适用。

1948年12月10日，ICAO理事会根据《国际民用航空公约》第37条，首次通过了国际商业航空运输——航空器运行的标准和建议措施，并将其定为《公约》的附件6——《航空器的运行》，于1949年7月15日起生效。

1949年2月8日，ICAO理事会根据《国际民用航空公约》第37条，首次通过了关于航空器国籍和登记标志的标准，并将其定为《公约》的附件7——《航空器国籍和登记标志》，于1949年7月1日起生效，1949年11月1日起开始适用。

1949年3月1日，ICAO理事会根据《国际民用航空公约》第37条，首次通过了航空器的适航性的标准和建议措施，并将其定为《公约》的附件8——《航空器适航性》，于1949年8月1日起生效，1949年9月1日起开始适用。

1949年3月25日，ICAO理事会根据《国际民用航空公约》第37条，首次通过了简化手续的标准和建议措施，并将其定为《公约》的附件9——《简化手续》，于1949年9月1日起生效。

1949年5月30日，ICAO理事会根据《国际民用航空公约》第37条，首次通过了航空电信的标准和建议措施，并将其定为《公约》的附件10——《航空电信》，于1950年3月1日起生效，1950年4月1日起开始适用。

1950年5月18日，ICAO理事会根据《国际民用航空公约》第37条，首次通过了空中交通管制的标准和建议措施，并定为《公约》的附件11——《空中交通服务》，该附件于1950年10月1日起生效，1951年6月1日起开始适用。

1950年5月25日，ICAO理事会根据《国际民用航空公约》第37条，首次通过了搜寻与援救的标准和建议措施，并将其定为《公约》的附件12——《搜寻与援救》，于1950年12月1日起生效，1951年3月1日起开始适用。

1950年，国际民航组织开始实施技术援助规划，目的在于为发展中国家在其机场、空中航行基础设施及人员训练等方面提供专业技术和设备。

1951年4月11日，ICAO理事会根据《国际民用航空公约》第37条，首次通过了航空器事故的标准和建议措施，并将其定为《公约》的附件13——《航空器事故和事故征候调查》，于1951年9月1日起生效，1951年12月1日起开始适用。

1951年5月29日，ICAO理事会依据《国际民用航空公约》第37条，首次通过了机场的标准和建议措施，并将其定为《公约》的附件14——《机场》，于1951年11月1日起生效，1952年6月1日和1954年6月1日起分批开始适用。

1953年，国际民航组织的第一个地区项目——墨西哥国际民航训练中心开业。

1953年5月15日，ICAO理事会根据《国际民用航空公约》第37条，首次通过了关于航空情报服务的标准和建议措施，并将其定为《公约》的附件15——《航空情报服务》，于1953年9月1日起生效，1954年4月1日起开始适用。

1956年，国际民航组织第10次大会批准制定正式徽志和印章，当时的徽志和印章上只有英文、法文和西班牙文。

1961年6月21日，国际民航组织在蒙特利尔举行第13届（特别）大会期间，决定将理事国成员的数量由21个增至27个，并随即对《芝加哥公约》进行了修订。

1968年9月20日，在阿根廷布宜诺斯艾利斯通过了一份附有《芝加哥公约》法文和西班牙文文本的议定书，并于1968年9月24日开放签署。国际民航组织决定以后增用《芝加哥公约》的法文和西班牙文版本。

1969年12月4日，为了统一国际飞行中在飞机上发生劫持等非法暴力行为的处理原则的《关于在航空器内犯罪和犯有某些其他行为的公约》生效。该公约于1963年9月14日在日本东京签订，故又称1963年《东京公约》。

1971年3月12日，国际民航组织在纽约举行非常会议，决定将理事国成员的数量由27个增至30个，并随即对《国际民用航空公约》进行了修订。

1971年4月2日，ICAO理事会根据《国际民用航空公约》第37条，首次通过了关于航空器噪声的标准和建议措施，并将其定为《公约》的附件16——《航空器噪声》。不久后，ICAO理事会又把航空器引擎排放物标准和建议措施等与航行环境有关的条款与之合并，将附件16《航空器噪声》更名为《环境保护》，于1971年8月2日起生效，1972年1月6起开始适用。

1971年10月14日，针对空中劫机问题的《关于制止非法劫持航空器的公约》生效。该公约于1970年12月6日在荷兰海牙签订，故又称1970年《海牙公约》。

1973年1月26日，为了惩治从地面破坏航空运输安全的犯罪行为的《关于制止危害民用航空安全的非法行为的公约》生效。该公约于1971年9月23日在加拿大蒙特利尔签订，故又称1971年《蒙特利尔公约》。

1974年3月22日，根据《国际民用航空公约》第37条，ICAO理事会通过了关于安保的标准和建议措施，并将其定为《公约》的附件17——《安保：保护国际民用航空免遭非法干扰行为》，于1974年8月22日起生效，1975年2月27日起开始适用。

1974年10月16日，国际民航组织在蒙特利尔举行第21届大会，决定将理事国成员的数量由30个增至33个，并随即对《国际民用航空公约》进行了修订。

1974年，国际民航组织第21届大会决定在徽志和印章上增加俄文。

1976年，成立了危险品专家小组(Dangerous Goods Panel，DGP)，该小组草拟了关于"危险品"安全运输的临时国际标准和建议措施，并将其列入附件18——《危险品的安全航空运输》。

1977年9月30日，国际民航组织大会第23届会议做出决议，为《国际民用航空公约》增加俄文文本，并随即对《公约》进行了修订。

1978年，国际民航组织召开了全天候飞行专门会议，确立了从仪表着陆系统(Instrument Landing System，ILS)向微波着陆系统(Microwave Landing System，MLS)过渡的计划，后被列入《公约》的附件10——《航空电信》。

1981年6月26日，ICAO根据航行委员会的研究，批准通过《公约》的附件18——《危险品的安全航空运输》的第1版。

1983年9月，国际民航组织大会第24届会议首次通过了大会决议的阿拉伯文文本。

1983年，成立了未来航行系统(Future Air Navigation Systems，FANS)委员会，确定了以卫星为基础的未来航行系统方案，以此适应现代航空发展的实际需要，解决陆基空管系统存在的问题，发展全球性的空中交通管理体系。

1985 年 9 月，国际民航组织在加拿大蒙特利尔举行的通信会议上做出了从仪表着陆系统(ILS)过渡到微波着陆系统(MLS)计划的决议。

1988 年 1 月 1 日，国际民航组织根据《公约》附件 16 中向各缔约国提出的以下要求生效：如果还要在对噪声问题很敏感的地区的机场起飞降落，则要么用新的飞机取代旧飞机，要么就用低分贝的发动机或者消音设备来对旧飞机进行翻新改造。

1990 年 10 月 25 日，国际民航组织在蒙特利尔举行第 28 届(特别)会议，决定将理事国成员的数量由 33 个增至 36 个，并随即对《芝加哥公约》进行了修订。

1990 年，国际民航组织开始实施航空训练计划，其目标是在全球范围内建立民航专业人员的标准训练课程及其开发方法。

1991 年 3 月 1 日，国际民航组织在加拿大蒙特利尔签订了《关于为探测目的对塑料爆炸物进行标记的公约》。

1992 年 9 月，国际民航组织大会第 29 届会议作出决议，自《芝加哥公约》签署 50 周年的 1994 年起，将每年的 12 月 7 日定为“国际民航日”。

1992 年 10 月，国际民航组织第 29 届大会审查并通过了关于航空导航一系列关键性问题的决议。其中包括关于国际民航组织制定的空中交通通信、导航、监视和空中交通管理系统(Communications, Navigation, Surveillance/Air Traffic Management，CNS/ATM)及其实施的 2 个决议(A29－8 号和 A29－9 号)。

1993 年，国际民航组织成立了全球卫星导航系统专家组，专门为全球卫星导航系统(Global Navigation Satellite System，GNSS)的航空应用制定标准和建议措施。

1994 年 10 月和 1996 年 7 月，美国联邦航空局局长和俄罗斯运输部部长分别代表其本国政府致函 ICAO 理事会，表明愿意有条件地向全球民航用户提供连续的全球定位系统(Global Positioning System，GPS)标准定位服务信号和标准精度全球导航卫星系统(Global Navigation Satellite System，GLONASS)信道，分别在 10 年和 15 年内不向用户直接收费。ICAO 理事会分别回函表示接受美国和俄罗斯的提议，并与两国政府分别达成了相互谅解的协议，从而解决了 GNSS 法律框架问题。

1995 年 5 月 29 日，在国际民航组织第 145 届理事会第二次会议上通过决议，决定在该组织的徽志和印章上增加中文和阿拉伯文。

1997 年 2 月，为加强工作效率和针对性，继续保持在国际民用航空领域的主导地位，国际民航组织重新制定了其战略工作计划，确定了新的工作重点，并交由理事会批准实施。

1998 年 1 月 1 日起，《国际民用航空公约》的附件 15 要求所有签约国采取必要的措施，在各自的航行情报和航图服务(Aeronautical Information Services/MAP，AIS/MAP)中引进质量控制系统。

1998 年 1 月 1 日起，微波着陆系统(MLS)成为国际民航组织的标准着陆导航设备。

1998 年 5 月 1 日至 6 月 25 日，ICAO 理事会第 154 届会议讨论并批准了《全球安全监督审计计划》(Universal Safety Oversight Audit Programme，USOAP)。同年 9 月 22 日至 10 月 2 日召开的 ICAO 第 32 届大会一致通过了确立该强制性审计计划的 A32－11 号决议。

1998 年 9 月 22 日，国际民航组织大会第 32 届会议作出决议，为《芝加哥公约》增加中文文本，并随即对《公约》进行了修订。

1999 年 1 月 1 日起，国际民航组织开始实施全球安全监督审计计划，就附件 1《人员执照的颁发》、附件 6《航空器的运行》、附件 8《航空器适航性》的内容对所有缔约国实施经常的、强制的、系统的和一致的安全审计(第一轮)。

2002 年 3 月，ICAO 理事会决定把全球安全监督审计计划扩展至附件 11 和附件 14，并进一步扩展至附件 13 的全部内容。

2002 年 6 月，国际民航组织普遍安保审计计划(Universal Security Audit Programme，USAP)启动，规定对所有的 ICAO 缔约国的航空安保系统进行普遍、强制和定期的审计。

2005 年 1 月 1 日起，国际民航组织采用全面的系统方法(Comprehensive Systems Approach，CSA)来实施第二轮 USOAP 审计，持续到 2010 年结束。我国于 2007 年接受了国际民航组织的 USOAP 审计。

2005 年 3 月，ICAO 理事会通过了《公约》附件 9 中关于普遍颁发机读护照(Machine Readable Passports，MRPs)的两项新标准：标准 3.10 要求 ICAO 所有成员国自 2010 年 4 月 1 日开始，只颁发新的机读护照；标准 3.10.1 要求所有非机读护照在 2015 年 11 月 24 日之前失效。

2006 年 8 月 1 日，国际民航组织在秘书长办公室内设立了一个新的安全和安保审计处(Safety and Security Audits，SSA)，从行政上管理普遍安保审计计划(USAP)和普遍安全监督审计计划(USOAP)。成立一个高级别秘书处审计结果审查委员会(Audit Results Review Board，ARRB)，以便在国际民航组织安全、安保和援助方案之间担任必要的联系渠道。

2008 年 6 月，国际民航组织推出了“碳计算器”。这是一个公正的受到国际认可的工具，可以在碳抵消计划中，用来计算某一特定飞行的二氧化碳(CO_2)排放量。一年后，国际民航组织出台了碳排放计算器的第 2 版。

2010 年 8 月 30 日至 9 月 10 日，在北京举行的航空安保外交会议上通过了《制止与国际民用航空有关的非法行为的公约》(《北京公约》)和《制止非法劫持航空器公约的补充议定书》(《北京议定书》)。

自 2011 年 1 月 1 日起，国际民航组织在普遍安全监督审计计划(USOAP)中采用持续监测做法(Continuous Monitoring Approach，CMA)，并纳入安全风险因素分析，以评估各国的安全监督能力。USOAP 审计从全面系统方法(CSA)转变为持续监测方法(CMA)。

2011年10月，中国民航局和中国卫星导航系统管理办公室在ICAO全球GNSS系统介绍会上，承诺北斗系统将为民航用户提供公开、稳定、持续、免费的服务。国际民航组织开展制定标准和建议措施的工作“以支持中国北斗导航系统进入全球框架的实施”，意味着“北斗”已正式启动，进入ICAO标准框架工作程序。

2013年2月25日，ICAO理事会在其第198届会议上通过了《公约》附件19《安全管理》的国际标准和建议措施，同时规定附件19于2013年7月15日生效。此外，附件19修订生效的部分将于2013年11月14日起适用。附件19把关于国家安全方案（State Safety Programmes，SSPs）和安全管理体系（Safety Management Systems，SMS）的规定合并到了单一的文件中。

2013年7月10日，国际民航组织获颁久负盛名的环境系统研究所地理信息系统特殊成就奖。

2013年9月24日至10月4日，国际民航组织第38届大会核准了修订的全球安全计划（GASP）和全球空中航行计划（GANP）。

2013年，国际民航组织旅客身份识别方案（Traveller Identification Programme，TRIP）得到了国际民航组织第38届大会的认可，作为一项在全球范围内强化旅行证件管理的战略开始实施。

2013年，国际民航组织第38届大会通过决议，否决了类似欧盟碳排放交易体系（Europe Emissions Trading System，EU - ETS）的单边措施，同时批准制定一项旨在减少全球航空业碳排放的市场机制。

2014年3月5日，国际民航组织推出新的跑道安全实施工具包。新的工具包汇编了国际民航组织及其跑道安全方案合作伙伴近年来开发的许多资源，包括当时最新版的指南。

2014年4月，针对修订1963年《东京公约》所拟定的《蒙特利尔协定书》在国际民航组织主持召开的国际航空法外交会议上审议通过。该议定书在适用范围规则、刑事管辖权规则与飞行安全员规则三方面对《东京公约》做出了重要变更。

2014年，国际民航组织和全球航空运输界在蒙特利尔和芝加哥召开了一系列的特别活动来纪念国际民航组织成立70周年这一重要时刻。11月14日，蒙特利尔市和蒙特利尔交通局（STM）宣布正式将维多利亚广场地铁站更名为维多利亚广场-国际民航组织地铁站。12月8日，国际民航组织理事会召开特别届会，在此会上，国际民航组织理事会代表通过一项特别决议，充分肯定了《芝加哥公约》通过促进国际民用航空安全有序的发展而对全球和平与繁荣做出的巨大贡献。与此同时，各成员国也采用各种形式举办纪念活动。作为国际民航组织理事国，中国驻国际民航组织理事会代表处积极参与了各项庆祝活动。此外，中国民航局还与中国邮政集团公司合作发行了《国际民用航空公约》70周年纪念邮资明信片。

2015年3月11日，来自中国的柳芳博士被ICAO理事会任命为国际民航组织首位女性秘书长，自2015年8月1日起，任期三年。

2014 年 12 月 7 日，大会主席阿留博士在 ICAO 成立 70 周年庆祝大会上致辞

蒙特利尔维多利亚广场地铁站更名为维多利亚广场-国际民航组织地铁站

国际民航组织任命首位女性秘书长(柳芳博士)

2015 年 4 月 10 日，国际民航组织启用新的在线冲突区信息库。各国、各航空公司和广大公众代表可通过 ICAO 公共网站主页访问新的信息库，信息库将提供武装冲突对民用航空所产生的潜在风险的最新信息。

2015 年 11 月 3 日，国际民航组织宣布，其国际民用航空博物馆正式向公众开放。该博物馆位于蒙特利尔罗伯特・布拉萨大道 999 号的 ICAO 总部内。

2015 年 11 月 23 日至 25 日，国际民航组织在蒙特利尔召开了首次世界航空论坛(ICAO World Aviation Forum，IWAF)，旨在为后代可持续受益于国际民用航空进行路线规划。代表 ICAO 各成员国、国际组织、金融机构和行业部门的 800 多位与会者出席了此次世界航空论坛。

2015 年 12 月 5 日，国际民航组织理事会将"下一代航空专业人员"(Next Generation of Aviation Professionals，NGAP)举措提升至全面方案地位，表明了人员对系统未来的存续能力的重要性。

2016 年 2 月 22 日，ICAO 理事会通过了一项新的航空安全措施——禁止将任何锂离子电池作为货物在客运航空器上运输，并于 2016 年 4 月 1 日生效。该决定只涉及将锂离子电池作为货物在客运航空器上运输的情况，与旅客或机组成员携带的个人电子装置中装配的锂离子电池无关。

2016 年 4 月 13 日，国际民航组织圆满结束了其基于市场措施(Market-Based Measures，MBMs)的第二轮全球航空对话(Global Aviation Dialogues，GLADs)，以处理来自国际航班排放产生的气候变化。

2.3 成员国

2.3.1 创始成员国

应美国政府的邀请，54 个国家的代表参加了于 1944 年 11 月 1 日至 12 月 7 日在芝加哥召开的会议，以便"为随即建立临时性的世界飞行航路和业务做出安排"，并"成立一个过渡性的理事会，以收集、记录和研究有关国际航空的数据，并提出有关改进的建议。"会议结束时，52 个国家签署了《国际民用航空公约》，随即成为临时国际民航组织/国际民航组织成员国。

美国政府原邀请了 55 个国家(见表 2-1 所列)，加上东道主美国，预计应有 56 个国家参会。但苏联和沙特阿拉伯未出席会议，实际参加会议的共有 54 个国家。

参会的 54 个国家中，丹麦和泰国为驻美公使参加，并未单独委派代表。会议结束时，南斯拉夫和委内瑞拉两国未签署公约。因此，创始成员国共 52 个国家。

52 个创始成员国：阿富汗、澳大利亚、比利时、玻利维亚、巴西、加拿大、智利、中国、哥伦比亚、哥斯达黎加、古巴、捷克斯洛伐克、多米尼加共和国、厄瓜多尔、埃及、萨尔瓦多、埃塞俄比亚、法国、希腊、危地马拉、海地、洪都拉斯、冰岛、印度、伊朗、伊拉克、爱尔兰、黎巴嫩、利比里亚、卢森堡、墨西哥、荷兰、新西兰、尼加拉瓜、挪威、巴拿马、巴拉圭、秘鲁、菲律宾共同体、波兰、葡萄牙、西班牙、瑞典、瑞士、叙利亚、土耳其、南非联盟、英国、美国、乌拉圭、丹麦和泰国。

表2-1 受美国政府邀请参加1944年芝加哥会议的国家名单(55个)

受邀国家	受邀国家	受邀国家
阿富汗	英国	巴拿马
澳大利亚	希腊	巴拉圭
比利时	危地马拉	秘鲁
玻利维亚	海地	菲律宾共同体
巴西	洪都拉斯	波兰
加拿大	冰岛	葡萄牙
智利	印度	沙特阿拉伯
中国	伊朗	南非联盟
哥伦比亚	伊拉克	西班牙
哥斯达黎加	爱尔兰	瑞典
古巴	黎巴嫩	瑞士
捷克斯洛伐克	利比里亚	叙利亚
多米尼加共和国	卢森堡	土耳其
厄瓜多尔	墨西哥	苏联
埃及	荷兰	乌拉圭
萨尔瓦多	新西兰	委内瑞拉
埃塞俄比亚	尼加拉瓜	丹麦驻美公使
法国	挪威	泰国驻美公使
南斯拉夫		

2.3.2 成员国加入情况

1981年至今各成员国加入ICAO时间见表2-2。

表2-2 1981年至今各成员国加入ICAO的时间表

成员国	Contracting States	加入ICAO时间
津巴布韦	Zimbabwe	1981年3月13日*
基里巴斯	Kiribati	1981年5月14日*
格林纳达	Grenada	1981年9月30日*

续表 2-2

成员国	Contracting States	加入 ICAO 时间
安提瓜和巴布达	Antigua and Barbuda	1981 年 12 月 10 日 *
瓦努阿图	Vanuatu	1983 年 9 月 16 日
圣文森特和格林纳丁斯	Saint Vincent and the Grenadines	1983 年 12 月 15 日
汤加	Tonga	1984 年 12 月 2 日
文莱达鲁萨兰国	Brunei Darussalam	1985 年 1 月 3 日
科摩罗	Comoros	1985 年 2 月 14 日
所罗门群岛	Solomon Islands	1985 年 5 月 11 日
库克群岛	Cook Islands	1986 年 9 月 19 日
马绍尔群岛	Marshall Islands	1988 年 4 月 17 日
圣马力诺	San Marino	1988 年 6 月 12 日
密克罗尼西亚(联邦)	Micronesia (Federated States of)	1988 年 10 月 27 日
不丹	Bhutan	1989 年 6 月 16 日
蒙古	Mongolia	1989 年 10 月 7 日
德意志民主共和国	Democratic Republic of Germany	1990 年 5 月 2 日
伯利兹	Belize	1991 年 2 月
阿尔巴尼亚	Albania	1991 年 4 月 27 日
纳米比亚	Namibia	1991 年 5 月 30 日
立陶宛	Lithuania	1992 年 2 月 7 日
爱沙尼亚	Estonia	1992 年 2 月 23 日
克罗地亚	Croatia	1992 年 5 月 9 日
斯洛文尼亚	Slovenia	1992 年 6 月 12 日
摩尔多瓦共和国	Republic of Moldova	1992 年 7 月 1 日
亚美尼亚	Armenia	1992 年 7 月 18 日
拉脱维亚	Latvia	1992 年 8 月 12 日
哈萨克斯坦	Kazakhstan	1992 年 9 月 9 日
乌克兰	Ukraine	1992 年 9 月 20 日
阿塞拜疆	Azerbaijan	1992 年 11 月 8 日
乌兹别克斯坦	Uzbekistan	1992 年 11 月 12 日
波斯尼亚和黑塞哥维那	Bosnia and Herzegovina	1993 年 2 月 12 日
吉尔吉斯斯坦	Kyrgyzstan	1993 年 3 月 27 日

续表 2－2

成员国	Contracting States	加入 ICAO 时间
前南斯拉夫的马其顿共和国	The former Yugoslav Republic of Macedonia	1993 年 1 月
斯洛伐克	Slovakia	1993 年 4 月 3 日
土库曼斯坦	Turkmenistan	1993 年 4 月 14 日
白俄罗斯	Belarus	1993 年 7 月 4 日
厄立特里亚	Eritrea	1993 年 10 月
塔吉克斯坦	Tajikistan	1993 年 10 月
格鲁吉亚	Georgia	1994 年 2 月
帕劳	Palau	1995 年 11 月 3 日
萨摩亚	Samoa	1996 年 12 月 21 日
南斯拉夫联邦共和国	The Federal Republic of Yugoslavia	2001 年 1 月 13 日
安道尔	Andorra	2001 年 2 月 25 日
圣基茨和尼维斯	Saint Kitts and Nevis	2002 年 6 月 20 日
东帝汶民主共和国	The Democratic Republic of Timor－Leste	2005 年 9 月 3 日
黑山	Montenegro	2007 年 2 月 12 日
南苏丹	South Sudan	2011 年 10 月 11 日

注：

① 日期后加＊标注的为该国签署《国际民用航空公约》的时间。

② 1990 年 5 月 22 日，阿拉伯也门共和国同也门民主人民共和国宣布统一，成立了也门共和国；1990 年 10 月 3 日，德意志民主共和国正式加入德意志联邦共和国，实现两德统一。由于上述原因，1990 年 11 月，国际民航组织的成员国数目减少两个。

③ 1993 年 1 月 1 日，捷克斯洛伐克共和国退出国际民航组织，使得其成员国数目减少一个。

④ 2003 年 2 月 4 日，南斯拉夫联邦共和国重定新宪法改国号为塞尔维亚和黑山。2006 年 6 月 3 日，黑山宣布独立，6 月 5 日塞尔维亚国会亦宣布独立并且成为塞黑联邦的法定继承国。

2.3.3　成员国的责任和权益

根据《国际民用航空公约》及其各个附件的有关规定，国际民航组织的各成员国对于国际民航事业的健康有序发展负有不可推卸的责任，所谓责任涉及诸多层面，譬如说确立“一定之规”，即制定符合国际民航组织标准的国家民用航空规章，之后就可以因地制宜地发展当地民航的标准，同时根据本国民航活动的规模和复杂程度与之提供相应的人力资源和财政支持。此外，各成员国也应当负起责任，一方面为本土及国际的民航运行提供机场、无线电服务、气象服务以及相关空中航行设施；另一方面积极配合国际民航组织进行安全和安保审计并及时弥补安全缺陷，认真执行培训和考核计划，规范国家监察人员的活动。

权利与义务是相辅相成的,既然各成员国认真遵守了《国际民用航空公约》,践行了《公约》附件所载的各项标准,那么他们也就享受到了成员国资格带来的直接惠益,包括获得航线准入自由化的机会、扩展国际贸易及旅游业范围等。

国际民航组织将与各成员国为了构建一个安全高效的全球航空运输网络这一目标共同努力,为民用航空事业在世界范围的和平与繁荣提供最根本的支持。

2.4 战略目标的历史

2.4.1 21世纪战略目标

在过去50多年的时间里,国际民航组织一直致力于改善全球航空环境,促进世界航空事业的发展,并且在多个领域为国际航空做出了巨大贡献。与此同时,《国际民用航空公约》也已经成为被世界上最广泛接受的国际法律文书之一,它通过提供足够灵活的框架,使国际民航组织能够在变化多端的世界里成功地履行其职责。

为了应对国际民航事业在未来岁月所面临的挑战并满足所有缔约国的要求,国际民航组织理事会于1997年2月7日通过了"21世纪战略行动计划",其目标是推进国际民用航空的安全、安保和效率建设,促进《国际民用航空公约》的原则得到贯彻执行。这项战略行动计划的提出将成为国际民航组织历史上的一个里程碑。

"21世纪战略行动计划"的目标共分为A~H八项,分别是:

A:最大限度地在世界范围内加强国际民航组织标准和建议措施的实施;

B:及时制定并通过新的或修订的标准、建议措施以及相关文件,以满足不断变化的需要;

C:通过制定必要的新国际航空法文书并鼓励各国批准现有的文书,巩固国际民用航空法律框架;

D:确保地区航行规划的现时性、协调和实施,为高效率地实施新航行系统提供框架;

E:对安全、高效地发展和经营民用航空的主要挑战及时做出反应;

F:确保国际航空运输经济管理指导材料和信息的现时性和有效性;

G:协助开发用于民用航空设施和服务的人力、技术和财政资源;

H:确保本组织以可能的最高的效率和有效的方式运作,以实现上述目标。

国际民航组织理事会对其中每一项都指明了主要活动以及进展过程中需要解决的问题。但无论是主要活动还是战略目标本身,都不存在优先顺序的问题,其出现的先后只反映逻辑次序。

为实现战略目标A,国际民航组织将开展的主要活动有:安全监督项目;对某一航行领域已查明的安全缺陷做出反应;非法干扰项目;讨论会、讲习班和研讨会;技术合作项目。

在活动进展过程中要解决的问题主要有：对标准和建议措施的实施情况以及与标准的差异程度进行明确评估；对不实施标准和建议措施的原因进行系统的分析；制定补充实用文件以协助各国履行其安全监督职责；对制定和实施标准方面潜在的各行其是的可能做出反应。

为实现战略目标 B，国际民航组织将开展的主要活动有：保持《公约》18 个现有附件的现时性，并根据需要制定新附件；对国际民航组织附件的结构、标准和建议措施及其修订的制定和协商程序进行总体审查。

在活动进展过程中要解决的问题主要有：增强国际民航组织对民航发展状况的反应能力；提高协商进程和程序通过的效率，完善时间表；调整附件的结构，确保附件内容符合《国际民用航空公约》的原则，并以更广泛的方式编订；为详细的技术标准确定适当的地位；提高标准和建议措施的适用性。

为实现战略目标 C，国际民航组织将开展的主要活动有：制定航空承运人责任的新文书以合并"华沙体系"并使其现代化；制定远期全球卫星导航系统（GNSS）的法律框架；批准《公约》第 3 分条、第 83 分条以及其他分条的修订；考虑采取法律行动，打击现有航空法律文书中未涵盖的，即为国际民航界所关切的犯罪行为；批准签署《国际航班过境协定》和其他国际航空法律文书并加以实施。

在活动进展过程中要解决的问题主要有：推动有关航空承运人责任的法律制度的现代化；如何在全球卫星导航系统（GNSS）的国际法律框架方面通过协商达成一项普遍接受的意见；解决国际民航组织在通信、导航和监视/空中交通管理（CNS/ATM）概念方面所存在的法律问题；《公约》修正案的临时适用；为加快国际航空法律文书的生效并提高批准率而采取的行政措施；航空安保领域里新的法律挑战，包括安全监督评估项目在内的航空安全方面所面临的法律问题；《国际民用航空公约》以外的航空法律文书的最后条款的新方案及其临时适用。

为实现战略目标 D，国际民航组织将开展的主要活动有：提高地区航行规划机制的总体效率；进一步发展次地区的做法，把 CNS/ATM 的规划和实施进程纳入地区航行规划机制之中；加强地区间的协调，督促地区航行规划的实施完整和沟通；通过和其他国际机构合作，建立民用全球卫星导航系统；制定和跟踪关于 CNS/ATM 的全球计划、地区计划和国家计划；协助各国增强发展其航行系统的能力，提供有关航行服务的成本回收和组织安排计划；对某航行领域已查明的安全缺陷做出反应；建立 CNS/ATM 数据库并传播有关信息。

在活动进展过程中要解决的问题主要有：在确保全球规划得到充分协调的情况下，加强地区规划进程的自主性；在航行设施和服务的提供、维修及融资方面，适用《公约》第十五章的规定，考虑发展更多联合融资或其他形式的合作性安排的可能；发展现有 CNS/ATM 系统和先进航天技术之间的合理关系，发展国际民航组织和其他有关国际组织之间的融洽关系。

为实现战略目标 E，国际民航组织将开展的主要活动有：非法干扰项目；安全监督项目;飞行安全和人的因素项目;防止可控飞行撞地项目;对航行领域查明的安全缺陷做出反应;环境保护项目;机场和空域拥挤;航行应急规划和技术合作项目。

在活动进展过程中要解决的问题主要有:国际民航组织对新的挑战做出迅速有效反应的能力;及早发现正在出现的挑战,并及时制定本组织的应对策略;灵活分配本组织的资源以应对新的挑战;查明预算外资源。

为实现战略目标 F,国际民航组织将开展的主要活动有:国际航空运输服务的管理;机场和航行服务(包括收费和成本回收);航空运输产品的经销;服务贸易;环境保护(经济方面);税收和统计。

在活动进展过程中要解决的问题主要有:有秩序地、无歧视性地持续发展国际航空运输;确保各国通过可靠而持续的介入,能够有效地参与到国际航空运输体系中,实现在国际航空运输管理方面逐步而有秩序、有保障地向市场准入演变的总体目标。

为实现战略目标 G,国际民航组织将开展的主要活动有:技术合作项目;航空培训项目;讨论会、讲习班和研讨会;评估民用航空对各国经济的影响以及成本/效益分析的实际应用。

在活动进展过程中要解决的问题主要有:评估和开发新的渠道,协助各国履行公约中规定的职责;在制定航空器、机场和航行设施的执照颁发和经营的技术要求时,对经济方面进行更多的定期评估;把技术合作纳入"正常"项目。

为实现战略目标 H,国际民航组织将开展的主要活动有:改进大会的工作方法和程序;改进理事会及其下属机构的决策过程、工作方法和程序;秘书处的管理和行政改革;系统性地进行项目进程规划;提供透明的、分配合理的项目预算,并改进项目监督机制。

在活动进展过程中要解决的问题主要有:以建设最高水准的国际性秘书处为目标,推进人力资源管理改革;在对各国负责的情况下,广开资金来源渠道(包括考虑收取使用费、自愿捐助、出版物按市场定价以及选择性服务的收费);采取节约成本的措施,包括恰当而广泛地利用外部资源;更加明确地界定项目的先后顺序及其目标和预期结果;改进和各缔约国的信息管理及通信往来的相关手段,包括更广泛地使用电子传递措施;建立世界服务网络,以便收集、交换和传播电子数据;在协调民航工作和代表民航界方面,提高国际民航组织的公共形象,发挥更大的推动性作用;审查国际民航组织和其他机构(航空机构和有关的非航空机构,全球机构和地区机构)之间的关系,以界定各自的责任范围,避免工作重叠,并根据《公约》第 65 条,在相互关联的情况下,建立联合项目;和所有对航空界感兴趣的各方建立伙伴关系,例如服务业提供者和工业界(但不损害决策的自主性,特别是标准制定的程序)。

综合上述八项战略行动目标以及在活动进展过程中可能遇到的问题,国际民航组织制定了十五项主要行动计划及其行动目标,以实现国际民用航空在各个国家和地区和谐发展的全球规划。这十五项行动计划分别是:

1. 安全监督

此项计划的目的是协助各国明确其在实施《国际民用航空公约》附件 1、附件 6 和附件 8 上存在的不足，给予指导和帮助，包括制定可行的补充文件、提供有效解决不足的建议、修订其规章以及提供在职培训和专门培训。

该计划的核心职能之一，是由专家组对参加国的安全水平有效控制的能力进行评估。尽管参加该计划的国家是自愿的，但一旦参加后就要承担相应义务，特别是在评估结束的 90 天内，需制定行动计划以改正其在评估中所暴露的缺陷，国际民航组织可以对行动计划的制定和实施给予一定援助。目前，安全监督计划的范围包括人员执照的颁发、航空器的运行和航空器适航性。理事会正在研究将该计划扩大到其他领域，如空中交通管制和机场领域。

2. 应对在航行领域发现的安全缺陷

此项计划的目的是加强实施安全监督计划中未包括的、与安全有关的标准和建议措施。

国际民用航空所存在的环境时刻充满变化。通过国际民航组织工作人员对各国的定期访问，在各地区航行会议期间了解到的情况和与航空界有关方面接触这种更为普遍的方式，国际民航组织能在航行领域较快发现安全方面的缺陷，然后通过有关手段来处理，如制定或修订规章、制定具体计划或技术合作项目。

以上两项计划是针对目标 A 和目标 B 而制定的。

3. 制定关于承运人责任的新的国际法律文书，以统一和更新“华沙体系”

此项计划的目的是创建一个各方都能普遍接受的公约，以统一和更新“华沙体系”并使其符合国际民航发展的要求。

国际民航组织目前正在制定一个在国际航空运输体系中关于承运人责任的，特别是关于旅客意外死亡和受伤方面的新的法律框架，以统一和更新被称为“华沙体系”的现行责任制度。这个体系主要包括 1929 年的《华沙公约》及对该公约的某些修订。新的国际法律文书已经完成草拟，据此，旅客对意外受伤或死亡的赔偿要求不再遭受给予航空承运人较低责任限额的人为削减，但必须遵守 10 万美元的特别提款权责任上限以及高于上述限额时的过失责任原则。

以上计划是针对目标 C 制定的。

4. 全面提高地区航行规划的效率

此项计划的目的是加强地区规划过程的自主性，增强邻近地区间的协调性。

空中导航是一个精确的过程，它高度依赖于拥有高技术水平的驾驶员和使用复杂电子系统的空中交通管制员的共同工作。导航系统的部件除布置在地面和航空器上外，如今也更多地被布置在外层空间。使用各种导航系统的责任一般属于国际民航组织的各缔约国，而每一缔约国都对其空中导航系统的部件有许多选择，因此必须进行合理规划以保证它们做出审慎而及时的抉择。同样的，在同一个地理区域内的各国必须合作制定并更新地区空中航行规划，以确保各国的系统共同构成一个运行良好的工作整体。现在，每个地区都有一个地区航行规划机制或办理机构，它在国际民航组织的支持下进行地区间的协调。

5. 与其他国际机构合作，建立民用全球卫星导航系统(GNSS)

此项计划的目的是加强与国际组织和 ICAO 合作者之间的联系，建立由民用航空控制的全球卫星导航系统。

现行的全球卫星导航系统是军民合用的，它的两个主要组成部分是美国经营的全球定位系统(GPS)和俄罗斯提供的全球卫星轨道导航系统(GLONASS)。这两个系统都是复杂的和昂贵的军民两用系统，由两国政府免费提供给民用航空使用。但是国际民航组织预见到世界上终将创建一个多国合作的民用全球卫星导航系统。

6. 制定并遵循通信、导航、监视/空中交通管理(CNS/ATM)的全球规划、地区规划和国家规划

此项计划的目的在于更新 CNS/ATM 全球实施规划，继续制定地区规划，协助各国实施国家规划。

全球规划、地区规划和国家规划对实施以卫星为基础的 CNS/ATM 是至关重要的，在没有制定规划的地方必须制定此种规划并予以及时更新，以反映新技术的发展及应用情况。这些规划的后续行动也是必要的，这将保证它们之间能够顺利衔接。

以上三项计划是针对目标 D 制定的。

7. 防止非法干扰

此项计划的目的是保证能够及时采取行动以提高安保标准的总体实施水平，保证对发生的任何问题都能做出恰当并有效的处理。

非法干扰行为对国际民用航空的安全将持续造成威胁，保护航空运输不受非法干扰行为的关键在于贯彻实施《国际民用航空公约》附件 17 中的标准和建议措施。鉴于各国在实施这些标准和建议措施的过程中所面临的困难，国际民航组织在对于航空安保问题向各国提供财务、技术和物质援助的机制内，又制定了一项三阶段行动计划。国际民航组织将在评估阶段，技术评估一个国家实施标准和建议措施的水平；在咨询阶段向各国提供克服缺陷的建议；在援助阶段对解决具体目标的可行技术提供相应援助。

在接受评估的大部分国际机场中，国际民航组织已经确认了它们不能充分实施附件 17 中相关条款的原因主要在于培训标准和措施的不足。相应地，ICAO 理事会已经批准了为航空安保制定在全球范围内实施的国际民航组织培训计划。该培训计划将涉及各级人员，因此需要为各类相关人员制定一个全面的培训课程。目前，一系列标准培训科目已经在制定中。

8. 飞行安全和人为因素

此项计划的目的在于通过提供基于各国经验制定的有关人为因素的实际材料和措施，并根据人为因素在现时和未来经营环境中的作用制定对《国际民用航空公约》附件和其他文件的修订案，以进一步提高各国对人为因素在民航经营中的重要性的认识，从而改善国际民航的安全状况。

人为因素是民航安全的关键因素。航空运输需求的增长、自动化程度的提高、新的技术和概念的引进(如 CNS/ATM 系统)以及飞行和地面经营的复杂性，这些都对经营航空系统的人员提出了新的挑战。通过这个计划，国际民航组织将提供具有指导意义的人为因素材料，并保证在全球各地区所取得的经验都能服务于该组织的所有缔约国。此项计划还保证了国际民航组织制定的所有技术标准和指导材料从拟定到实施阶段都考虑到了人为因素。

9. 防止可控飞行撞地

此项计划的目的有二，一是实施“防止可控飞行撞地”计划，修订《国际民用航空公约》附件 6 第Ⅰ部分和第Ⅱ部分的有关内容并制定指导材料；二是配套修订了附件 1、附件 4，航行服务程序—运行第Ⅰ卷和第Ⅱ卷，以及航行服务程序—空中规则和空中交通服务及相关指导材料。

自 1991 年开始，国际民航组织就参与了减少可控飞行撞地事故的工作。20 世纪 60 年代末到 70 年代，国际社会对于类似问题的研讨促进了地面接近警告系统(Ground Proximity Warning System，GPWS)的诞生。尽管这一系统的应用大大减少了可控飞行撞地事故的发生，但并没有完全消除，问题之一是设备的初始版本会产生虚假或不必要的 GPWS 警告，导致在许多情况下缺乏对这种警告的反应。因此，对可控飞行撞地的研究还在持续开展。

国际民航组织的防止可控飞行撞地计划是在与工业界、监管方及飞行安全基金会的合作中进行的，并号召所有民航管理人员和飞行人员参与其中。该计划的初步目标是到 1998 年为止，将每年发生的可控飞行撞地事故减少 50%，其主要内容包括：可控飞行撞地问题的教育普及、相关问题的审议政策和程序、针对性的培训以及仪器和设备的改进。计划的重点研究方向是可控飞行撞地问题的人为影响及其促成因素。对这个问题的全面处理还涉及在制定指导性材料的同时，对《国际民用航空公约》附件 6 和航行服务程序进行修订。

10. 环境保护

此项计划的目的是在世界范围内处理与民航有关的环境问题。

最近几年，民用航空对环境的影响引起了越来越多的关注，其中最主要的两个问题是航空器噪声和航空器发动机喷出物。虽然国际民航组织已经制定了新航空器和新发动机必须达到的噪声和喷出物标准，但环境保护仍然面临着新的挑战，比如新一代超音速航空器的引进。根据1990年国际民航组织大会所通过的政策框架，噪声超标的航空器将陆续淘汰，大多数机场附近的噪声水平已经降低。但是由于航空运输运量的持续增长，噪声水平还可能呈现再度上升的趋势。

在国际民航组织最初制定航空器发动机喷出物标准时，主要考虑的环境问题是机场附近地区的空气质量。最近，国际民航组织关注的中心已经转移到确定民用航空对全球大气环境的影响，例如气候变化问题。一旦民用航空的影响得到更明确的确定，国际民航组织就能据此判断出需要采取的行动。

国际民航组织在环境保护方面的主要工作包括对《国际民用航空公约》附件6的修订和即将实施的经济方面的文件，这些工作基本上是由理事会通过其航空环境保护委员会来实施的。

11. 技术合作

此项计划的目标在于协助各国实施旨在调动人力、技术和财政资源的项目，以促进国际民用航空安全、高效的运行及发展。

为了便于发展中国家履行其国际义务，遵循国际民航组织的标准和建议措施，实施航行规划，加强运行安全和安保，发展民用航空业(包括人力资源开发)，国际民航组织一直坚持向发展中国家提供相关咨询和协助，并因此积累了丰富的经验。一般情况下，技术合作局在每个年度都要执行100多个各类技术合作项目，有些项目规模大至1 000万美元以上；一些相对较小，费用为10万美元或更少。国际民航组织提供协助的方式有咨询和运行协助、在职培训和制度化培训以及民航设备和系统的购置。

国际民航组织执行该计划的优势在于，其技术合作项目能够依靠全面的专业知识，在理解的基础上，根据经验克服并解决这些世界范围内的不断演变的问题。国际民航组织已经意识到，在像民用航空这样复杂的领域进行技术转让需要时间、耐心和决心，为达到更好的效果，技术合作项目从国际民航组织乃至全世界汲取资源，它的宗旨就是为所协助国家带来更多益处。该计划在非营利和公平公正的基础上运作，服务于民用航空的安全和效率，以满足国家和国际社会在民用航空方面的需求。

以上五项计划是针对目标E制定的。

12. 国际航空运输服务的管理

此项计划的目的是向各国提供新的管理指导，以确保其朝着市场准入循序渐进地变化，有效而持续地参与国际航空运输及公平竞争。

航空运输业长期以来都是各国经济控制和保护的对象，为了适应更广泛的经济全球化和贸易自由化趋势，国际民用航空经济管理的焦点正在不断变化。1994年国际民航组织召开的全球航空运输大会探讨了这种状况，并着手拟订指导方针，协助世界各国和全球航空业走向一个更加开放、更加活跃、更具竞争力的环境。国际民航组织目前正在运输大会的基础上开展进一步的工作，在必要的领域为过渡阶段制定经济管理的指导方针。这些指导方针不仅有助于国际航空运输业迈向自由化，而且还将保障各国参与航空运输的平等机会。

13. 航空运输产品的经销

此项计划的目的是促进航空公司之间以及电脑订座系统（Computer Reservation System，CRS）之间的公平竞争，向国际航空运输使用者提供可能的最广泛的选择，以满足他们的需要。

航空运输部门是开发和应用通信技术和信息技术的领军者。如今，电子计算机已经成为航空公司提高效率、控制成本和增加收入的不可或缺的工具，最明显的体现莫过于航班座位的市场销售方面。功能强大的全球电脑订座系统的出现，及其主宰市场的巨大潜力，催生了有可能破坏市场竞争的问题。一些国家和地区，包括国际民航组织，为了确保这一系统的公平性、透明度和可达性，已经制定了相应的管理守则，不仅对各国，而且对系统本身、航空公司以及使用系统的旅行代理均规定了其义务。针对最近一次，即 1996 年 6 月修订的《关于电脑订座系统的管理和运作的行为守则》，国际民航组织将不断予以必要的检查和更新，以照顾到航空公司产品经销技术和商业发展态势的迅速演变，应对互联网时代的到来。

14. 服务贸易

此项计划的目的是研究服务贸易总协定中的原则和概念在国际航空运输中的适用性，在世界贸易组织（World Trade Organization，WTO）中提高国际民航组织的权限以服务其工作和目标。

"乌拉圭回合谈判"把全部服务行业纳入了服务贸易总协定中，这为航空运输自由化又增添了一个制度管理办法。尽管服务贸易总协定中关于航空运输部分只限于航空器机务维修、市场销售和电脑订座系统。据此可以预见到，服务贸易总协定将具备在管理上对于航空运输业广泛的适用性，这使得国际民航组织有必要对世贸组织和其他有关组织的发展予以密切关注和积极合作，以使其对于航空运输事业产生有益的并有效的影响。

以上三项计划是针对目标 F 制定的。

15. 航空培训

此项计划的目的是提高航空培训质量，并在世界范围内使其标准化。

国际民用航空的安全和效率是管理、运行和维护航空系统人员的职责。这些专业人员不仅必须具备精湛的个人技能，为了使这一国际体系安全、高效地运转，他们还必须能够作为一个"国际团队"共同工作。为了达到这一点，需要满足的最基本要求是人员在全世界都接受同样高质量的培训。国际民航组织致力于和缔约国一道，提高世界范围内的民用航空培训的质量标准。航空培训项目是国际民航组织实现此项战略目标的一个重要组成部分。

航空培训将和各国民航培训中心一起开展工作，帮助它们使用现代的、通过论证的、标准化的培训程序。由于该项目的所有参与者在准备培训材料时，都采用了同样的标准和程序，所以他们能够较为容易地使用彼此的产品。国际民航组织建立的国际培训资源共享系统也是该项目的一个组成部分，这一系统使得参与计划的培训中心能够自由使用世界上其他参与者开发的资源。鉴于以上原因，航空培训在提高培训质量的同时也提高了成本效益。

将来，国际民航组织的空中航行系统将能够真正助其将世界推向同一个“地球村”。我们相信，今天的技术能够创造一个完美无缺的全球航行系统。然而，完美无缺的航行系统如要有效运转，不仅仅要求我们达到足够的技术水平，它还要求有一个准备好为此种系统服务的国际团队。目前，国际民航组织正通过航空培训项目和各国一道积极工作，为这样的未来做好准备。

以上计划是针对目标 G 制定的。

2.4.2 2011—2013 年战略目标

国际民航组织作为促进其成员国间及其与世界航空界开展合作的全球论坛，为国际民用航空安全有序的发展制定标准和建议措施，编制程序、指导材料和法律文书，以促进和协调其在世界范围内的实施，支持健康的、可持续的航空运输系统的全面发展。为了实现全球航空运输系统高效运作，并保持其安全、安保和可持续性的愿景，国际民航组织制定了 2011—2013 年战略目标。

(1) 安　全

提高全球民用航空安全。

(2) 安　保

提高全球民用航空安保。

(3) 环境保护和航空运输的可持续发展

促进国际民用航空协调一致和经济上切实可行的发展，不会对环境造成不当损害。

上述三项战略目标是 2011—2013 年国际民航组织活动的基础，在国际民航组织框架中加以阐述。该框架由三项战略目标下的 37 个方案以及辅助实施战略下的 14 个方案组成，其中辅助实施战略又划分为“方案支助”、“管理和行政”及“管理和行政——理事机构”三部分。

2.4.3 2005—2010 年战略目标

为实现民用航空安全、安保和可持续发展的愿景，国际民航组织制定了 2005—2010 年战略目标。

(1) 安　全

国际民航组织将通过以下措施加强全球民用航空的安全：

① 查明和监测现有类型的民用航空安全风险，对存在的风险制定并实施有效和有针对性的全球应对措施。

② 通过持续监测各国遵循国际民航组织各项规定的进展，确保其及时执行。

③ 开展航空安全监督审计，查明缺陷，并鼓励各国予以解决。

④ 针对造成缺陷的根本原因制定全球补救计划。

⑤ 协助各国通过地区补救计划和建立地区、次地区一级的安全监督组织，以解决存在的缺陷。

⑥ 鼓励各国之间交换信息，促进各国间对航空安全水平的相互信任，加快安全监督审计计划的改进。

⑦ 督促地区规划和实施小组(Planning and Implementation Regional Groups, PIRGs)所查明的对安全至关重要的项目的实施进展。

⑧ 支持各国在所有与安全相关的学科领域实施安全管理系统。

⑨ 通过技术合作方案以及向援助方和金融机构进行关键性通报，协助各国改善安全状况。

(2) 安　保

国际民航组织将通过以下措施加强全球民用航空的安保：

① 查明和监测对民用航空安保造成威胁的类型，并对正在出现的威胁及时制定有效和有针对性的全球应对措施。

② 通过持续监测各国遵循国际民航组织各项规定的进展，确保其及时执行。

③ 开展航空安保审计，查明缺陷，并鼓励各国予以解决。

④ 制定、采取并推广新的或新修订的措施，改善世界范围内的航空旅客的安保状况，同时促进高效率过境程序的实施。

⑤ 制定航空安保培训项目并推动网络学习的开展。

⑥ 鼓励各国在双边或多边基础上进行信息交流，以便促进各国间在航空安保层面上的相互信任。

⑦ 协助各国培训参与执行航空安保措施和战略的各类人员，并酌情对此类人员进行认证。

⑧ 通过航空安保机制和技术合作方案协助各国处理与安保相关的缺陷。

(3) 环境保护

国际民航组织将通过以下措施将全球民用航空活动(主要是航空器噪声和发动机排放)对环境的不利影响减至最小：

① 制定、采取并推广新的或修订的措施，以便限制和减少受严重航空器噪声影响的人数，减小航空器发动机排放对当地空气质量的影响以及航空温室气体排放对全球气候的影响。

② 在处理航空运输业对全球气候变化的影响时，寻求与其他国际机构合作，尤其是《联合国气候变化框架公约》(United Nations Framework Convention on Climate

Change，UNFCCC）的相关缔约方。

（4）效　率

国际民航组织将通过以下措施处理制约国际民用航空高效发展的问题，提高航空运行的效率：

① 制定、协调并实施空中航行计划，据此降低运行单位成本、方便不断增长的运量（包括人员和货物）、优化利用现有以及正在试验的技术。

② 研究国际民用航空领域的发展趋势，规划协调有关活动，为各成员国制定行动指南，促进国际民用航空的可持续发展。

③ 制定行动指南，协助各国在有一定保护的情况下对国际航空运输的经济管理采取自由化的措施。

④ 通过技术合作方案协助各国提高航空运行的效率。

（5）连续性

国际民航组织将通过以下措施查明并处理对空中航行连续性的威胁，以保持航空运行的连续性：

① 协助各国解决阻碍空中航行的意见分歧。

② 对可能扰乱空中航行的自然或人为事件做出积极而迅速的反应，以减弱其影响。

③ 与其他国际组织合作，防止航空旅客传播疾病。

（6）法律规则

国际民航组织将通过以下措施，根据民用航空界不断发展的需求，保持、发展和更新国际航空法，以加强国际民用航空的相关法律规范建设：

① 为支持国际民航组织战略目标，编制国际航空法律文书，并为各国就此进行谈判提供论坛。

② 鼓励各国批准国际航空法律文书。

③ 提供航空协议的登记服务和国际航空法律文书的保管职能。

④ 提供解决民用航空争端的机制。

⑤ 为各国提供立法范本。

为了实现上述六项战略目标，国际民航组织将采取必要的措施：以透明的方式开展工作，对内对外进行有效的沟通；保持所有文件和材料的有效性和相关性；根据需要确定风险管理和风险缓解策略；不断提高资源的使用效率；强化对信息和通信技术的使用，尽早将其纳入各项工作进程；顾及本组织各项措施和业务对环境的潜在影响；以联合国系统的最佳做法为鉴，改善本组织对各种人力资源的使用；在有效工作的同时，达到最高的法治标准。这八项内容合称为“支持和帮助性实施策略”，不针对某一项或几项目标，而是为各项战略目标的达成提供综合性实施策略。

2.5　总部协定

根据《国际民用航空公约》第 45 条永久地址的要求，国际民航组织的永久地址由 1944 年 12 月 7 日在芝加哥签订的《国际民用航空临时协议》所设立的 PICAO 临时大会最后一次会议确定，设在加拿大的蒙特利尔市。大会决定：大会未来的任何会议不应审议迁移本组织永久地址的任何提案，除非有关此事的通知连同所有相关文件于大会会议召开之日至少 120 天前发送至所有缔约国。

位于蒙特利尔的国际民航组织(ICAO)总部大楼

蒙特利尔夜景

后来，国际民航组织考虑到总部迁址的可能性，就将《公约》中关于这一问题的条款在 1954 年做了修改：在《公约》第 45 条结尾，以逗号代替句号，并加上下列措辞，“如非暂迁，则应经大会决定，通过这一决定所需票数由大会规定。此项规定的票数不得少于缔约国总数的五分之三”，即不少于缔约国总数五分之三的支持票才能决定将国际民航组织的永久地址迁往他处。

然而，自 1947 年成立以来，国际民航组织总部就一直在蒙特利尔市。

2013 年 5 月 27 日，国际民航组织和加拿大签署了最新的总部补充协定，该协定于 2016 年末生效，有效期为 20 年，意即 2036 年 11 月底之前，国际民航组织总部将一直在加拿大“航空之都”——蒙特利尔。

国际民航组织与加拿大签署总部补充协定(2013 年)

2.6 历任理事会主席

2.6.1 第一任理事会主席爱德华·皮尔森·沃纳(美国)

爱德华·皮尔森·沃纳博士(美国，1894—1958)是临时国际民用航空组织和国际民航组织第一任理事会主席，任期为 1947—1957 年。

1916—1917 年，沃纳博士先后毕业于哈佛大学数学专业和麻省理工学院机械工程专业，随后在麻省理工学院教授了 15 周的飞机设计课程。

在之后的近三十年时间里，他先后担任了美国国家航空咨询委员会首席物理学家，美国航空邮政服务公司顾问，殖民地航空公司董事，海军部负责航空事务的助理部长。期间曾作为麻省理工学院全职副教授执教航空工程课目，并且作为《航空》杂志社编辑参与各种社会和团体组织活动。1934 年 7 月，罗斯福总统任命他为联邦航空委员会成员，随后被选为该委员会副主席。1938 年，沃纳博士获得诺里奇大学荣誉科学博士学位。同年 11 月，沃纳博士作为经济和技术顾问加入美国民航局，并在之后的六年时间里担任该组织的副主席。1945 年，沃纳博士获得航空科学研究所荣誉院士。

沃纳博士是参加芝加哥会议美国代表团成员，在经济和技术问题上发挥了积极作用，并担任技术委员会报告起草人。在芝加哥会议结束后的数月里，他不断致力于《芝加哥公约》所确定的即将成立的国际组织的准备工作。1945 年 8 月 15 日，他当选为临时国际民用航空组织理事会主席。1947 年 5 月 13 日，永久性的国际民航组织成立后，他又继续担任该组织的理事会主席，直到 1957 年 4 月 18 日退休。

1958 年 7 月 11 日，爱德华·皮尔森·沃纳博士在马萨诸塞州达克斯伯里去世，享年 63 岁。

2.6.2 第二任理事会主席沃尔特·比纳吉（阿根廷）

沃尔特·比纳吉先生（阿根廷，1919—2006）是国际民航组织的第二任理事会主席，任期为 1957—1976 年。

1943 年，沃尔特·比纳吉先生毕业于布宜诺斯艾利斯大学工程学院。

作为阿根廷代表团的成员，比纳吉先生参加了 1947 年 5 月在蒙特利尔举行的国际民航组织第一届大会。同年 9 月，他作为阿根廷驻国际民航组织代表团成员被派往蒙特利尔工作，成为空中航行委员会委员。1949 年 2 月，他担任空中航行委员会主席。1957 年 2 月 20 日，在国际民航组织第 30 届大会第 4 次会议上，沃尔特·比纳吉先生经 ICAO 理事会一致推选担任国际民航组织理事会主席。他还曾担任过第 8 届、第 17 届（特别会议）和第 21 届国际民航组织大会主席。

在担任理事会主席前的 1944—1957 年间，比纳吉先生参加了每一届 ICAO 大会。他为国际民航组织服务 29 年，直到 1976 年 7 月 31 日退休。

2006 年 7 月 16 日，沃尔特·比纳吉先生去世，享年 87 岁。

2.6.3 第三任理事会主席阿萨德·柯台特（黎巴嫩）

阿萨德·柯台特博士（黎巴嫩）是国际民航组织的第三任理事会主席，任期为 1976—2006 年。

1948 年，柯台特博士毕业于贝鲁特法语大学法律专业，并于 1952 年获巴黎大学

法学博士学位。因有巴黎大学国际高等研究院及海牙国际法学院的学习经历，柯台特博士在1952年当选海牙国际法学院校友会主席。

1953—1970年，柯台特博士曾先后担任黎巴嫩民航局法律、国际协议与对外关系司司长，国际民航组织法律委员会成员，国际民航组织理事会黎巴嫩代表，黎巴嫩运输总局办公厅主任，航空运输委员会主席，国际民航组织理事会第二副主席，国际民航组织财务委员会成员和副主席，国际民航组织财务规章工作组主席等职务。多年以来，柯台特博士一直是国际民航组织常务执行组的成员。

1970年8月1日至1976年8月1日，柯台特博士担任国际民航组织秘书长，此后就任ICAO理事会主席。他为国际民用航空界服务长达53年，其中后30年一直担任国际民航组织理事会主席。

2006年7月31日，柯台特博士退休，随即成为国际民航组织理事会首位荣誉主席。2013年，他被授予第40届爱德华·沃纳奖这一民航界最高荣誉，以表彰他对国际民用航空发展尤其是在外交和调解领域做出的卓越贡献。

2.6.4 第四任理事会主席罗伯特·高贝·冈萨雷斯(墨西哥)

罗伯特·高贝·冈萨雷斯先生(墨西哥)是国际民航组织的第四任理事会主席，任期为2006—2013年。

高贝先生在担任墨西哥驻国际民航组织理事会代表八年之后，于2006—2013年当选国际民航组织理事会主席。此前，他曾经担任ICAO理事会第一副主席和财务委员会主席，并且是航空运输委员会的委员。

自1966年开始，高贝先生就在墨西哥政府民用航空总局中担任各种职务。作为行政和航空运输领域的副局长，他参加了多个国家间双边协定的谈判。1978—1997年，他担任墨西哥空中航行服务局局长。此外，高贝先生还曾担任墨西哥国家理工学院航空电子专业教授。

2013年12月，在高贝主席退休之际，国际民航组织理事机构授予高贝先生“国际民航组织终身亲善大使”的荣誉称号，以表彰他对国际民用航空发展做出的杰出贡献。

2.6.5　第五任理事会主席奥卢穆伊瓦·贝纳德·阿留（尼日利亚）

奥卢穆伊瓦·贝纳德·阿留博士（尼日利亚）是国际民航组织的第五任理事会主席，也是现任理事会主席，他于2014年1月1日首次担任该职位，并于2016年11月21日通过鼓掌表决的方式再次当选。现任任期从2017年1月1日开始，至2019年12月31日结束。

阿留博士分别于1983和1987年获得基辅大学航空工程理工硕士和理工（航空学）博士学位，并且获得了航空器维修工程师执照（Aircraft Maintenance Engineer's License，AMEL）。他先后于2005年和2009年获得民航管理毕业证书和麦吉尔大学航空航天法研究生毕业证书。

阿留博士专业经验丰富，2005—2013年任尼日利亚驻国际民航组织理事会代表，并曾先后担任国际民航组织理事会治理和效率工作组（Working Group on Governance and Efficiency，WGGE）主席，国际民航组织理事会第一副主席，国际民航组织非洲航空安全全面实施计划（非印计划）指导委员会主席，国际民航组织财务委员会主席，国际民航组织技术合作委员会主席等职务。此外，他还是国际民航组织第32、33、35、36、37、38届大会常会的出席代表。

2.7　历任秘书长

2.7.1　第一任秘书长艾伯特·让·弗朗索瓦·罗珀（法国）

艾伯特·让·弗朗索瓦·罗珀（法国，1891—1969）是临时国际民用航空组织和国际民航组织的第一任秘书长，任期为1947—1951年。

1891年4月21日，艾伯特·让·弗朗索瓦·罗珀生于巴黎，获得过巴黎专科学校的法学博士学位。

罗珀博士参加过第一次世界大战，1914年入伍当步兵，1916年转空军。战争结束时，他正在一个战斗机中队任中队长。入伍期间，他共获得五次嘉奖令，还被授予了荣誉军团骑士十字勋章。

罗珀博士的国际航空生涯始于1919年和平会议。作为1922年成立的空中航行

国际委员会的首位，也是唯一一位秘书长，他身先士卒地捍卫在民用航空领域开展世界合作的原则。罗珀博士担任空中航行国际委员会秘书长这一职务长达25年，直到该组织于1947年解散。

1944年11—12月，民用航空大会指导委员会在芝加哥召开会议，特聘请罗珀博士担任顾问，希望能够从他的从业经验中获益。1945年7月，加拿大政府邀请罗珀博士协助筹备临时国际民用航空组织第一次会议工作。1944—1947年，罗珀博士担任临时国际民用航空组织秘书长；1947年5月28日，罗珀博士被任命为ICAO秘书长，一直到1951年12月31日退休。

1969年5月2日，艾伯特·让·弗朗索瓦·罗珀博士去世，享年78岁。

2.7.2 第二任秘书长厄恩斯特·卡尔·罗伯特·永贝里（瑞典）

厄恩斯特·卡尔·罗伯特·永贝里（瑞典，1897—1982）是国际民航组织的第二任秘书长，任期为1952—1959年。

1897年7月17日，厄恩斯特·卡尔·罗伯特·永贝里出生于瑞典。

永贝里先生早年曾是瑞典皇家炮兵工程学院的学生和讲师，后来成为瑞典信号和工程兵部队的一名军官，也曾在总参谋部任职。自1939年开始，他积极参与国际航空活动，曾代表瑞典出席了国际民航组织的许多会议。1945—1952年，他担任瑞典皇家民航总局的董事长和总干事。

在担任瑞典驻国际民航组织代表团团长期间，永贝里先生于1946年当选为临时国际民用航空组织技术委员会主席，后于1950年当选为国际民航组织第四届经济委员会主席。与此同时，他还是瑞典航空研究所、水文气象局的成员。1952年1月1日，永贝里先生被任命为ICAO秘书长，任期7年。1959年7月31日，永贝里先生退休。

1982年9月9日，永贝里先生逝世，享年85岁。

2.7.3　第三任秘书长罗纳德·麦卡利斯特·麦克唐纳（加拿大）

罗纳德·麦卡利斯特·麦克唐纳（加拿大，1909—1973）是国际民航组织的第三任秘书长，任期为 1959—1964 年。

1909 年 5 月 11 日，罗纳德·麦卡利斯特·麦克唐纳出生于加拿大不列颠哥伦比亚省弗农市。1925—1932 年，他先后就读于曼尼托巴大学和牛津大学。

1934—1947 年，麦克唐纳先生是加拿大对外事务部的第三任秘书。他于 1944 年参加了芝加哥国际民用航空大会，在 1945 年协助建立蒙特利尔临时国际民用航空组织。1947 年，他被任命为捷克斯洛伐克代办，在该国开办首家加拿大公使馆。1950—1958 年，他先后担任加拿大驻巴黎大使馆部长、加拿大负责对外事务的部长助理以及加拿大负责对外事务部的部长代表。1956 年，他作为加拿大代表团团长出席了在委内瑞拉首都加拉加斯召开的国际民航组织大会第十届会议。1957—1958 年，麦克唐纳先生兼任加拿大驻埃及大使和驻黎巴嫩公使。1959 年 8 月 1 日，麦克唐纳先生被任命为国际民航组织秘书长，任期五年。1964 年 7 月 31 日，他离开国际民航组织，受命担任加拿大驻印度尼西亚大使。

1973 年 5 月 19 日，罗纳德·麦卡利斯特·麦克唐纳先生因心脏衰竭，在斯里兰卡的科伦坡去世，享年 64 岁。去世时，他是加拿大驻斯里兰卡高级专员。

2.7.4　第四任秘书长博纳多斯·特尔曼·维特（荷兰）

博纳多斯·特尔曼·维特博士（荷兰，1912—1993）是国际民航组织的第四任秘书长，任期为 1964—1980 年。

1912 年 12 月 3 日，博纳多斯·特尔曼·维特出生于荷兰鹿特丹，1947 年获得鹿特丹博士大学经济学博士。

1940 以前，维特博士在鹿特丹的私营航运企业任职。1940—1949 年，他进入荷兰经济部任职。1949 年，维特博士进入国际民航组织，担任行政和财务局副主任。1956 年，他离开国际民航组织，先后担任了联合国救济和工程处行政处长、加沙的联合国紧急部队首席行政官、联合国刚果利奥波德维尔行动首席行政官以及联合国技术援助委员会行政副主任。1964年8月1日，维特博士回到国际民航组织担任秘书长，任期6年。

1993年5月1日维特博士去世，享年81岁。

2.7.5 第五任秘书长阿萨德·柯台特(黎巴嫩)

阿萨德·柯台特博士(黎巴嫩，1924—2014)是国际民航组织第五任秘书长，任期为1970—1976年。

1924年11月6日，阿萨德·柯台特出生于黎巴嫩哈斯拜亚。1948年，柯台特博士毕业于贝鲁特法语大学法律专业，并于1952年获巴黎大学法学博士学位。因有巴黎大学国际高等研究院及海牙国际法学院的学习经历，柯台特博士在1952年当选海牙国际法学院校友会主席。

1953—1970年，柯台特博士曾先后担任黎巴嫩民航局法律、国际协议与对外关系司司长，国际民航组织法律委员会成员，国际民航组织理事会黎巴嫩代表，黎巴嫩运输总局办公厅主任、航空运输委员会主席，国际民航组织理事会第二副主席，国际民航组织财务委员会成员和副主席，国际民航组织财务规章工作组主席等职务。多年以来，柯台特博士一直是国际民航组织常务执行组的成员。

1970年8月1日至1976年8月1日，柯台特博士任国际民航组织秘书长。此后担任国际民航组织理事会主席一职。

2014年2月27日，理事会名誉主席阿萨德·柯台特博士在蒙特利尔与世长辞，享年90岁。

2.7.6 第六任秘书长伊夫·毛里斯·兰伯特(法国)

伊夫·毛里斯·兰伯特先生(法国)是国际民航组织的第六任秘书长，任期为1976—1988年。

1936年6月4日，伊夫·毛里斯·兰伯特出生在法国南锡。他相继在巴黎综合理工大学、法国国家民航学校、企业管理培训中心接受教育。

1961—1964年，兰伯特先生任阿尔及利亚民用航空技术服务局主任。1965年，他担任阿尔及利亚航空安全管理组织的航空安全主管，次年被任命为该管理组织的负责人。1968—1969年，他为法国航空导航技术服务部门工作，并在之后的三年时间里担任法国运输部部长顾问。1973—1976 年，兰伯特先生担任法国驻国际民航组织理事会代表，参与大会、理事会和理事会委员会的工作。1974—1976 年，他先后担任了国际民航组织财务委员会主席和联营导航委员会主席。1976 年 8 月 1 日，兰伯特先生被任命为国际民航组织秘书长。

由于表现突出、贡献很大，兰伯特先生曾被授予骑士勋章、荣誉勋章、国家荣誉勋章和航空奖章等多项荣誉。

2.7.7 第七任秘书长温德·辛格·西度(印度)

温德·辛格·西度博士(印度)是国际民航组织第七任秘书长，任期为 1988—1991 年。

温德·辛格·西度出生于 1929 年 10 月 13 日，拥有经济学、公共管理学高级学位，同时还是一位哲学博士。

西度博士作为印度代表团首席代表，参加了许多国际会议，被选为国际民航组织 1986 年大会第 26 届会议主席。1985 年 2 月至 1987 年 10 月，他在担任印度民航局局长期间，还担任印度航空公司和印度人航空公司董事长一职，同时也是印度民航部政府秘书。

1988 年 8 月 1 日，西度博士被任命为国际民航组织理事会秘书长，任期 3 年。

2.7.8 第八任秘书长菲力普·罗扎特(瑞士)

菲力普·罗扎特博士(瑞士)是国际民航组织第八任秘书长，任期为 1991—1997 年。

1942 年 10 月 19 日，菲力普·罗扎特出生于瑞士洛桑。1974 年，他毕业于洛桑大学，获得法学博士学位。他的博士论文是关于航空法的《防止对空中航行设置障碍——献给航空基础设施研究》。

1967—1974 年，罗扎特博士任瑞士广播—电视记者，专业从事国际事务报道。1975—1977 年，罗扎特博士担任民用航空伯尔尼联邦办公室副主任助理，在航空运输和对外事务处工作。1977—1985 年，罗扎特博士任日内瓦机场行政和商务主任。1985—1986 年，他担任国际民航组织理事会比利时副代表，代表ABS(Austria - Benelux - Switzerland,奥地利—卢森堡—瑞士)集团。1986—1989年,任国际民航组织理事会瑞士代表。在1986—1991年,罗扎特博士还先后担任了国际民航组织联营导航委员会副主席、财务委员会主席、日内瓦机场营销与环境部主任。

1991年8月1日,罗扎特博士被任命为国际民航组织理事会秘书长,任期6年。

2.7.9 第九任秘书长雷纳托·克劳迪奥·柯斯塔·佩雷拉(巴西)

雷纳托·克劳迪奥·柯斯塔·佩雷拉先生(巴西)是国际民航组织第九任秘书长,任期为1997—2003年。

1936年11月30日,雷纳托·克劳迪奥·柯斯塔·佩雷拉生于巴西。

佩雷拉曾担任巴西政府负责国际航行事务机构的主席。任职期间,他的主要职责是负责协调与国际民航组织的关系及航空运输双边协定,在国际组织中代表巴西处理空中航行、航空运输协定及与航空服务、空域安全有关的事务。

1961年,佩雷拉在巴西空军开始了他的职业生涯,最终升到少将军衔。多年来,他在民用航空管理和开发的许多关键岗位上担任要职,例如飞行保护研究所所长、航空职员部部长后勤顾问,以及巴西驻伦敦航空委员会主任。他还是1992和1995年赴蒙特利尔参加国际民航组织第29届和第30届大会的巴西代表团团长。

1992—1996年,佩雷拉还曾担任拉丁美洲民用航空委员会(Latin American Civil Aviation Commission,LACAC)主席,在修订该组织章程方面起到重大作用,他的努力使得任何一个美洲国家都能成为该组织的成员这一构想变成现实,从而将该组织改革成一个泛美机构。

1997年8月1日,佩雷拉被任命为国际民航组织秘书长,任期6年。

2.7.10 第十任秘书长塔耶布·谢里夫(阿尔及利亚)

塔耶布·谢里夫博士(阿尔及利亚)是国际民航组织的第十任秘书长,任期为2003—2009年。

1941年12月29日,塔耶布·谢里夫生于阿尔及利亚布海里堡。

1967年谢里夫博士获得阿尔及尔大学的数学学士学位,后来又获得法国国家民

航学院航空工程毕业文凭、联合王国克兰菲尔德技术学院航空运输硕士学位以及航空运输经济学博士学位。1987 年谢里夫博士曾为联合国非洲经济委员会(Economic Commission for Africa，ECA)编写了关于在非洲北部次地区统一和协调运输模式的研究报告。

谢里夫博士曾在阿尔及利亚多所学校教授航空运输法规、飞行运行、航空运输经济学等课程，期间还担任了阿尔及利亚运输部空中活动处副处长、运输部空中航行处副处长、运输部航空运输司司长、高等教育国务秘书等职务。在 1982—1985 年、1994—1997 年，他两次担任阿尔及利亚民航顾问，为阿尔及利亚民用航空和航空运输的发展做出了巨大贡献。1998—2003 年，谢里夫博士作为阿尔及利亚驻国际民航组织理事会代表，先后担任航空运输委员会委员、副主席、主席以及财务委员会委员。

2003 年 8 月 1 日，谢里夫博士被任命为国际民航组织秘书长，任期 6 年。

2.7.11　第十一任秘书长雷蒙·邦雅曼(法国)

雷蒙·邦雅曼先生(法国)是国际民航组织的第十一任秘书长，任期为 2009—2015 年。

1945 年 11 月 24 日，邦雅曼先生出生于埃及亚历山大。

邦雅曼先生先后获得了巴黎高等国际学院文凭、巴黎政治学院文凭以及巴黎法律和经济学院颁发的公法硕士学位。

1976—1977 年，邦雅曼先生担任法国民航局人力资源处顾问，之后又担任了欧洲民用航空会议(European Civil Aviation Conference，ECAC)的航空运输官员、副秘书和执行秘书。1989—2009 年，邦雅曼先生进入国际民航组织任航空安保处处长一职。2008—2009 年，邦雅曼先生担任了欧洲联合航空局培训机构(Joint Aviation Authorities Training Organisation，JAA - TO)和欧洲航空安保培训学院(European Aviation Security Training Institute，EASTI)特别顾问。2009 年 8 月，邦雅曼先生被任命为国际民航组织秘书长，任期 6 年。

2.7.12 第十二任秘书长柳芳(中国)

柳芳博士(中国)是国际民航组织的第十二任秘书长(现任秘书长),也是该组织的首位女性秘书长。她的本届任期是2015年8月1日至2018年7月31日。

柳芳博士先后获得中国武汉大学的国际法博士学位和荷兰莱顿大学的航空和航天法硕士学位。她是中国航空法学会和中国国际私法学会理事,并就国际航空运输监管和航空法方面的诸多主题发表过文章和演讲。

在加入国际民航组织之前,柳芳博士曾在中国民用航空总局(Civil Aviation Administration of China,CAAC)任职20年,先后担任过国际合作司的法律顾问、副处长、处长和副司长。她负责中国国际航空运输的政策制定和监管,以及与包括国际民航组织、世界贸易组织、亚太经合组织(Asia Pacific Economic Cooperation,APEC)、欧盟(European Union,EU)和东盟(Association of Southeast Asian Nations,ASEAN)在内的国际和地区组织之间的双边与多边关系。

在中国民航总局任职期间,柳芳博士曾当选亚太经合组织(APEC)航空组主席,并经中国政府提名,参加国际民航组织航空运输管理专家组的工作。她也曾担任调解和争端解决专家一职。柳芳博士是中国政府与外国关于双边和多边航空运输协定的首席谈判代表。

在担任秘书长之前,柳芳博士曾担任国际民航组织行政服务局(Bureau of Administration and Services,ADB)局长8年。在任职期间,她全方位推动国际民航组织高级管理小组的工作,并参与联合国共同制度内高级别管理委员会的工作。通过提高效率、加强治理,以及在人力资源、语言服务及会议和信息技术服务等领域提供的有效管理和支持,使国际民航组织的管理工作焕然一新。

第 3 章　ICAO 组织机构和运作机制

ICAO 的组织架构可以简单划分为三级，第一级是大会，第二级是理事会，第三级是秘书处和航行委员会。

3.1　大　会

3.1.1　概　况

大会是国际民航组织的最高权力机构，也被称作主权机构（Sovereign Body），由所有缔约国组成。大会每三年至少举行一次，由理事会负责确定时间和地点并召开。应理事会的决定，或经不少于五分之一的缔约国向秘书长提出要求，可以随时举行大会特别会议。每个缔约国享有同等代表权及一票表决权，大会会议由过半数的缔约国构成法定人数，并且大会决议应由所投票数的过半数票通过，除非《公约》另有规定。如果某缔约国连续三年不缴纳会费，而且未与国际民航组织达成有关协议，或虽然达成了协议但却不予执行，则将被终止行使投票权。

大会的权力和职责由《国际民用航空公约》第 49 条规定，有以下 11 项内容：

① 在每次会议上选举大会主席和其他官员；

② 按照第九章的规定，选举参加理事会的缔约国；

③ 审查理事会各项报告，对报告采取适当行动，并就理事会向大会提出的任何事项做出决定；

④ 决定大会本身的议事规则，并设置其认为必要的或适宜的各种附属委员会；

⑤ 按照第十二章的规定，表决本组织的各年度预算，并决定本组织的财务安排；

⑥ 审议本组织的支出费用，并批准本组织的账目；

⑦ 根据自己的决定，将其职权范围内的任何事项交给理事会、附属委员会或任何其他机构处理；

⑧ 赋予理事会为履行本组织职责所必需的或适宜的权力和职权，并随时撤销或变更所赋予的职权；

⑨ 执行第十三章的各项有关规定；

⑩ 审议有关变更或修正本公约条款的提案。如大会批准此项提案，则按照第二十一章的规定，将此提案向各缔约国提出建议；

⑪ 处理在本组织职权范围内未明确指定归理事会处理的任何事项。

总体来说，大会要详细审查国际民航组织在技术、管理、经济、法律和技术合作领域的全部工作，并对国际民航组织其他机构的未来工作给予指导。

3.1.2 历届大会介绍

第一届临时会议

临时国际民航组织第一届也是唯一一届会议于 1945 年 5 月 21 日—6 月 7 日在加拿大蒙特利尔召开，共有 40 个国际民航组织的成员国、10 个观察国和其他 8 个国际组织的代表出席会议。大会的开幕式由时任大会临时主席的爱德华·沃纳博士和加拿大重建部部长克拉伦斯·迪凯特·豪主持，来宾名单由时任加拿大魁北克省的代表人保罗·比利博士和蒙特利尔市市长卡米林·霍德共同决定。

作为加拿大代表的霍尔博士代表其政府向临时国际民航组织大会开幕式致辞。由于芝加哥会议保留了一部分未能取得结果的议题，他希望此届临时会议可以就类似的相关事宜达成一致，特别是建立一个完整的多边协议以服务于全球航空运输系统。

第一次大会的目的是审议 26 个大项的详细议程，包括临时国际民航组织的一般性政策、空中导航、航空运输(经济性)、法律问题、行政与财务五个方面，并于 5 月 21 日、22 日、29 日和 6 月 6 日、7 日分别召开了五次全体会议。期间，大会选举了一位主席和五位副主席，设立了五个委员会并选举了相应的委员长，以便处理大会的各项议程。大会原则上同意在临时国际民航组织的指导下设立区域办事处，保留部分问题留待日后召开的都柏林和巴黎航空航行会议以及其他区域性会议解决。

此届大会的决议在今后几十年的时间里对整个世界民用航空领域产生了重大的影响，涉及世界上的每一个国家，并对世界文明进程产生了巨大的推动作用。

第一届大会

国际民航组织第一届大会于 1947 年 5 月 6 日—27 日在加拿大蒙特利尔隆重召开，36 个缔约国和 11 个观察员国代表团和 7 个国际组织代表出席了本届大会，见证了永久性的国际民用航空组织的成立。

国际民航组织大会临时主席爱德华·沃纳博士和东道国的代表(加拿大重建部部长克拉伦斯·迪凯特·豪和蒙特利尔市市长卡米林·霍德)共同欢迎各方参会人员。大会与非缔约国和其他国际组织积极联系，希望各方能够在今后广泛参与到包括大会会议在内的国际民航组织的各项活动中来。

大会在 5 月 6 日、7 日、13 日、16 日、21 日、23 日、26 日和 27 日，8 天的时间共召开了 9 次全体会议，围绕六个主要方面的 39 项重要议题，进行了热烈讨论。根据大会要求，临时理事会建立了国际民航组织的各个常设机构，同时设立了用于确定大会议事规则的委员会。

在有关国际标准和建议措施的定义和应用方面，空中航行委员会和各缔约国取得了很多积极成果，并最终决定以英语、法语和西班牙语作为该组织出版物的组织语言。

本届大会在经济、航行技术、法律层面和技术援助等方面的相关问题上均取得了重大成果，为国际民航组织在此后70年里的优异表现和国际民航运输业的健康有序发展奠定了良好的基础。

第二届大会

国际民航组织大会第二届会议于1948年6月1日—21日在瑞士日内瓦召开，37个缔约国和7个非缔约国的代表团以及应邀而来的10个其他国际组织的代表出席了本届大会。

在第一次全体会议上，爱德华·沃纳博士致开幕词，继而联合国欧洲办事处主任莫德若先生、联合国秘书长赖依先生、瑞士联邦主席恩里科·塞隆先生，以及日内瓦国务院主席路易斯·卡塞先生作为参会嘉宾分别向大会致辞。

全会期间，奥地利向美国政府递交了加入《国际民用航空公约》的申请，考虑到联合国大会在第104次全体会议上对此持肯定态度，其加入《公约》的申请得到了大会批准，同时大会还批准了芬兰加入《公约》的申请。入会申请于《公约》签署30日后生效，届时该国将成为国际民航组织的缔约国。

大会设立了执行委员会、协调委员会、认证委员会和程序规则委员会，委员会在6月3日—17日共召开了20次会议，与各缔约国达成多项共识并缔结有关国际民航运输的各项协定。

大会对议事过程中采用的临时规则进行初步研究后，决定指派委员会对相关议事规则进行详细研究，并由委员会主席向大会作口头报告，大会将根据有关结果敲定其议事规则。

在听取了理事会关于国际民航组织与联合国两个组织间成员国关系的报告后，委员会认为两者应该在充分考虑联合国决议以及与国际民航组织的12条共识的基础上，以深度合作的形式共同开展工作，这将有利于国际民航运输事业向着健康有序的方向蓬勃发展。

第三届大会

国际民航组织大会第三届会议于1949年6月7日—20日在加拿大蒙特利尔召开，35个缔约国和1个非缔约国的代表团及2个其他国际组织的成员出席了本届大会。

印度的萨达尔·哈迪特·辛格·马利克当选为国际民航组织大会临时主席。在开幕式上，加拿大运输部长莱昂内尔·谢里耶和代表蒙特利尔市政府的莱昂先生分别向大会致辞。

根据第二届大会的指示，本届大会期间将正式成立一个专门负责行政和财政事务的委员会，在第二次全体会议结束后开始工作。行政委员会在听取了17份报告后，经过讨论通过了国际民航组织1950年的预算和工作方案，废除了联合支持紧急资金，暂停了6个持续两年不缴纳会费的缔约国的表决权。

大会通过了其议事规则；设立了执行委员会、程序规则委员会和认证委员会；在随后的全体会议上听取了各委员会的详细报告；确认理事会向国际民航组织非缔约国和其他国际组织发出的邀请；批准成立一个行政委员会；在听取了巴西、锡兰、埃及、芬兰和法国代表的报告发言后，理事会主席爱德华·沃纳博士作总结陈词。

在最后一次全体会议上，大会隆重欢迎了古巴代表团成员。这是自6月10日古巴成为国际民航组织缔约国以来第一次出席大会。

第四届大会

国际民航组织大会第四届会议于1950年5月30日—6月20日在加拿大蒙特利尔召开，42个成员国和2个非缔约国的代表团以及应邀而来的11个国际组织的代表出席了本届大会。开幕后，大会分成行政管理、航空技术、经济和法律四个部分并行展开相关讨论研究。

本届大会前，国际民航组织的理事会成员数目按规定为21名，并且确定了所选举的三个部分中选出的国家数量最多应分别为8席、7席和6席。但1950年，只有20个国家作为理事会席位的候选人，于是大会暂停了由三部分组成的选举规则，并决定由下届大会产生一个单独的无记名投票的理事国，以将理事国补充至21个。值得欣慰的是，20个候选国家均得到了必要的多数票，成功当选理事国。此外，大会还通过了一项决议，以规定理事国的各项义务。

在大会的第四次全体会议上，执行委员会采纳了一项建议，否定了对《国际民用航空公约》实施全面修订的修订政策和计划，而采用特定修改案的形式对《公约》进行逐步修订。针对《公约》第45条对于国际民航组织永久地址的有关规定，大会通过决议：为本组织的重新选址留出回旋余地，如要实现迁址，则必须有三分之二以上的票数通过相关提案。

根据紧急委员会提出的建议，大会指示应在《公约》第5条和第6条的基础上，加强对国际航空运输业的研究，为国际航班提供相关国际航空服务。最后强调了国际民航组织要持续参与到联合国技术援助方案中去。

第五届大会

国际民航组织大会第五届会议于1951年6月5日—18日在加拿大蒙特利尔召开，36个成员国和1个国际组织的代表团出席了本届大会。受预算的限制，本届大会只设立了行政委员会，于第二次全体大会后正式行使职权。

在第一次会议上，理事会主席爱德华·沃纳博士宣布大会开幕。之后，行政委员会先后听取了各代表团的发言和理事会主席的年度报告。

在会议期间，大会共举行了4次全体会议，完成了既定的21项议程，根据前一届大会的决定进行无记名投票，补选了西班牙成为第21席理事会成员国。

在最后一次全体会议上，大会听取并通过了1952年的预算和工作方案，并达成了包括中止玻利维亚、萨尔瓦多、危地马拉、尼加拉瓜、巴拉圭、秘鲁和波兰7个拖欠会费的缔约国的表决权，以及加强与联合国在国际安全和安保方面合作的17项共识。

第六届大会

国际民航组织大会第六届会议于1952年5月27日—6月12日在加拿大蒙特利尔召开，完成了既定的17项议程。

大会回顾并介绍了国际民用航空1951年的发展状况，之后对空中导航方面的14项技术问题进行了深入细致的讨论，比如国际标准和建议措施及指导方案、事故调查、机场和航路服务、航图、航空情报服务、人员执照的颁发、搜索和救援以及区域计划的实施等。在区域计划实施方面，大会听取了北大西洋地区、欧洲-地中海地区、中东地区、非洲-印度洋地区、东南亚地区、加勒比地区、南美和南大西洋地区、北太平洋和南太平洋地区办事处的报告。

在会议的第三部分，委员会对国际航空干线的所有权及运作、为国际航空运输健康发展切实减少经济和法律障碍等六项问题，与出席大会的各缔约国深入交换了意见，并最终达成共识，特别是通过了当年4月份航空运输委员会提交的有关改善当前歧视和不公平税收现状的建议。

第七届大会

国际民航组织大会第七届会议于1953年6月16日—7月6日在英国布莱顿召开，圆满完成了既定的24项议程。

大会开幕式由国际民航组织理事会主席主持，布莱顿市市长以及代表女王陛下的航空运输部部长作为到场嘉宾分别发表了演讲，并向各位出席大会的缔约国代表致以欢迎和问候。

理事会根据A4－11号决议，批准召开以技术指导为讨论重点的空中航行会议。大会一方面要求理事会建立明确而严格的标准，以对空中航行委员会和专家组的工作方案进行审查。另一方面，由于世界范围内对于空中导航程序的认识还不够成熟，大会决定召开空中导航会议和部门会议，以积极解决相关具体问题。

为了在国际标准和建议措施及程序的延续性与正确性之间维持平衡，大会要求理事会对相关文件持续更新，以改变大会第四届会议对于相关问题的态度，即对于国际航行安全、有序、高效运行能产生显著影响的国际标准和建议措施及程序，采取编辑和修订措施。

根据《国际民用航空公约》第83条的规定："任何缔约国在不违反前条规定的情况下，可以订立与本公约各规定不相抵触的协议。任何此种协议，应立即向理事会登记，理事会应尽速予以公布。"大会要求各缔约国确保有关协议或计划订立的类似协定已经按照《公约》规定向理事会登记完毕，并且敦促理事会尽快形成名单以向所有缔约国通报。这一工作大幅提升了国际民航事业在世界范围内的协调一致性，为其健康有序发展奠定了良好的基础。

第八届大会

国际民航组织大会第八届会议于1954年6月1日—14日在加拿大蒙特利尔召开，讨论通过了19项议题。

在第一次全体会议上，理事会主席致开幕词并向各方代表表示欢迎，并由来自印度、日本、韩国、墨西哥、美国、委内瑞拉、中国、埃及、埃塞俄比亚、以色列、法国、澳大利亚和伊朗共13国的代表进行发言，随后大会成立了执行委员会和认证委员会。

在第二次全体会议上，大会听取了认证委员会的临时报告，选举产生了其主席和副主席，设立了行政委员会，并由该委员会听取了理事会主席的年度报告。

在第三次全体会议上，乌拉圭代表进行了发言，随后认证委员会、执行委员会和行政委员会先后进行了总结陈词。

会议期间，大会要求理事会考虑各项修正案对于未来国际民航组织行使各项职能所造成的影响，初步计划于1956年对国际民航组织的未来政策做出相应调整。考虑到部分缔约国未能对国际民航组织尽到相应的财政义务，大会经讨论决定由秘书长草拟协定并与有关各国进行协商讨论，在充分考虑到有关国家财政状况的前提下，评估其拖欠累积的财政义务，留待下届大会做出最终裁决。

第九届大会

国际民航组织大会第九届会议于1955年5月31日—6月13日在加拿大蒙特利尔召开，委内瑞拉代表团团长路易斯先生代表所有缔约国向国际民航组织十年来为航空运输业健康有序发展所做的贡献表达了崇高的敬意。

开幕式上，来自墨西哥、美国、越南、澳大利亚、奥地利、锡兰和智利的代表先后发表了讲话。在第二次全体会议上，伊拉克、以色列、日本、厄瓜多尔、韩国和埃及的代表随后作了补充发言。

1954年年底，国际民航组织缔约国数量为65个，当年中国重返国际民航组织。另外，乌干达、厄瓜多尔和越南三个国家新签订了《芝加哥公约》，使国际民航组织的影响逐渐扩大，加快推动了航空运输业的国际化进程。

经过两周的研讨，大会就16项议题形成了决议。特别要求捷克斯洛伐克共和国向国际民航组织支付欠款。在之前召开的法律委员会第十届会议上，有人指出通过制订新公约而不是继续修订的方式更新《华沙公约》存在实际困难。本届委员会决定任命一个由三名成员组成的小组委员会来考虑该问题，并在海牙会议前准备好一份正式提案。闭幕式上，叙利亚、玻利维亚、越南、埃塞俄比亚、比利时和菲律宾的代表进行了总结陈词。

考虑到联合国将于1955年6月26日在美国旧金山举办联合国成立十周年庆祝仪式，国际民航组织特别在大会上向联合国表达了诚挚的祝贺，肯定了其在世界和平与发展方面做出的突出贡献，并且希望在接下来的日子里加强与联合国的联系与合作，为国际航空运输业的健康有序发展一道努力。

第十届大会

国际民航组织大会第十届会议于1956年6月19日—7月16日在委内瑞拉首都加拉加斯召开，这是十年来第三次在非国际民航组织永久地址处召开的大会会议。大会就53项议题展开了讨论，并就相关问题达成了协议。

自国际民航组织成立并举办其第一届大会以来，民用航空快速增长，全球航空客运量在十年内翻了两番。这一增长所带来的经济和社会效益在南美洲和加勒比海地区尤为明显。现在，在世界范围内，民航运输即将迎来一个崭新的未来，它对于国际社会的重要性从未像今天如此重要。为了应对这一增长趋势，国际民航组织需要把眼光放长远，及时制定大胆而富有想象力的计划。

开幕式上，国际民航组织理事会主席沃纳博士号召全体与会人员为在纽约城外的超级星座号航班上的遇难者默哀。

大会成立了执行委员会、认证委员会和协调委员会。来自荷兰、印度、印度尼西亚、以色列、日本、黎巴嫩、墨西哥、巴基斯坦、葡萄牙、德国、锡兰、委内瑞拉、澳大利亚、捷克斯洛伐克、埃及和美国的代表在第二次全体会议上发表了讲话。

在实施技术援助扩展方面，大会表示，希望国际民航组织继续与联合国技术援助方案合作，向其委员会提交更深入具体的提案以争取更多的资金支持，为各缔约国提供更多更好的航空运输技术援助。

此外，为了确保各缔约国特别是航空运输业起步较晚的国家，在相关服务和设施方面提高效率并降低对全球化进程的负面影响，大会决定成立一个特别小组，在理事会的指导下为世界航空运输业广泛培养高素质人才。

第十一届大会

国际民航组织大会第十一届会议于1958年5月20日—6月2日在加拿大蒙特利尔召开，期间完成了对18项议题的讨论。

在本届大会文件中，特别提到了《国际民航组织公告》。这一公告包括对于该组织活动的简要说明，以及读者可能会感兴趣的有关航空世界的文章。同时，由于国际民航组织所销售出版物的修订、补充和更正信息都会出现在这份公告上，所以它可以让订阅者确保其得到出版物的最新消息。

本届大会回顾了1956—1957年，国际民航组织在民用航空、空中导航、航空运输、联合融资、技术援助、组织和法律问题、与其他国际组织的联系、组织管理八个方面的情况向各位出席代表做了简要概括。包括来自委内瑞拉、越南、加纳、印度、黎巴嫩、墨西哥、摩洛哥、土耳其等在内的18个国家的代表在第一次和第二次大会全体会议上发表了讲话。

大会提出了一个重要问题，即管理国际民航组织周转资金的现有方法导致了各缔约国权利的严重失衡，国际民航组织将设计新的分摊比额表，更加客观地考虑到不同国家的经济状况，以减少各国的财务状况对在组织行使表决权的影响，维护国际民航组织的国际性和权威性。在对苏丹、摩洛哥、加纳、突尼斯、马来西亚和哥斯达黎加的现状进行评估后，大会公布了1959年的73个缔约国的会费分摊比额表。

第十二届大会

国际民航组织大会第十二届会议于1959年6月16日—7月9日在智利首都圣地亚哥召开，就41项议题展开了建设性讨论。

大会审议并通过了1960—1962年三年间的预算和工作计划，针对受到世界各国广泛关注的空中导航程序和区域航行问题进行了协商。

考虑到在本届大会选举理事会成员的过程中，各方表现出了强烈的竞选兴趣，大会决定研究扩大理事会成员国席位的必要性。此项研究应包括增加理事国数目的必要性、增加后的理事国数目、理事会成员国的代表性，大会建议理事会在初步研究后形成一份草拟文件，交由1962年召开的国际民航组织大会审议。

另一项重要事项是关于大会召开的频次。此前国际民航组织大会基本保持了每年召开一次会议，根据《国际民用航空公约》第48条之规定，理事会负责为大会会议的召开确定时间地点。大会建议理事会每三年为大会召开一届常规会议，但在每两届大会期间可以适时召开特别会议，以充分满足各方的需要。

大会讨论决定为空中航行委员会设立专家组，为在航空运输中遇到的各种技术难题提供专业的建设性指导意见。同时，大会也希望该专家组不局限于为经济性和效率问题出谋划策，还可以为协助推进国际民航组织各项工作方案的进展方面提供有效的支持。

第十三届大会(特别)

国际民航组织大会第十三届(特别)会议于1961年6月19日—21日在加拿大蒙特利尔召开，作为国际民航组织理事会主席的沃尔特·比纳吉先生主持了开幕式并作发言。

大会批准增加6个理事会成员国席位，即将理事会成员席位由21席增至27席，同时对《国际民用航空公约》中的第50条做相应修改。大会期间，印度和阿拉伯联合酋长国的首席代表发言时表示，其政府只承认中华人民共和国政府是中国唯一的合法政府。

第十四届大会

国际民航组织大会第十四届会议于1962年8月21日—9月15日在意大利首都罗马召开，大会前所未有的就55项议题展开了讨论。

自本届大会开始，国际民航组织理事会的27个席位以9席、9席和9席分成三部分竞选，三个部分分别是“在航空运输领域居特别重要地位的缔约国”、“在提供国际民用航行设施方面有突出贡献的缔约国”，以及“当选后能够保证其能覆盖世界各主要地理区域的缔约国”。

大会审议了国际民航组织在1959年、1960年和1961年的财政支出，并批准了1962—1964年的预算和工作方案。将此前批准的各项有关空中导航的政策汇编进Appendix A－P共16个附件，形成了一个完整的政策体系。

为了确保国际民航组织的技术援助方案和其他民用航空互助计划之间的协调一致，大会决定定期发布国际民航组织的技术援助活动报告并与相关国家或组织进行定期交流。此外，还建议向国际民航组织或其他组织请求航空技术援助的国家，应同时明确界定所需援助的范围，以便于各方协调管理。

大会强调了每次飞行前对无线电导航系统进行检查的必要性，针对目前各缔约国无线电导航系统检测设备和能力参差不齐的状况，理事会一方面敦促具备飞行试验教学设施条件的缔约国尽快对编制进行例行检查安排，同时也将继续努力，对各国的无线电导航设施例行飞行试验进行协调。

第十五届大会

国际民航组织大会第十五届会议于1965年6月22日—7月16日在加拿大蒙特利尔召开，对38项议题进行了讨论。

值得一提的是，本届大会延续了上一届会议的议程，在有关空中导航的政策体系中增添了Appendix Q－V 6个附件，使这一体系更趋于完整。与此同时，大会审议通过了国际民航组织1962—1964年3个财年的财政行为，批准了1966—1968年的预算和工作方案。

在过去的十几届大会中，411项具有实质性效力的决议得到了通过，其中有部分已经失效或是被新的决议所替代，但是至今没有对所有决议文件的有效性进行系统性审查，这可能导致各缔约国在执行时感到无所适从，同时也降低了国际民航组织的权威性。总结有效决议清单将是本届大会及闭会后，理事会与其他附属机构的重要工作方向之一。大会要求理事会在下届会议前研究完成对包括本届大会在内的已有决议文本的分类和更新工作，以便提交大会审理。

大会期间，理事会提醒各缔约国在不能按照有关规定履行其在《国际民用航空公约》所规划的区域的各项义务时，应该采取多种手段，例如，资本运作、技术援助贷款等方式，以获得履行义务的能力，在需要国际民航组织提供有关空中航行设施和服务的帮助时，该组织将及时满足缔约国的需要，尽可能为其在经济和财政方面提供帮助。

第十六届大会

国际民航组织大会第十六届会议于1968年9月3日—26日在阿根廷首都布宜诺斯艾利斯召开，就56项议题展开了讨论。

本届大会对罗马尼亚、新加坡、圭亚那、巴巴多斯、乌干达、保加利亚和布隆迪7个国家对理事会决定的执行情况进行了审查。此外，有些国家的规章和做法与《国际民用航空公约》附件5所记载的测量单位表之间存在差异，大会敦促其尽快开展修订,以符合要求。

考虑到之前的大会决议 A1－4 和 A10－33 确定了国际民航组织在国际航空邮件领域的工作方向,以及前一届大会决议 A15－2 责成理事会研究并提交给本届会议新的文本分类方案,本届大会要求国际民航组织在考虑到各缔约国以及其他组织建设性意见的基础上,继续研究国际航空邮件,并就所获得的数据发表可供参考的意见,进一步扩大国际民航组织秘书处与万国邮政联盟国际局的合作。

在有关国际航空服务的运营方面,大会建议理事会从接收提供援助的请求向主动与各国航空公司制定有关计划过渡,按照既定程序,及时制定并向各缔约国通报有关飞机国籍的《公约》适用案,在法律、经济、行政等问题上给予国际航空运营机构指导性意见。

第十七届大会(特别)

应多个缔约国的要求,国际民航组织大会第十七届(特别)会议于 1970 年 6 月 16 日—30 日在加拿大蒙特利尔召开。

本届大会的主题是针对以非法劫持航空器的形式对民用航空安全造成重大威胁这一问题提出相关标准和建议措施及程序。解决民用航空的非法干扰问题日趋紧迫,人为危害国际民用航空安全已正式提到国际民航组织的议事日程上来。

大会就包含但不限于以下几项议题的应对方案达成一致:

① 国际标准和建议措施的采纳以及各国安保措施的实施;

② 采取对于航空器内犯罪行为的应对措施,以减轻后果;

③ 拟定关于非法劫持航空器的公约草案;

④ 将针对国际民用航空的非法干扰行为纳入新公约讨论范畴;

⑤ 加强飞机在地面上的保护,发布相关安全对策。

事实上,本届大会共讨论了 24 项议题,其中 18 个问题与其相关。

大会决定成立机场安全委员会,并着手起草双边协定形式的民用航空非法干扰国际公约,制定了用于国际民航组织理事会和其他国际组织机构用来打击民用航空非法干扰的工作时间表。

此外,秘书处特别准备了一份便于为大会提供语言服务的公告。其中包含了大量筛选后的条款,如由国际民航组织或联合国其他成员组织的审议机构起草和正式发布的公约、决议等文件。这些条款后都附有其来源,以及缩写和部分技术术语的定义列表。大会同时希望各缔约国能够对该公告的内容提出建设性意见。从本届大会开始,国际民航组织将采用公告中的相应术语,从而保证在起草最终报告和国际民航组织未来形成的文件中所使用术语的一致性。

第十七届大会(特别-A)

国际民航组织大会第十七届(特别-A)会议于 1971 年 3 月 11 日—12 日在美国纽约召开,期间举行了三次会议。

本届会议的主要目的是审议通过增加国际民航组织理事会成员席位的提案。大会通过了该项提案，并批准了修正《国际民用航空公约》第50条中对理事会成员数目的相关表达。

理事会成员的增加体现了国际民航组织的国际性。同时，随着缔约国数量的逐渐增加（此时已有85个缔约国），理事国数量的扩充也提高了理事会在所有缔约国中的代表性。

第十八届大会

国际民航组织大会第十八届会议于1971年6月15日—7月7日在奥地利维也纳召开，就51个议题展开了热烈的讨论。

本届大会期间，国际民航组织对与其通力合作的蒙特利尔市表示感激，对加拿大政府长期以来向国际民航组织总部大楼提供的财政支持，以及对国际民航运输事业健康有序发展所形成的间接影响表达了由衷的赞赏和感谢。此后，来自智利、古巴、匈牙利、保加利亚、尼泊尔、泰国、乌干达、澳大利亚和巴巴多斯等45个缔约国的代表分别在第二、第三和第四次全体会议上发表了讲话。

大会批准了国际民航组织在1972—1974年的年度预算和工作方案。

本届大会的一项重要议题是进一步制定与因航空引起的环境问题相关的国际标准和建议措施及程序和指导性材料。国际民航组织在其1969年出版的《机场总体规划手册》中指出，对于现有的和在建的机场，设计方应评估其规划对于机场附近和上空环境的潜在影响，机场与环境的兼容性是系统规划的要素之一。

考虑到航空噪声问题对于经济、社会和法律的影响及其应对措施，航空噪声小组建议理事会继续协助国际民航组织和其他国际组织相关机构在标准开发方面通力合作，敦促各缔约国酌情采纳国际民航组织的建议措施和程序。

理事会通过了《国际民用航空公约》之附件16《航空器噪声》，为未来的亚音速飞机噪声认证标准作铺垫。此外，理事会专门成立了一个委员会，进一步推进飞机噪声标准的制定，在国际民航组织所规定的统一细则下发前，各缔约国可以先行按照各自标准应对其航空噪声问题。

第十九届大会

国际民航组织大会第十九届会议于1973年2月27日—3月2日在美国纽约召开，期间举行了7次全体会议，就5项重要议题进行了讨论，最终形成了15项附件。

根据《国际民用航空公约》第50条的修订案所选举产生的理事会的3个新成员，在本届大会上正式具备理事国职权。

自1971年以来，非定期商业航空运输发展迅速，受到了业内组织以及政府当局的格外关注。虽然国际民航组织暂时仍然难以获得非定期运营的完整信息，但还是发布了《航空运输的经济形势（1960—1970年）综述报告》，以期各方能够根据报告对行政、组织、经济等计划采取相应的调整措施，以顺应这一趋势。

本届大会就在非洲、欧洲、东南亚和太平洋、中东、北美、拉丁美洲六个地理区域的跨航线合作发展状况作了简要概述，并建议各地区分别组建专家小组来研究更多的合作方式，联合实施各种技术合作项目，探索资源整合服务，以改善各区域成员国之间的业务标准。

由于本届会议首次通过了大会决议的俄文文本，所以本届会议以及其后各届会议通过的有效决议均有俄文正式文本。

第二十届大会(特别)

国际民航组织大会第二十届(特别)会议于 1973 年 8 月 28 日—9 月 21 日在意大利首都罗马召开，期间举行了 11 次全体会议，就两项紧密相关的主要议题达成一致。

大会审议了国际民航组织法律委员会提交的，用于处理非法扣押飞机和非法干扰民航等行为的《国际民用航空公约》修订案。并且针对转移并扣押黎巴嫩民用航空器的以色列军用飞机和民用航空非法干扰行为，与到席的各方代表进行了磋商。

大会谴责了当年 8 月以色列通过在贝鲁特民用机场的行动侵犯黎巴嫩领空，非法干扰国际民用航空安全，并造成 108 名无辜生命死亡的行为。大会还注意到，1973 年 8 月 20 日，联合国安理会就 8 月 15 日发生的有关事件通过了第 337 号决议，强烈谴责以色列侵犯黎巴嫩主权问题，呼吁国际民航组织考虑采取适当措施以保障民航运输安全。大会敦促以色列遵守《国际民用航空公约》的宗旨，紧急呼吁以色列立即停止侵犯国际民用航空运输和机场服务以及对配套设施的非法干扰行为，并给予严肃警告。

大会呼吁有关各方铭记，国际民用航空的发展极大地促进了世界各国人民的互相了解，但对于其滥用却可能危及世界上任何一个国家的安全。建议所有尚未成为《东京公约》、《海牙公约》和《蒙特利尔公约》缔约国的国家尽快签署有关协定，并于大会的最后重申了国际民航组织的重要作用，该组织将同各方一道努力，促进影响国际民用航空安全和有秩序发展的问题得到充分解决。

第二十一届大会

国际民航组织大会第二十一届会议于 1974 年 9 月 24 日—10 月 15 日在加拿大蒙特利尔召开，就 41 项议题展开了讨论。

在涉及空中导航的政策和相关做法方面形成了 20 个附件，并发表了声明。审议通过了 1975—1977 年的财政预算和工作方案。来自包括塞浦路斯、伊朗、科威特、斯里兰卡、肯尼亚、玻利维亚和中国在内的 42 个国家的代表分别在第二、第三和第四次全体会议上发言。

大会审议并通过了理事会关于国际民航组织的官方会徽和印章的建议。会徽和印章上包括“国际民用航空组织”的英语、法语和西班牙语文字。

大会就耶路撒冷机场问题做出了相关决议。耶路撒冷机场位于阿拉伯被占领土，但登记在中东地区空中航行计划中的约旦的管辖下。国际民航组织承认并尊重每一个缔约国空域的主权和领土完整，任一缔约国可以对未经允许而进入其领空的非定期航班自由处置，例如不定期跨国家航班上运送不明目的的乘客、货物或邮件，需要得到该缔约国的特别许可授权。

联合国大会原则上设立了一个国际公务员制度委员会，作为监管联合国系统下各组织的协调机构。国际民航组织根据 1947 年 10 月 1 日与联合国之间的协定，认同跨国家公务员制度对于国际组织机构的发展有利，并对联合国这一举措采取支持态度。大会最终作出决议，在国际公务员制度委员会正式确立后，国际民航组织将按照其法定业务安排开展本组织的人力资源管理。

第二十二届大会

国际民航组织大会第二十二届会议于 1977 年 9 月 13 日—10 月 4 日在加拿大蒙特利尔召开，就 36 项议题展开了讨论。

1974 年和 1977 年，国际民航组织理事会成员分成三部分竞选，每部分不超过 10 个理事国席位。1974 年 10 月 16 日，第 21 届大会通过了《公约》第 50 条第 1 款的修正案，同意增加 3 名理事会成员，使理事会增至 33 席，并于 1980 年 2 月 15 日生效。

大会就空中航行委员会的组成展开了新的讨论。根据《公约》第 56 条的规定，空中航行委员会由理事会从各缔约国提名的人选中任命 15 名成员，但无须考虑其国籍，或是否为理事会成员国国民。大会一方面要求理事会在每一届大会重新任命空中航行委员会成员，并要求所有缔约国提名。另一方面大会敦促所有缔约国，特别是在理事会中没有派遣代表的国家，争取每次都为航行委员会成员提名候选人，尽可能参与到竞选过程中。此外，任何一个缔约国只能提名不超过 1 名候选人，以保证委员会成员的地域代表性。

本届大会还通过决议，决定中文作为国际民航组织的正式语言之一，先在大会和理事会口头使用，以后逐步扩大使用范围。

第二十三届大会

国际民航组织大会第二十三届会议于 1980 年 9 月 16 日—10 月 7 日在加拿大蒙特利尔召开，在 13 次全体会议上就 29 项议题进行了讨论。来自包括摩洛哥、韩国、委内瑞拉、南斯拉夫、赞比亚、塞浦路斯、古巴、伊拉克和塞内加尔在内的共 46 个国家的代表在会议上发言。

国际民航组织大会第二十二届会议上做出了增加汉语作为国际民航组织工作语言的决定，作为一个中间步骤，本届大会要求理事会在于 1983 年举行的下一届大会前将《国际民用航空公约》汉语版本准备妥当，以供组织内部使用。

大会在讨论用于技术援助活动的资金问题时发现，提供给国际民航组织用于支持帮助发展中国家民航发展的赞助资金即将达到计划使用年限，但目前来看，这些资金远不能满足发展中国家对于民航发展的需求，所以大会督促理事会和有关各方开发包括信托基金和费用分摊资源在内的其他赞助来源，以延续技术援助活动在广大发展中国家的开展。

本届大会上，航空燃料的可持续利用成为一个重要话题。燃油作为民用航空发展的必需品，在未来几十年中无可替代。但自 1973 年以来，国际航空燃油价格大幅上升，并可能出现进一步上涨，节省燃油费用是国际民航运输业面临的重大问题。考虑到当年召开的第二次航空运输会议认识到燃油的非歧视性分布的需要，大会鼓励各缔约国之间加强协商交流，以求解决燃油的可持续使用和价格问题。

第二十四届大会

国际民航组织大会第二十四届会议于 1983 年 9 月 20 日—10 月 7 日在加拿大蒙特利尔召开，共有 131 个缔约国、1 个非缔约国以及 20 个应邀而来的国际组织的 700 余名代表出席了本届大会。根据哥伦比亚代表的建议，全体参会代表在大会第二次全体会议前为当年 9 月 1 日大韩航空 007 号班机空难中的 269 名遇难者默哀 1 分钟。

大会一致选举来自荷兰的拉本先生（Mr. H. Raben）作为大会临时主席及执行委员会主席，并选举了 33 个国家作为新一届理事国，组成理事会。大会表示支持有关飞机拦截问题通过安理会决议这一结果，并由此决定于 1984 年 4 月 24 日在蒙特利尔召开一届会期不超过三周的特殊大会，以协商有关事宜。

会间，大会主席重申了国际民航组织鼓励各缔约国尽快批准并实施与民航安全紧密相关的三个公约——《东京公约》、《海牙公约》和《蒙特利尔公约》的立场，并且为国际民航组织制定了 1984—1986 年常规方案活动预算。

作为维护民航运输健康有序发展的重要举措，国际民航组织系统规划方案（AVSYS）得到了绝大多数技术委员会的支持，这一方案将对所有飞机制造商的数据库以及世界各地约 1 100 所机场的关键信息产生持续影响。

会上共有 64 个代表团的代表进行了发言，国际民航组织的标准和建议措施、程序以及指导意见得到了广泛遵守，各缔约国尽力为之提供相应的配套设施和服务，以尽可能满足目前国际民航运输的需求。

本届会议首次通过了大会决议的阿拉伯文文本，因此本届会议及以后各届会议通过的所有决议均有阿拉伯文的正式文本。

第二十五届大会（特别）

国际民航组织大会第二十五届（特别）会议于 1984 年 4 月 24 日—5 月 10 日在加拿大蒙特利尔召开，107 个缔约国的代表团出席了此次大会，以对《国际民用航空公约》进行修订。这也是自成立 40 年来国际民航组织大会的第六次特别会议。

大会 A25—1 号决议和 A25—2 号决议表明了《公约》禁止对民航飞机使用武器的坚决态度，并得到了全部缔约国的一致批准，国际民航组织重申了其目标是“保障国际民用航空的最高级别的安全”。

在国际民航组织成立 40 周年前夕，包括第三世界和不结盟国家在内的众多缔约国代表反映，对国际民航组织的满意度在逐年提高，并强调他们需要这样一个能够满足其民航需求的国际组织。

第二十六届大会

国际民航组织第二十六届大会于1986年9月23日—10月10日在加拿大蒙特利尔召开，共有来自142个缔约国的775名代表，以及一些非缔约国的观察员和受邀的国际组织代表出席了本次会议。

本届大会由理事会主席同时作为大会临时主席的柯台特博士主持召开，同时邀请到蒙特利尔市市长让·德拉普、魁北克省国际关系部部长吉尔·雷米拉德和加拿大交通部部长约翰·克罗斯比作为嘉宾出席。

对航空安保问题的关切是促使此次大会召开的重要因素之一。部分缔约国代表不仅没有接受国际民航组织对批准现有安全公约的敦促行动，也未按有关机场保护的指导意见采取相关措施。国际民航组织强调，由于航空业本质上是跨越领土便捷的国际化行为，我们必须建立统一的规定和标准以适用于世界上所有地区，无论气候、纬度，还是国家意识形态和政治、经济制度的差异，都不应对此造成阻碍。在此期间，大会通过了对1987—1989年国际民航组织的预算和工作方案的审议。

根据大会A26－1决议，国际民航组织支持联合国大会宣布1986年为“国际和平年”的决定，并强调避免摩擦、促进国与国之间的合作才是满足人民对和平的依赖的根本途径，也是唯一途径。许多缔约国代表表示全力支持该决议，并且重申了国际民航组织与联合国密切合作是实现和平愿望的有效途径。

第二十七届大会

国际民航组织大会第二十七届会议于1989年9月19日—10月6日在加拿大蒙特利尔召开，来自139个缔约国的850名代表和一些来自非缔约国的观察员和受邀的国际组织代表出席了本次会议。

航空安保、毒品和航空交通拥堵成为近年来航空业的重大课题。

理事会表示希望推迟本届大会议程里三个主要项目的研究：一是将国际民航组织理事会的成员数目从目前的33席增至36席；二是解决亚音速喷气飞机运行限制不符合附件16中噪声认证要求的问题；三是协助微波着陆系统(MLS)的全球部署和仪表着陆系统(ILS)的及时平稳过渡。前两个问题，理事会希望留待明年的特别大会予以最终解决；对于第三个问题，大会要求理事会考虑召开全球会议进行商讨。此外，大会通过了1990—1992年国际民航组织的预算和工作计划。

大会临时主席柯台特博士强调，本届大会使业界充分认识到国际民航组织仍然将民航安全作为其主要关注点。6月14日，联合国安理会通过了第635号决议，敦促国际民航组织加强工作，以防止恐怖主义行为对国际民用航空产生重大威胁，特别是继续深入开展制定塑料或薄片炸药标记检测的国际制度的工作。柯台特博士表示，国际民航组织已经在安保领域展开了一系列无条件支持联大决议的工作。

第二十八届大会(特别)

国际民航组织大会第二十八届(特别)会议于1990年10月22日—26日在加拿大蒙特利尔召开,共有114个缔约国和14个观察员国的代表团出席了此次会议。

大会就以下四个问题进行了热烈讨论并得到了有关结果:

第一,扩大国际民航组织理事会的规模。大会起草了一份协议,按规定把国际民航组织理事会成员数量从33席增至36席,该协议将在108个缔约国批准后正式生效。

第二,限制部分亚音速喷气飞机所产生的噪声。大会一致通过了一项限制不符合《国际民用航空公约》附件16第3章中,对于噪声标准认证的有关规定的亚音速喷气飞机的决议。

第三,对国际民航组织1990—1992年的预算追加拨款。大会批准了从1990年开始的三年期预算增加1 478万美元,以应对国际民航组织即将面临的如通货膨胀、汇率变化和运行成本增长等实际困难。

第四,探究伊拉克对科威特的入侵对于国际民航健康运行的影响。大会批准了谴责侵犯科威特领空和主权完整并掠夺科威特国际机场的伊拉克军队的决议,包括将15架科威特航空公司飞机遣返的类似行为。

第二十九届大会

国际民航组织大会第二十九届会议于1992年9月22日—10月8日在加拿大蒙特利尔召开,共有153个缔约国和25个受邀国际组织的代表团出席了本届会议。自1989年大会至今,国际民航组织又接纳了14个新的国家,使其缔约国总数达到172个。

值得一提的是,在大会开幕式上,作为嘉宾的蒙特利尔市市长金·多尔谈到了国际民航组织与东道国政府之间的关系,“该组织的存在为本市的经济活力的增长做出了卓越贡献”。

此次会议批准了新的战略行动计划,讨论并通过了34项决议,覆盖了当时航空界的各个方面。例如,通过了国际民航组织1993—1995年的预算和工作方案;解决了实施通信、导航和监视/空中交通管理(CNS/ATM)系统时遇到的诸多问题;通过了敦促各缔约国在国际航班实施吸烟限制的决议;敦促国际民航组织于1994年年底召开航空运输会议,以研究并评估新的航空规章;选举出了33个国家在今后三年里担任理事国,负责管理国际民航组织的各项工作。

由于国际民航组织的诸多缔约国正在经历财政困境,逐年递延的财政捐助和支持资金严重影响了国际民航组织的执行力。因此,理事会主席同时也是大会临时主席的柯台特博士强调:“尽管大家正处在困难时期,但那些已经反复推延缴纳会费的国家必须尽快支付,以支持国际民航组织积极开展有关工作。”

第三十届大会(特别)

国际民航组织大会第三十届(特别)会议于1993年5月25日—26日在加拿大蒙特利尔召开。大会决定为1994年举办的《国际民用航空公约》签署50周年庆祝活动设计一个新的标志。

大会成立了资格审查委员会,听取了该委员会的有关报告,之后通过了各项议程,修订并停用了部分航行规则。

会议期间,理事国墨西哥的代表豪尔赫·佩雷斯向国际民航组织理事会主席提交了为庆祝50周年而设计的标志,受到了理事会主席兼大会临时主席柯台特博士、秘书长兼大会临时秘书菲力普·罗沙博士和加拿大代表吉尔斯的推崇。

因作为国际民航组织新一届理事国的捷克斯洛伐克共和国于1992年12月31日解体,所以国际民航组织重新选举了理事会成员以填补空缺。捷克共和国为能继续以理事国身份参加本届大会感到欣慰。捷克斯洛伐克作为国际民航组织成员国已经成为历史,捷克共和国和斯洛伐克共和国将于1993年4月重新成为国际民航组织的新成员国。

第三十一届大会

国际民航组织大会第三十一届会议于1995年9月19日—10月4日在加拿大蒙特利尔召开,151个缔约国的代表和29个国际组织的观察员共计935人出席了本次会议。

蒙特利尔市执行委员会主席努士格·艾洛燕女士、魁北克省运输部部长杰克斯·利昂纳德和加拿大联邦政府运输部部长道格拉斯·杨出席了开幕式并发表讲话。国际民航组织将总部设立在蒙特利尔已有50年历史,为蒙特利尔市的国际声誉和财政收入的提高做出了重要贡献,加拿大方面表示将继续为其提供更多便利条件和更好的服务以支持其工作。

本届大会对理事会进行了改选,组成了新的理事会。同时批准了国际民航组织关于技术问题的多项战略行动计划,例如通信、导航、监视/空中交通管理(CNS/ATM)系统的建设,机场空域拥挤问题,财务资源与人力资源的管理,空中航行的非法干扰问题,飞行安全中的人的因素以及环境保护。

各缔约国围绕财务问题展开了激烈的辩论。

目前部分发展中国家拖欠会费的现象比较严重。对此,有些发达国家建议采取差异化的政策,即对按时缴纳会费的国家予以鼓励,把每年的资金节余按比例返回给这些国家;同时对拖欠会费的国家予以惩罚,对拖欠会费两年以上的国家停止其在大会和理事会的表决权,同时对拖欠部分征收利息。这一建议遭到了发展中国家的强烈反对。征收利息会让本就不堪重负的发展中国家的财务状况雪上加霜,停止表决权更是把他们强行赶走,这有损国际民航组织的形象,同时也会削弱该组织的国际性。

由于各方意见不一，最终也不能达成一个妥协的解决办法，因此大会决定搁置此问题，并交由下次大会继续研究。

第三十二届大会

国际民航组织大会第三十二届会议于1998年9月22日—10月2日在加拿大蒙特利尔召开，185个缔约国中的155个国家的代表和28个国际组织及2个非缔约国的观察员，共计956人参加了本届大会。

本届大会的主要任务有五项：① 检查过去三年各项工作计划的执行情况，制定今后三年的工作计划；② 审查过去三年的经费开支情况，制定今后三年的财务预算；③ 讨论并研究有关航空法律问题；④ 审议技术合作项目和技术合作政策；⑤ 改选国际民航组织33个理事国。

大会要求各缔约国持续关注当年5月在里约热内卢举行的通信、导航、监视/空中交通管理(CNS/ATM)系统实施大会通过的建议，同时批准建立一个全球的安全监督计划，从1999年1月1日起对国际民航组织的185个缔约国进行定期的、强制性的、系统的安全调查。此外，本届大会还决定于1999年5月召开一次外交会议，以法律委员会于去年5月通过的新《华沙公约》草案为基础，研究制定华沙体系中各文件的单一文本，以大幅改善华沙体系混乱不堪的现状。

这是国际民航组织20世纪的最后一届大会，同时作为其迈入21世纪的开端，此届大会起到承前启后、继往开来的关键作用，它通过的相关决议和制定的政策直接影响到了21世纪国际民航组织前进的步伐。

第三十三届大会

国际民航组织大会第三十三届会议于2001年9月25日—10月5日在加拿大蒙特利尔召开，大会审议并通过了理事会提交的1998年、1999年和2000年的年度报告及2002—2004年项目预算。

在开幕式上，理事会主席柯台特博士号召各方代表共同为“9·11”事件中的遇难者默哀1分钟，并随后强烈谴责了这一蓄谋已久的造成了几千生命丧失的恐怖袭击事件，以及把民用航空器连同机上乘客和机组成员当作毁灭性武器的滥用行为。由此，大会通过决议呼吁召开一次高级别的航空安保国际大会。

大会A32-11号决议授权国际民航组织对所有缔约国进行定期的、强制性的、系统的安全审计，并要求理事会就审计计划的相关执行情况向大会下一届常会提出报告。理事会还被要求继续扩大审计计划，包括对实施计划的资金来源提出建设性意见。在环境保护方面，理事会就航空器噪声和航空发动机排放物等问题提出了报告。

会上，国际民航组织介绍了国际电信联盟于2000年召开的世界无线电通信大会(World Radiocommunication Conference-2000，WRC-2000)的成果，并根据《民用航空无线电频谱要求手册》，将航空运输对于无线电频谱的要求进行了阐述，制定了为民航体系保有必要的无线电频谱的战略，得到了各缔约国的一致赞同。

本届会议首次通过了大会决议的中文文本，因此本届会议及以后各届会议通过的所有决议均有中文的正式文本。

第三十四届大会(特别)

国际民航组织大会第三十四届(特别)会议于2003年3月31日—4月1日在加拿大蒙特利尔召开，这是历史上的第九次特别会议，共有143个缔约国和13个观察员代表团的435名人员出席了本届大会。

大会的主要议题之一是增选另外3个缔约国作为理事国。由于《修订国际民用航空公约[第50条(a)款]的议定书》于2002年11月28日生效，所以国际民航组织理事会的成员由33个缔约国增加到36个。

本届大会需要解决的另一项实质性问题是有关航空安保活动的，目的是提高国际民航组织项目的交付效率和国际航空安全财务机制(IFFAS)的资金使用效率。该问题在理事会讨论中久拖不决，最终向本届大会提交了一个工作文件(A34－WP/3)，建议动用从拖欠会费三年以上的国家中收取的资金来资助航空安保活动、提高项目交付效率及与IFFAS相关的活动。

第三十五届大会

国际民航组织大会第三十五届会议于2004年9月28日—10月8日在加拿大蒙特利尔召开，会议期间理事会提交了一份技术合作局在过去20年期间活动的历史情况报告。

理事会向大会提交的上述资料中包括对国际民航组织20年间的收支情况的比较，以及按资金类别划分的技术合作方案的规模。此外，这份文件还包含2001—2003年期间技术合作活动的报告。

考虑到航空运输业对环境产生的影响越来越严重，本届大会要求理事会提交航空器噪声、限制或减少航空发动机排放物对环境的影响的报告。前者包括制定关于协助各国对噪声管理实施均衡性做法概念的指导材料；后者包括技术解决方案和基于市场措施工作的成果。听取理事会报告后，大会作出决议并形成了《国际民航组织关于环境保护的持续政策和措施的综合声明》。

此外，理事会还向大会报告了包括但不限于简化手续的第12次专业会议的成果，采用生物测量技术和其他先进技术来保护护照和其他旅行文件完好性的国际合作现状，防止引进侵入性外来物种的大会决议所取得的最新进展，以及国际民航组织2005年、2006年和2007年的方案预算以及必要时追加拨款的估算。

从本届大会开始，国际民航组织将尽可能地利用电子手段向各方提供相关文件，以大幅节省运费和印刷制版费。考虑到国际民航组织的预算限制，这种幅度的资金节约是相当有意义的。

第三十六届大会

国际民航组织大会第三十六届会议于2007年9月18日—28日在加拿大蒙特利尔召开，讨论并通过了39项对民航运输事业发展意义重大的决议。

会议期间，大会批准了国际民航组织2004年、2005年和2006年财政年度的联合国开发计划署项目相关账目的核准及本组织财务报表审计报告的审查。

本届大会最终确定了秘书长和理事会主席职位的任期限制。考虑到1997年联合国大会一致通过的关于"加强联合国系统"决议中建议四年一任的统一任期和连任一次的规定，理事会决定任命秘书长的规定如下：

① 任期应当为三至四年，且四年仅为特殊情况；

② 不得任命已担任两个任期的秘书长担任第三个任期。

对于理事会主席，大会决定无论是担任理事会主席或秘书长职位中的一个，还是两个职位都担任，整个任期不得超过两任。此种限制一方面考虑到给予任职者合理的时间以实现就职前理事会订立的目标，同时也有助于确保国际民航组织将会定期受益于在高层注入的新鲜理念和专业知识，以及更广泛的领导风范和文化及地域多样性。

考虑到近年来便携式防空系统(MANPADS)对民用航空造成的威胁越来越严重，大会通过决议，敦促所有缔约国采取必要措施，对便携式防空系统的进口、出口、转让或再转让和储存管理的相关培训与技术，以及对转让便携式防空系统生产能力的限制，实行严格而有效的管制，并确保尽早销毁其领土内未经批准的便携式防空系统。另一方面，大会指示理事会，要求秘书长不断跟踪便携式防空系统对民用航空造成的威胁，并继续对此制定相应的防范措施，定期要求所有缔约国向国际民航组织通报执行本决议的现状及为履行这一要求而采取的相关措施。

第三十七届大会

国际民航组织大会第三十七届会议于2010年9月28日—10月8日在加拿大蒙特利尔召开，就根本法律和一般政策事项、空中航行、航空运输、合资联营、法律事项、技术合作、非法干扰、组织和人事、语言和行政服务以及财务共10部分形成了31项有效决议，辑录在第9 958号文件中。

针对《芝加哥公约》的修正问题，本届大会要求理事会不得在近期提出对《公约》进行全面修订的计划，并且有关变更只能通过具体的修正来完成，还要求理事会自身不应提出提交大会的，对《公约》进行修正的任何提案，除非理事会认为这一修订十分紧迫。

由于《公约》先后在1977年和1998年有了俄文和中文文本，所以本届大会决定对《公约》最后一段文字进行相应修改，并批准理事会予以执行。此外，大会重申对将三年一次的大会常会安排视为本组织的正常活动予以支持，但持有一项谅解条款，即大会或理事会可以决定在闭会期间召开常会。特别的，理事会应仔细审议缔约国关于在本组织总部以外召开大会三年一届常会的建议或邀请，同时应考虑到本组织和该缔约国的可能获利，以及向本组织提出支付全部或部分额外费用的建议的性质和相关因素。

第三十八届大会

国际民航组织大会第三十八届会议于 2013 年 9 月 24 日—10 月 4 日在加拿大蒙特利尔召开，共形成 30 项决议以支持国际民航组织持续按照其宗旨及目的履行职责。

第 38 届大会会场

鉴于国际民航组织出版了《飞行模拟训练设备鉴定标准手册》第Ⅰ卷《飞机》(第 3 版)和第Ⅱ卷《直升机》(第 1 版)，向缔约国授予了对飞行模拟培训设备(FSTD)进行自我评估的资质，尽管文件规定了统一的国际认同机制，但由于缺少对于评估资格的认可而造成了多次评估，导致成本居高不下，给各国和业界带来了负担，大会敦促各成员国基于使用文件的指导原则，建立认可飞行模拟训练设备批准的制度，并责成理事会继续支持各成员国建立认可飞行模拟训练设备批准的制度，并在相关过程中开展互助活动。

本届大会所关注的另一个重要方面是关于航空安全资料。一方面，安全资料用于惩罚性执法行动以及允许被作为诉讼证据成为大势所趋；另一方面，科学技术的进步已经使新的安全数据收集、处理和交换系统成为可能，为维持和提高航空安全带来了多种途径的相关资料。但是，现行的国际法律和许多国家的国内法律以及规章、政策和措施均未能以适当的方式充分地解决保护安全资料被不适当使用的问题。有鉴于此，大会作出决议，敦促所有成员国继续审议其现行立法并作出必要调整，尽可能地根据国际民航组织制定的法律和其他指导，以适当方式保护所有来自安全数据收集和处理系统的资料，以支持高效率安全报告系统的建立，同时实现一个环境的平衡，既可以从中获取来自所有安全数据收集和处理系统的宝贵资料，又遵从了司法执行与信息自由的各项原则。

为了保护环境，减少纸张浪费并节约成本，本届大会作出最新规定：大会文件准备完毕后即投放到大会网站的"文件"一栏下。由于在注册时，所有代表都可临时访问国际民航组织网(ICAO - NET)，这将促使代表们尽最大可能地使用电子格式的大会文件，从而减少对纸张的需求。据此大会决定，每个成员国代表团最多分发 2 份纸张形式的大会文件，每个观察员代表团最多 1 份。

第三十九届大会

国际民航组织大会第三十九届会议于 2016 年 9 月 27 日—10 月 7 日在加拿大蒙特利尔召开。本届大会是国际民航组织开展工作 70 多年以来最为宏大的一次大会会议，超过 2000 名部长和高级别政府官员出席了此次大会的开幕式。

大会期间，与会代表详细审查了国际民航组织三年以来在技术、经济、法律和技术合作领域的全部工作方案，共通过了 38 项决议。大会审议通过了执行委员会关于将理事会成员数目从 36 个增加至 40 个，以及将空中航行委员会成员数目从 19 个增加至 21 个的提案，修订了《国际民用航空公约》第五十条第一款和第五十六条。

根据上一届大会决定的制定用于国际航空的全球基于市场的措施(GMBM)计划，本届大会通过了国际民航组织关于环境保护的持续政策和做法的综合声明，其中包括了实现国际民航组织的全球理想目标的各种技术、运行改进方案和可持续利用的代用燃料。大会重申了《联合国气候变化框架公约》和《巴黎协定》中的一项重要原则——在顾及国情差异的情况下反映共同但有区别的责任和各自能力，提出了国际民航组织关于环境保护的持续政策和做法，包括航空碳抵消和减排计划。

本届大会在继续积极推动各国批准和签署 1999 年《蒙特利尔公约》、2010 年《北京公约》和《北京议定书》的同时，还与时俱进地审议了很多新的问题，例如敦促各国航空业开发哈龙(卤化碳氢化合物)替代品，呼吁各国采取有关行动打击针对民用航空的网络威胁，要求各成员国切实提高对国际民航组织国家级信件的答复率，推进两性平等方案(提高全球航空部门中的妇女参与程度)，等等。

第三十九届大会制订了国际民航组织未来三年的全球政策，为正在开展和今后的工作提供了强有力的支持。

3.2 理事会

3.2.1 概 况

国际民航组织理事会是向大会负责的常设机构，由大会选举的36个缔约国组成，每三年为一任期。《国际民用航空公约》分别经过1961年、1971年、1974年和1990年四次修订，将理事会成员国数目从21个增至36个。

1. 职 责

根据《国际民用航空公约》第54条的规定，理事会有14项必须履行的职责，具体如下：

① 向大会提交年度报告；

② 执行大会的指示并履行《公约》为其规定的责任和义务；

③ 决定理事会自己的组织原则和议事规则；

④ 从理事会各成员国代表中任命对其负责的航空运输委员会委员，并规定其职责；

⑤ 按照《公约》第十章的规定设立航行委员会；

⑥ 按照《公约》第十二章和第十五章的规定管理国际民航组织的财务；

⑦ 自行决定理事会主席的酬金；

⑧ 按照《公约》第十一章的规定，任命国际民航组织的秘书长，并规定其他工作人员的任用办法；

⑨ 征求、搜集、审查并出版有关空中航行发展和国际航班经营的资料，后者应包括经营成本和给予空运企业补贴的公共资金等详细情况的介绍；

⑩ 向各缔约国通报违反《公约》以及不执行理事会建议或决定的情况；

⑪ 向大会报告缔约国违反《公约》并且经通知后在某一合理期限内仍未采取适当行动的有关情况；

⑫ 按照《公约》第六章的规定，审查通过国际标准和建议措施，将其称为《公约》附件，并将已经采取的行动通报所有缔约国；

⑬ 审议航行委员会有关修改《公约》附件的建议，并按照《公约》第二十章的规定采取行动；

⑭ 审议任何缔约国向理事会提出的关于《公约》的任何事项。

2. 职 能

此外，根据《公约》第55条的规定，理事会还有以下5项职能可以行使：

① 在地区或其他基础上，恰当设立附属的航空运输委员会，并划分国家或空运企业的组别，以便理事会与其一起促进《公约》宗旨的实现；

② 委托航行委员会行使《公约》规定以外的职责，并随时撤销或变更此种职责；

③ 对具有国际意义的航空运输和空中航行的内容进行研究，将研究结果通知各缔约国，并促进各缔约国间交换有关资料；

④ 研究有关国际航空运输组织和经营方面的问题，并将有关计划提交大会审议；

⑤ 根据缔约国的要求，调查可能阻碍国际空中航行发展的任何情况，并发布其认为适宜的报告。

通常情况下，国际民航组织的理事会可以采取必要的措施，以维护国际航空运输的安全性，并监督相关规则得到遵守。

根据《公约》第 50 条第 2 款的规定，理事会由大会分三个部分选举产生，一是在航空运输领域居特别重要地位的缔约国，二是在提供国际民用航行设施方面有了突出贡献的缔约国，三是当选后可保证其能覆盖全世界各主要地理区域的缔约国，能够获得代表资格。分三个部分选举的目的是为保证理事会在全球的广泛代表性，经大会选出的各个理事国的权利和义务是一样的，每个国家有一票表决权。

3. 轮值竞选

国际民航组织理事会实行轮值竞选，即部分第二、第三类国家组成国家集团轮流竞选，以确保在理事会的一个席位，比如 NORDIC、SADC、中欧、东欧、东非、西非、北非、中美洲、加勒比、南锥体等。地区轮值的分类是为各国提供更多机会参与理事会工作的一个有效机制。

此外，除集团内部和集团之间相互支持外，国际民航组织的各成员国往往还通过所属更大级别的地区集团互相支持，这使得理事会的席位多年来保持了相对稳定，民航地区组织的作用更为明显。但与此同时，亚太地区则呈现出各自为政的态势。

注：

① NORDIC 指的是北欧四国，包括挪威、芬兰、瑞典和丹麦。

② SADC(Southern African Development Community)，指的是南部非洲发展共同体，包括安哥拉、博茨瓦纳、津巴布韦等 15 个国家。

③ 加勒比全称加勒比国家联盟，共 37 个成员，包括加勒比地区所有国家和未独立的岛屿，如古巴、多米尼克、多米尼加共和国、海地、牙买加、安提瓜和巴布达等。

④ 南锥体指的是南美洲位于南回归线以南的地区，一般来讲南锥体包括阿根廷、智利和乌拉圭三国。

4. 专门委员会

国际民航组织所设立的委员会的职责是就某一专项业务进行审议，之后向理事会提出建议。除航行委员会、航空运输委员会和财务委员会外，理事会根据议事规则还可以设立常设或临时的其他专门委员会或工作组。现有的此类委员会有技术合作委员会、非法干扰委员会、联营导航委员会、环境委员会和人力资源委员会。

3.2.2 理事国

国际民航组织成员国里，具有理事代表资格的被称为理事国。所有的理事国被分为三类：第一类是在航空运输领域居特别重要地位的成员国，第二类是在提供国际民用空中航行设施方面有突出贡献的成员国，第三类是覆盖全世界各主要区域的代表成员国。

每届大会都将对理事会进行改选，组成新的理事会。理事国按照上述三类进行选举，参加竞选的国家只有得票超过半数才能当选。如果得票超过半数的国家超过该类理事国的名额，则得票多者依次当选；如得票超过半数的国家不足该类理事国名额，则进行第二次投票选举，在得票数未超过半数者中选出所差数额，之后类推，直到三类理事国全部被选出。

下面列举出1947—2016年各届理事国的出任情况。

1947年国际民航组织第一届大会期间当选的21个理事会成员国。第一类：比利时、巴西、加拿大、法国、墨西哥、荷兰、英国、美国，共8席；第二类：阿根廷、澳大利亚、中国、埃及、印度、爱尔兰、葡萄牙，共7席；第三类：智利、捷克斯洛伐克、伊拉克、秘鲁、瑞典、土耳其，共6席。

1950年国际民航组织第四届大会期间当选的21个理事会成员国：阿根廷、澳大利亚、比利时、巴西、加拿大、丹麦、埃及、法国、印度、伊拉克、爱尔兰、意大利、墨西哥、荷兰、菲律宾、葡萄牙、西班牙(1951年补选)、南非、英国、美国、委内瑞拉。

1953年国际民航组织第七届大会期间当选的21个理事会成员国：阿根廷、澳大利亚、比利时、巴西、加拿大、埃及、法国、印度、爱尔兰、意大利、黎巴嫩、墨西哥、荷兰、挪威、菲律宾、葡萄牙、西班牙、南非、英国、美国、委内瑞拉。

注：关于1950年和1953年的理事国选举情况，与其他大会中的理事国选举情况不同，1950年仅有20个国家竞选理事会的21个席位，大会因此暂停使用要求分三部分选举的规则，只通过一次无记名投票选举了这20个候选国。空缺席位在1951年下届大会时才得到填补。1953年，21个候选国竞选21个席位，因此也遵循了与1950年相同的程序，这21个国家根据一次无记名投票当选。

1956年国际民航组织第十届大会期间当选的21个理事会成员国。第一类：澳大利亚、巴西、加拿大、法国、荷兰、挪威、英国、美国，共8席；第二类：阿根廷、比利时、埃及、印度、意大利、日本、墨西哥，共7席；第三类：爱尔兰、黎巴嫩、葡萄牙、西班牙、南非、委内瑞拉，共6席。

1959年国际民航组织第十二届大会期间当选的21个理事会成员国。第一类：澳大利亚、巴西、加拿大、丹麦、法国、荷兰、英国、美国，共8席；第二类：阿根廷、德国、印度、意大利、日本、阿拉伯联合酋长国、委内瑞拉，共7席；第三类：危地马拉、黎巴嫩、菲律宾、葡萄牙、西班牙、南非，共6席。

1962年国际民航组织第十四届大会期间当选的27个理事会成员国。第一类：

澳大利亚、巴西、加拿大、法国、意大利、荷兰、挪威、英国、美国，共9席；第二类：阿根廷、比利时、德国、印度、日本、黎巴嫩、墨西哥、西班牙、阿拉伯联合酋长国，共9席；第三类：哥伦比亚、刚果(布)、印度尼西亚、马达加斯加、尼加拉瓜、尼日利亚、菲律宾、突尼斯、南非，共9席。

1965年国际民航组织第十五届大会期间当选的27个理事会成员国。第一类：澳大利亚、巴西、加拿大、法国、德国、意大利、挪威、英国、美国，共9席；第二类：阿根廷、比利时、印度、日本、黎巴嫩、墨西哥、荷兰、西班牙、阿拉伯联合酋长国，共9席；第三类：哥伦比亚、刚果(布)、哥斯达黎加、捷克斯洛伐克、肯尼亚、马达加斯加、尼日利亚、菲律宾、突尼斯，共9席。

1968年国际民航组织第十六届大会期间当选的27个理事会成员国。第一类：澳大利亚、巴西、加拿大、法国、德国、意大利、日本、英国、美国，共9席；第二类：阿根廷、比利时、丹麦、印度、黎巴嫩、墨西哥、荷兰、西班牙、阿拉伯联合酋长国，共9席；第三类：哥伦比亚、刚果(布)、捷克斯洛伐克、危地马拉、印度尼西亚、尼日利亚、塞内加尔、坦桑尼亚、突尼斯，共9席。

1971年国际民航组织第十七届大会期间当选的27个理事会成员国。第一类：巴西、加拿大、法国、德国、意大利、日本、苏联、英国、美国，共9席；第二类：阿根廷、澳大利亚、比利时、印度、黎巴嫩、墨西哥、挪威、西班牙、阿拉伯联合酋长国，共9席；第三类：哥伦比亚、刚果(金)、捷克斯洛伐克、印度尼西亚、尼加拉瓜、尼日利亚、塞内加尔、突尼斯、乌干达，共9席。

1973年，国际民航组织大会第十九届会议增选荷兰为第一类成员国，巴基斯坦为第二类成员国，菲律宾、特立尼达和多巴哥为第三类成员国。

1974年国际民航组织第二十一届大会期间当选的30个理事会成员国。第一类：澳大利亚、巴西、加拿大、法国、德国、意大利、日本、苏联、英国、美国，共10席；第二类：阿根廷、中国、捷克斯洛伐克、埃及、印度、黎巴嫩、墨西哥、巴基斯坦、西班牙、挪威，共10席；第三类：哥伦比亚、哥斯达黎加、印度尼西亚、肯尼亚、马达加斯加、摩洛哥、尼日利亚、塞内加尔、特立尼达和多巴哥、南斯拉夫，共10席。

1977年国际民航组织第二十二届大会期间当选的30个理事会成员国。第一类：澳大利亚、巴西、加拿大、法国、德国、意大利、日本、苏联、英国、美国，共10席；第二类：阿根廷、中国、埃及、芬兰、印度、黎巴嫩、墨西哥、尼日利亚、巴基斯坦、西班牙，共10席；第三类：哥伦比亚、捷克斯洛伐克、洪都拉斯、印度尼西亚、牙买加、马达加斯加、摩洛哥、塞内加尔、坦桑尼亚、南斯拉夫，共10席。

1980年国际民航组织第二十三届大会期间当选的33个理事会成员国。第一类：澳大利亚、巴西、加拿大、法国、德国、意大利、日本、苏联、英国、美国，共10席；第二类：阿根廷、中国、丹麦、埃及、印度、黎巴嫩、墨西哥、荷兰、尼日利亚、西班牙、委内瑞拉，共11席；第三类：阿尔及利亚、哥伦比亚、捷克斯洛伐克、萨尔瓦多、印度尼西亚、伊拉克、牙买加、马达加斯加、巴基斯坦、塞内加尔、乌干达、喀麦隆，共12席。

1983年国际民航组织第二十四届大会期间当选的33个理事会成员国。第一类：澳大利亚、巴西、加拿大、德国、法国、意大利、日本、苏联、英国、美国，共10席；第二类：阿根廷、比利时、中国、埃及、印度、黎巴嫩、墨西哥、尼日利亚、挪威、西班牙、委内瑞拉，共11席；第三类：阿尔及利亚、哥伦比亚、捷克斯洛伐克、危地马拉、印度尼西亚、伊拉克、牙买加、肯尼亚、马达加斯加、巴基斯坦、塞内加尔、坦桑尼亚，共12席。

1986年国际民航组织第二十六届大会期间当选的33个理事会成员国。第一类：澳大利亚、巴西、加拿大、法国、德国、意大利、日本、苏联、英国、美国，共10席；第二类：阿根廷、中国、埃及、印度、墨西哥、尼日利亚、沙特阿拉伯、西班牙、瑞典、瑞士、委内瑞拉，共11席；第三类：古巴、捷克斯洛伐克、加纳、印度尼西亚、伊拉克、肯尼亚、巴基斯坦、巴拿马、秘鲁、塞内加尔、突尼斯、坦桑尼亚，共12席。

1989年国际民航组织第二十七届大会期间当选的33个理事会成员国。第一类：澳大利亚、巴西、加拿大、法国、德国、意大利、日本、苏联、英国、美国，共10席；第二类：阿根廷、中国、埃及、芬兰、印度、墨西哥、荷兰、尼日利亚、沙特阿拉伯、西班牙、委内瑞拉，共11席；第三类：智利、捷克斯洛伐克、加纳、洪都拉斯、印度尼西亚、伊拉克、马达加斯加、巴基斯坦、塞内加尔、特立尼达和多巴哥、突尼斯、坦桑尼亚，共12席。

1992年国际民航组织第二十九届大会期间当选的33个理事会成员国。第一类：澳大利亚、巴西、加拿大、法国、德国、意大利、日本、俄罗斯、英国、美国，共10席；第二类：阿根廷、比利时、中国、哥伦比亚、埃及、冰岛、印度、墨西哥、尼日利亚、沙特阿拉伯、西班牙，共11席；第三类：喀麦隆、捷克斯洛伐克、厄瓜多尔、印度尼西亚、肯尼亚、黎巴嫩、摩洛哥、尼加拉瓜、巴基斯坦、塞内加尔、特立尼达和多巴哥、坦桑尼亚，共12席。

1993年，大会第三十届(特别)会议选举了1993年4月3日成为国际民航组织缔约国的捷克共和国，填补了在捷克斯洛伐克于1992年12月31日解体后，自1993年1月1日起在理事会产生的空缺。

1995年国际民航组织第三十一届大会期间当选的33个理事会成员国。第一类：澳大利亚、巴西、加拿大、法国、德国、意大利、日本、俄罗斯、英国、美国，共10席；第二类：阿根廷、中国、丹麦、埃及、印度、墨西哥、尼日利亚、沙特阿拉伯、西班牙、瑞士、委内瑞拉，共11席；第三类：安哥拉、玻利维亚、喀麦隆、萨尔瓦多、印度尼西亚、肯尼亚、黎巴嫩、摩洛哥、巴基斯坦、罗马尼亚、塞内加尔、特立尼达和多巴哥，共12席。

1998年国际民航组织第三十二届大会期间，当选的33个理事会成员国。第一类：澳大利亚、巴西、加拿大、法国、德国、意大利、日本、俄国、英国、美国，共10席；第二类：阿根廷、中国、埃及、印度、墨西哥、尼日利亚、沙特阿拉伯、西班牙、哥伦比亚、荷兰、挪威，共11席；第三类：阿尔及利亚、博茨瓦纳、喀麦隆、古巴、印度尼西亚、肯尼亚、黎巴嫩、巴基斯坦、巴拿马、塞纳加尔、斯洛伐克、乌拉圭，共12席。

2001年国际民航组织第三十三届大会期间当选的33个理事会成员国。第一类：澳大利亚、巴西、加拿大、法国、德国、意大利、日本、俄罗斯、英国、美国，共10席；第二类：阿根廷、中国、埃及、印度、爱尔兰、墨西哥、尼日利亚、沙特阿拉伯、西班牙、瑞典、委内瑞拉，共11席；第三类：阿尔及利亚、喀麦隆、哥斯达黎加、古巴、捷克、埃塞俄比亚、黎巴嫩、毛里求斯、巴基斯坦、巴拉圭、韩国、塞内加尔，共12席。

2004年国际民航组织第三十五届大会期间当选的36个理事会成员国。第一类：澳大利亚、巴西、加拿大、中国、法国、德国、意大利、日本、俄罗斯、英国、美国，共11席；第二类：阿根廷、奥地利、哥伦比亚、埃及、芬兰、印度、墨西哥、尼日利亚、沙特阿拉伯、新加坡、南非、西班牙，共12席；第三类：喀麦隆、智利、埃塞俄比亚、加纳、洪都拉斯、匈牙利、黎巴嫩、莫桑比克、巴基斯坦、秘鲁、韩国、圣卢西亚、突尼斯，共13席。

2007年国际民航组织第三十六届大会期间当选的36个理事会成员国：第一类：澳大利亚、巴西、加拿大、中国、法国、德国、意大利、日本、俄罗斯、英国、美国，共11席；第二类：阿根廷、埃及、冰岛、印度、墨西哥、尼日利亚、沙特阿拉伯、新加坡、南非、西班牙、瑞士、委内瑞拉，共12席；第三类：喀麦隆、多米尼加共和国、厄瓜多尔、萨尔瓦多、加纳、马来西亚、纳米比亚、韩国、罗马尼亚、突尼斯、乌干达、阿联酋、乌拉圭，共13席。

2010年国际民航组织第三十七届大会期间当选的36个理事会成员国。第一类：澳大利亚、巴西、加拿大、中国、法国、德国、意大利、日本、俄罗斯、英国、美国，共11席；第二类：阿根廷、比利时、哥伦比亚、丹麦、埃及、印度、墨西哥、尼日利亚、沙特阿拉伯、新加坡、南非、西班牙，共12席；第三类：布基纳法索、喀麦隆、古巴、危地马拉、马来西亚、摩洛哥、巴拉圭、秘鲁、韩国、斯洛文尼亚、斯威士兰、乌干达、阿拉伯联合酋长国，共13席。

2013年国际民航组织第三十八届大会期间当选的36个理事会成员国。第一类：澳大利亚、巴西、加拿大、中国、法国、德国、意大利、日本、俄罗斯、英国、美国，共11席；第二类：阿根廷、埃及、印度、墨西哥、尼日利亚、挪威、葡萄牙、沙特阿拉伯、新加坡、南非、西班牙、委内瑞拉，共12席；第三类：玻利维亚、布基纳法索、喀麦隆、智利、多米尼加共和国、肯尼亚、利比亚、马来西亚、尼加拉瓜、波兰、韩国、阿拉伯联合酋长国、坦桑尼亚，共13席。

3.2.3 理事会年度报告

国际民航组织理事会每年向大会提交年度报告，该报告将构成次年大会常会的文件，并将提前发送给各缔约国以及联合国经济和社会理事会。理事会年度报告将向世界航空界全面地介绍国际民航组织前一年度的各项计划、活动和所取得的成就的详细情况。报告中提到的所有工作，都是为了实现国际民航组织的战略目标，即《国际民用航空公约》序言中所定义的促进国际民用航空以安全和有秩序的方式发展。

理事会年度报告的格式一直在不断变化，最近几年的报告主要由以下内容组成：

首先是理事会主席的致辞和对当年航空运输界概况的基本介绍，另附有一小部分对国际民航组织现状的介绍；其次是对实现该组织各项战略目标和辅助实施战略等方面进展的说明；之后是对国际民航组织一年来实施的技术合作方案的详细介绍；最后是财务概览和附录部分。

下面将对国际民航组织 2005—2014 年的年度报告内容做简要概括。

2014 年年度报告

2014 年，国际民航组织以安全、空中航行的能力和效率、安保和简化手续、航空运输的经济发展以及环境保护五项战略目标为指导，开展了一系列颇有成效的活动。

2014 年是《国际民用航空公约》签署 70 周年，国际民航组织为此在蒙特利尔和芝加哥安排了一系列庆祝活动，如开展了"下一代航空专业人员"全球专题讨论会，举行了国际民航组织首届"模拟理事会"活动，开放了国际民航组织的首个博物馆，发起了"不让任何国家掉队"的战略目标。

作为在全球、地区和国家层面使用的高级安全政策、规划和实施文件的《全球航空安全计划——2014—2016 年》和《全球空中航行计划——2014—2016 年》得到了贯彻执行，地区空中航行计划(Air Navigation Plans，ANP)的新模板也得到了批准。

根据"航空运输经济发展"这一新的战略目标，理事会审议了以下两项计划：① 国际民航组织关于航空运输领域持续政策的声明；② 大会第三十八届会议通过的第六次世界范围航空运输会议后续工作的行动计划。为了积极发挥国际民航组织的战略领导作用，理事会当年举办了首届场外战略会议，并随后决定将场外战略会议的召开作为惯例每年举行。此外，理事会还设立了一个针对非洲青年的新的人力资源开发基金(Human Resources Development Fund，HRDF)。

国际民航组织继续把推进基于性能的导航(Performance Based Navigation，PBN)作为空中航行计划的优先措施，并在空中航行局内部正式设立一个新的基于性能的导航项目办公室。令人欣慰的是，超过 20 个国家签署了新的非洲印度洋地区飞行程序方案(Flight Procedures Programme for the Africa - Indian Ocean Region，AFI - FPP)。另外，国际民航组织批准了空中航行服务程序《机场》，制定了新的禁止在客机上把锂金属电池作为货物来运输的安全要求，并在 7 月份与世界气象组织(World Meteorological Organization，WMO)航空气象学委员会共同举办了气象专业会议，并在会上制定了提供用于飞行计划、全球预报信息和危险航路天气信息的建议。理事会也正在为国际航空拟定市场措施的明确流程，建立了环境咨询小组(Environment Advisory Group，EAG)，并且在航空器二氧化碳排放标准、新的航空器发动机颗粒物标准、代用燃料、机场规划、航空系统组块升级环境效益分析，以及无人驾驶航空器系统(Unmanned Aircraft Systems，UAS)潜在的噪声认证等诸多方面均取得了进一步进展。同时，国际民航组织还意识到，拥挤空域的空中交通流量管理将有可能成为该组织未来三年"空中航行的能力和效率"战略所考虑的主要优先事项之一。

国际民航组织一方面的工作重点是针对冲突区对民用航空造成的风险(马航17号航班)、全球飞行追踪(马航370号航班)及埃博拉病毒的爆发采取相应举措。另一方面,国际民航组织根据旅行者身份识别方案(TRIP)战略进行了多项重要活动。最主要的就是通过与萨赫勒-撒哈拉国家(Community of Sahel Saharan States,CEN-SAD)、东部和南部非洲共同体(Common Market for Eastern and Southern Africa,COMESA)、中部非洲国家经济共同体(Economic Community of Central African States,ECCAS)和西非经济共同体国家(Economic Community of West African States,ECOWAS)等地区组织密切合作制定的援助项目,开始在非洲地区实施第一期战略。

11月17—21日在印度尼西亚巴厘岛举行了国际民航组织第七次航空服务谈判活动。来自78个国家或地区、5个国际组织和其他利益相关方的485名代表参与了本次活动。与会国家和组织的航空谈判官员进行了550场正式和非正式双边会谈,签署或草签了400余份协议(包括许多天空开放协议)。

国际民航组织出版了新的通告——《全球航空运输2030年远景展望和至2040年的趋势》。这一通告归纳了国际民航组织迄今编制的最新和最广泛的客运量和货运量预测,对国际航空公司运营地区的经济差异进行了详细的研究。

纵观2014年,国际民航组织也采取了多种措施来提高效率和有效性,以便更好地满足成员国和全球航空界不断变化的需求。诸如简化行政程序、优化系统结构、升级电子管理工具、初级专业人员的专业合作方案和全组织范围的数据管理活动等都得到了很好的实施。此外,国际民航组织与缔约国合作建立了口译和笔译专业合作方案,并且引入了无纸化国家级信件制度,以利于推动无纸化环境,也使得各缔约国和其他国际组织都能够更加便捷地接收来自国际民航组织的正式函件。目前,国际民航组织的公共网站向用户提供联合国六种语言文字服务。

值得注意的是,秘书处为机读旅行证件(Machine Readable Travel Documents,MRTD)、旅行者身份识别方案(TRIP),以及全球航空培训办公室(Global Aviation Training,GAT)开发了专家通信系统,以及交互式多媒体设备、在线课程、培训管理系统和航空服务谈判会议系统。

2013年年度报告

2013年,国际民航组织继续以安全、安保、环境保护、航空运输的可持续发展作为战略目标开展了一系列颇有成效的活动。

来自184个成员国和54个观察国代表团的1 845名参与者出席了国际民航组织大会第38届会议,是历史上规模最大的一次。此次会议将指导该组织完成接下来三年期内的重大事项,具有里程碑意义。在安全领域,此届大会重申了全球民用航空业的第一目标是减少全球事故发生率和数量。

国际民航组织大会第38届会议对全球空中航行计划进行了修订,在其中加入了模块升级的新概念,并强调对所有空中航行活动都采用基于绩效的审定办法。根据方案优化、结合实际与负担得起的指导思想,国际民航组织对计划已经取得的进展进行了评估,并为其重新树立了新的明确的目标。理事会在其第199次会议期间批准了《全球航空安全计划(GASP)——2013—2016年》,该文件随后得到了国际民航组织大会第38届会议的批准,以强化其作为在全球、地区和国家层面使用的高级安全政策、规划和实施文件的地位。该计划建立了一个相对成熟的安全监督系统,这是实施国家安全方案(State Safety Programme,SSP)的一个前提条件。改善跑道安全、减少可控飞行撞地(Controlled Flight Into Terrain, CFIT)事故的数量和减少飞行中操纵失灵事故和事故征候的数量,继续作为航空安全的重点问题进行优先处理。与之相关的,国际民航组织已经采取进一步的行动,促进为航空器事故遇难者及其家属提供的援助——理事会在3月份批准了《国际民航组织关于援助航空器事故遇难者及其家属的政策》。

这三年间,特别是通过强化附件17《安保:保护国际民用航空免遭非法干扰行为》中关于航空货运的规定,为所有地区提供技术援助,以及及时完成国际民航组织第二周期的安保审计,国际民航组织在加强民用航空安保(AViation SEcurity, AVSEC)方面取得了重大进展。大会通过了理事会关于努力实现为2014—2016年确立的要求加强航空安保和简化手续的战略目标的提案。另外,理事会制定了政府安全监察员(Government Safety Inspector,GSI)培训方案,以确保全球政府安全监察员培训活动的高质量和标准化,以期顺利解决普遍安全监督审计计划(USOAP)中合格的可以履行安全监督职责的技术人员不足的问题。根据大会A37-5号决议的规定,国际民航组织继续将普遍安全监督审计计划(USOAP)向持续监测做法(CMA)过渡。

国际民航组织和世界海关组织(World Customs Organization, WCO)启动了一项通过例如联合会议和培训等多种活动来加强货物安保和简化手续过程的联合行动计划,并联合出版了一本名为《推进全球航空货运》的手册。

为了配合"航空运输的可持续发展"战略的实施,国际民航组织在这一年里开展了多次相关活动。3月17日,国际民航组织为第六次航空运输会议与会者举行了为期一天的第六次航空运输会议会前专题讨论会。5月份,麦吉尔大学与国际民航组织和国际太空安全促进协会(International Association for the Advancement of Space Safety,IAASS)一同举行了曼弗雷德·拉克斯新兴航空航天运输模式监管会议(Regulation of Emerging Modes of Aerospace Transportation,REMAT)。6月份,亚太(APAC)飞行程序方案办事处与亚太地区分办事处合并,以期最大限度地提高亚太地区空中交通管理的绩效水平。此外,国际民航组织与法国民航局以及非洲和马达加斯加航空安全局携手在塞内加尔的达喀尔设立了非印(Africa-Indian Ocean Region,AFI)飞行程序方案办事处,协助各国掌握仪表飞行程序、空域设计以及运行批准领域可持续的基于性能的导航能力。第四次国际民航组织/麦吉尔大学大会前专题讨论会于9月21—22日在国际民航组织总部举行,以讨论国际民航组织和麦吉尔大学确定的在航空运输经济学和航行领域存在的运行、管理和政策层面的关键问题。11月份,国际民航组织举办了高级空中交通管理技术专题讨论会,深入了解如何利用当前的技术和技能获得运营效益,降低排放。

最后,国际民航组织在环境工作方面也取得了丰硕的成果。通过适用附件3《国际空中航行气象服务》第76次修订案,国际民航组织建立了新的气象信息数据交换能力,加强了对监测火山重大喷发前的活动、火山喷发以及大气中的火山灰的要求。此外,国际民航组织集中完成了噪声、地区空气质量、气候变化以及航空环境保护委员会(Committee on Aviation Environmental Protection,CAEP)的各项活动。

国际民航组织先后出版了《机场经济学手册》(第3版)和《空中航行服务经济学手册》(第5版),开发了空域设计与运行批准方面的基于性能导航在线课程,继续更新了关于机场和空中航行服务提供者(Airports and Air Navigation Services Providers,ANSPs)的商业化、私有化和经济监督的案例研究,以便支持实施管理小组访问并提高整体知识水平。

2012年年度报告

2012年,国际民航组织继续以安全、安保和环境保护与航空运输的可持续发展为战略目标,结合推动签署《北京文书》、与联合国反恐执行工作队(The Counter-Terrorism Implementation Task Force,CTITF)框架内的合作、三边协商委员会讨论与特权和豁免有关的问题等辅助战略,开展了一系列颇有成效的活动。在此同时,国际民航组织继续调整方案和目标,以便应对自2008年全球经济危机以来持续存在的重大经济和预算压力。

国际民航组织高度重视新的附件19《安全管理》的颁布,并为其做了大量准备工作。这是30年来第一份新制定的附件,其中整合了来自6份不同附件的有关安全管理的标准和建议措施及相关指导材料。为了贯彻实施国际民航组织大会第37届会议《关于航空安保的宣言》,该组织于2012年完成了一系列高级别地区会议。这6次会议成功地加强了各国和其他利害相关方间在解决重大安保问题方面的合作。当年9月召开的高级别航空安保会议,要求未来的安保措施在顾及各缔约国和业界成本的情况下,务必保证能够持续实施,以提高旅客的整体旅行体验。

根据普遍安保审计计划,国际民航组织在2012年共完成了34个审计,并且继续开办于2011年启动的实务培训讲习班。在3月召开的第23次会议期间,航空安保专家组就航空货运安保工作组的新职能达成一致:一是起草在全球范围内切实加强安保能力;二是与其他国际实体密切合作,以便更好地统一货运安保政策、标准和建议措施及指导材料。为了突出采取基于风险的做法处理安保威胁的重要性,国际民航组织发布了第1版《国际民航组织全球风险背景综述》。11月19—30日,第12次空中航行会议在加拿大蒙特利尔召开，其主要目的是确保协调空中交通管理的实施并使之现代化，以促进航空运输持续安全、可靠和高效。议程的重点在于实现系统一体化、提高互用性和协调性等战略问题，这些主题也是《全球空中航行计划》（第 4 版）和该计划中航空系统组块升级规划战略的核心。

关于环境问题，国际民航组织在制定可持续利用的代用燃料的政策建议方面也取得了进展，部分代用燃料目前正在逐步纳入航空公司的商业运行考虑范畴。在对适用于国际航空排放的基于市场的全球措施（MBM）进行可行性研究期间，6 月，国际民航组织使用代用燃料作为动力的四次航班，将秘书长从蒙特利尔送往里约热内卢参加联合国可持续发展大会，这也显示了该组织在制定基于市场的全球措施的方案与框架方面的工作。7 月份，在审慎考虑了机身几何学、最大起飞质量和不同巡航条件下燃料燃烧性能等因素后，航空环境保护委员会指导小组会议就 CO_2 度量标准体系达成一致意见，该体系描述了多种航空器类型 CO_2 排放的特征以及它们所使用的技术。10 月，国际民航组织在蒙特利尔举办了主题为“行动援助——航空与气候变化”的研讨会，会议涵盖了从能力建设和新技术应用到可持续代用燃料、减排举措融资，以及技术转让和技术支持等范围广泛的热点问题。此外，秘书处也加大了推动可持续的航空代用燃料开发和应用的工作力度，完成了对燃油规划标准的审查，并根据审查结果修订了附件 6《航空器的运行》第 Ⅰ 部分中的标准和建议措施，以及《飞行规划和燃油管理手册》中的指导材料。根据国际航协的估计，在世界范围内实行拟议的新燃油规定，每年可节省超过 100 万吨的燃油消耗，相当于每年减少大约 300 万吨的二氧化碳排放量，并节省 5 亿多美元的开支。

2012 年，国际民航组织又出版了一系列新手册，其中包括但不限于：《航空器事故和事故征候调查手册》（第 Ⅱ 部分）、《事故和事故征候调查政策和程序手册》、《协作性空中交通流量管理手册》、《飞行安全和火山灰——在已知或预测有火山灰污染情况下的飞行运行风险管理手册》、《在空域设计中使用基于性能的导航手册》、《连续爬升运行（CCO）手册》、《飞行模拟训练装置认证标准手册》（第 Ⅱ 卷）和《基于性能的导航（PBN）运行批准手册》。发布了一份新的通告——《评估、衡量和报告跑道道面条件》，并对《消费者保护规则摘要》进行了更新，以扩展其地理覆盖面。

国际民航组织对“一个国际民航组织”信息技术基础设施进行了扩建，以实现向大多数地区办事处提供电子邮件和目录服务。此项新服务能让用户进入一个“功能全面的”电子邮件系统，并能够完全整合到拟定于 2013 年部署的新的统一信息传送功能之中。此外，国际民航组织确定了实施总部电脑系统基本灾难事故恢复站点部署方案，并且将总部的所有工作站都升级到了 Windows 7 和 Office 2010。

2012 年，国际民航组织共在 145 个国家执行了 95 个项目，实施了总价值达 13 090万美元的技术合作方案。征聘了 272 名国际外勤专家和顾问，连同 936 名本国项目人员，共计有 1 208 名官员为国际民航组织提供在职服务。这些专家担任国家民航管理机构的顾问、培训中心或在职培训中心的教员，并且在不具备相关能力的国家作为行政管理人员，为政府提供包括安检在内的行政和运行服务。

2011 年年度报告

2011 年，国际民航组织实施的全部方案和活动依然与安全、安保和环境保护与航空运输的可持续发展密切配合。南苏丹共和国于当年 10 月 11 日向美国政府交存了加入《国际民用航空公约》的通知，并于 11 月 10 日生效，南苏丹成为国际民航组织的最新成员国并使其成员国数目增加到 191 个。

根据国际民航组织收集的运输业务量初步统计数字，世界定期航班运输公里总数比 2010 年增加了 6.5%。国际民航组织 191 个成员国的航空公司在 2011 年大约载运了 27 亿名旅客，比 2010 年的载运量增加约 5.6%。全球定期航班离港次数在 2011 年达到 3 010 万班次，比上一年增长约 100 万班次。

在安全方面，国际航空运输业对在危机之后协助进行过渡与重组的需求日益增加，国际民航组织将安全监督框架与各缔约国及其他国际机构的安全监督框架进行了协调。国际民航组织首次发布了一份全面描述国际航空运输系统内安全状况的报告，总结了影响安全绩效的各种要素，并指出，国际民航组织将与其合作伙伴共同应对安全风险问题。4 月 28 日和 5 月 4 日，国际民航组织分别在蒙特利尔和布鲁塞尔与欧盟签订了合作备忘录，其中涉及航空安全、航空安保、空中交通管理和环境保护等诸多领域，并于 5 月 4 日生效。安全管理专家组（Safety Management Panel，SMP）在 11 月举行了首次会议，推动制定《国际民用航空公约》的第 19 份附件。该附件将专门制定国家层面在安全管理方面的责任，空中航行委员会对此进行了审查。

根据大会第 A37－5 号决议，国际民航组织正式开展了从普遍安全监督审计计划（USOAP）向持续监测做法（CMA）的过渡，并为其制定了一个为期两年的过渡计划。11 月，审计结果审查委员会（ARRB）转变为监测和援助审查委员会（Monitoring and Assistance Review Board，MARB），由国际民航组织的秘书长担任主席。此外，由于国际民航组织的努力，航空安保联络点网络成员从 2010 年的 172 个国家增加到 183 个国家和两个特别行政区（Special Administrative Regions，SARs）。

在安保方面，国际民航组织的关注点主要有以下几个方面：安保风险管理和简化手续问题；新的旅行证件安保战略；增加审计、评估的透明度；解决安保威胁和风险优先领域的培训材料；向有需要的成员国提供实施国际民航组织安保规定的短期和长期援助。

对环境保护而言，国际民航组织已经开发了燃料节省估计工具（ICAO Fuel Savings Estimation Tool，IFSET），召开了可持续航空代用燃料（Sustainable Alternative Fuels for Aviation ，SUSTAF）讲习班，但还需要拟定更加复杂的标准以支持未来的航空运输系统，并为之提供绿色基金，制定更加严格的航空器噪声标准。国际民航组织针对当年发生的若干重大世界性事件（包括冰岛 Grimsvötn 和智利 Puyehue－Cordon Caulle 火山爆发以及日本福岛核电厂在灾难性的海啸中的核泄漏事件），向国际相关方面提供了技术咨询意见。为此，国际民航组织在 9 月还举行了火山灰挑战小组(Volcanic Ash Challenge Team，VACT)会议。

根据《机场和空中航行服务收费表》，国际民航组织启动了一项名为“航空收费”的线上新产品，其中列出了 184 个国家征收的机场和空中航行服务费用。10 月，国际民航组织开展了航空英语测试认可服务，以确认航空英语测试如何切实满足英语测试标准，以及这些测试如何充分反映国际民航组织的语言能力要求(Language Proficiency Requirements，LPRs)。

国际民航组织启用了称为航空安保百科(AVSECPaedia)的网络平台，以鼓励各国分享有关安检技术的敏感信息。与此同时，国际民航组织还启动了世界航空服务协定(World Air Services Agreements，WASA)的线上数据库，取代以 CD－ROM 发布的“世界航空服务协定数据库”。10 月份，国际民航组织航空安保培训工作组研讨了进一步开发对有关人员和航空货运安保的培训材料和对现有航空安保培训教案(Aviation Security Training Packages ，ASTPs)的更新。目前，ICAO 共有七套航空安保培训教案(ASTPs)出售，以供有关各方培训使用，即基本材料、货运、危机管理、操作、教导员、管理和国家检查员。

国际民航组织开始在总部和各地区办事处实施电子文件和记录管理系统(Electronic Document and Records Management System，EDRMS)，并且开展了名为“一个国际民航组织”信息技术的基础设施和现代化活动，目的是将所有地区办事处都纳入国际民航组织的内部网络，通过使用覆盖整个组织的应用软件，如 Agresso 和秘书处网站，促进交流和合作。同时，国际民航组织开始建立灾后恢复计划，以确保在灾难过后为保证业务连续性所需的信息和信息技术服务都能及时恢复。

2011 年，国际民航组织又出版了一系列新手册，其中包括但不限于：《基于性能的导航手册(PBN)》、《评估、测量和报告跑道表面状况》、《机场服务手册》(第 4 版第 3 部分)、《地区事故和事故征候调查组织(Regional Accident and Incident Investigation Organization，RAIO)手册》、《空中交通管理中的军民航合作》、《审批培训机构手册》(第 2 版)、《安全监督手册——设立和管理地区安全监督组织》(第 2 版)。

2011 年，国际民航组织共在 96 个国家执行了 111 个项目，实施了总价值达7 015 万美元的技术合作方案。征聘了 328 名国际外勤专家和顾问，连同 691 名本国项目人员，共计有 1 019 名官员为国际民航组织提供在职服务。这些专家担任国家民航管理机构的顾问、培训中心或在职培训中心的教员，并且在不具备相关能力的国家作为行政管理人员，为政府提供包括安检在内的行政和运行服务。

2010 年年度报告

国际民航组织在这一年内以安全、安保、环境保护、效率、连续性和法治为战略目标，开展了一系列颇有成效的活动。

2010 年 9 月 28 日，国际民航组织大会第 37 届会议在加拿大蒙特利尔召开。本届会议制定了三年期工作方案，核准了国际民航组织的预算，并选举了新一届的理事会。在“航空结合安全、安保和环境”的旗帜下，通过了延续安全有序的发展全球航空运输系统的战略，以继续满足世界对航空旅行日益上升的需求，并从容应对因国际民用航空业务总量的增长带来的各种挑战。在大会开幕当天，国际民航组织与美国运输部、欧盟委员会和国际航空运输协会(International Air Transport Association, IATA)签署了首创的建立全球安全信息交流(Global Safety Information Exchange, GSIE)的谅解备忘录。

理事会批准设立了一个专门用于提高航空安全的新基金。安全基金将采用以绩效为基础的方法来进行资源援助项目的分配，同时限制行政管理费用的数额，并确保所有自愿性质的捐款以及时、透明的方式得到使用。

国际民航组织于年内编制完成了疲劳风险管理系统(Fatigue Risk Management System, FRMS)标准和建议措施草稿的工作，启动了综合安全趋势分析和报告系统(Integrated Safety Trend Analysis and Reporting System ,i STARS)与全球空中航行计划(GANP)的修订计划，并且在普遍安全监督审计计划的全面系统做法下对35个缔约国完成了审计。

2月，理事会通过了“重大安保关切”的定义和及时处理此种重大安保关切的相关机制。其战略目标是降低全球航空事故的发生率，同时确保没有任何一个地区的事故发生率高于世界平均值的两倍。3月，国际民航组织2010年高级别安全会议(High Level Safety Conference, HLSC/2010)在蒙特利尔举行，会议共提出了47项建议，为制定大幅提高全世界航空安全性的战略提供了基础。据此，秘书处开始启动编制《国际民用航空公约》专门涉及安全管理问题的新附件的进程，并开始修订关于实施国家安全方案和安全管理系统的指导材料。此外，国际民航组织还与航空业界合作发展了下一代筛查系统——“未来检查点”，强调在切实有效地实行安保措施和确保旅客高效通过必要的安保程序两者之间取得平衡。

8月30日，在北京召开的航空安保公约外交大会通过了《制止与国际民用航空有关的非法行为的公约》(北京公约)和《制止非法劫持航空器公约的补充议定书》(北京议定书)。

11月，国际民航组织在蒙特利尔举行了国际炸药技术委员会(International Explosives Technical Commission, IETC)和炸药侦测特设专家组(AH/DE)第一次联合会议。

2010年，秘书处进行了重组，安全审计活动从以前的安全和安保审计处移往空中航行局新设的持续监测和监督科(Continuous Monitoring and Oversight Section, CMO)；与此同时，安全审计方案已同空中航行局内新设的航空安保处的其他航空安保活动合并。此后，国际民航组织进行的各种航空安保活动统一由航空运输局新设的航空安保处承担。为了表达对环境问题日趋重要的关切，1月，秘书处在航空运输局内设立了环境处。此外，国际民航组织还合并了空中航行局新设的航空安全培训科(Aviation Safety Training,AST)内与安全有关的培训活动,在空中航行局设立了一个称为国家航空安全工具股的新单位,负责发展电子航空安全工具。

2月,航空环境保护委员会(CAEP)举行了第八届会议,进一步拟定了各种减少和限制航空对环境产生的影响的技术措施。第37届大会召开期间,国际民航组织对研发和使用航空可持续代用燃料的全球框架达成了协议,也对2013年为制定航空器CO_2排放标准的期限达成了协议。

在人才培养方面,国际民航组织于3月,在下一代航空专业人员(NGAP)工作小组的支持下,举办了世界研讨会,以便满足未来对合格飞行机组人员和空中交通管理(Air Traffic Management,ATM)人员的需求。11月,在国际航空运输协会(IATA)和国际机场理事会(Airports Council International, ACI)的支持下,在日内瓦举办了关于下一代筛查旅客和客舱行李程序的讲习班。

因2010年4月冰岛埃亚菲亚德拉冰盖火山爆发,稠密的火山灰云对欧洲和北大西洋地区的空中交通造成前所未有的阻断,国际民航组织审查并更新了受影响地区的火山灰应急计划。随后,该组织与世界卫生组织继续合作发展更加安全有效的飞行国际航班航空器的非化学灭虫方法。

国际民航组织建立起总部和地区办事处之间的因特网直联,以支持在所有地区办事处实施综合资源信息系统(IRIS)项目,并且成功部署了世界航空服务协定(World Air Services Agreements,WASA)数据库、国际准则和航线代号(International Codes and Routes Designators,ICARD)系统,还采用了“Share Point 2010”和“K2 Black Pearl”这两种电子工作流程技术,以取代手工和基于纸面的工作流程。

2010年,国际民航组织共在95个国家执行了197个项目,实施了总价值达1.386亿美元的技术合作方案。征聘了383名国际外勤专家和顾问,连同835名本国项目人员,加上已在外地执勤的140名国际外勤专家和顾问,共计有1 358名官员为国际民航组织提供在职服务。这些专家担任国家民航管理机构的顾问、培训中心或在职培训中心的教员,并且在不具备相关能力的国家作为行政管理人员,为政府提供包括安检在内的行政和运行服务。

2009年年度报告

2009年,国际民用航空的利益相关方共同开展了一系列显著提高全球航空运输系统的安全、安保、可持续性和效率的各项举措。

国际民航组织已经开始着手制定一项新的全面战略,以提高世界民航领域的安全水平,应对潜在的严峻局面,例如此后十年即将面临缺乏合格的航空专业人员。战略的重点涉及向航空安全新模式的转变,主要是信息共享和提高透明度。

在安保方面,国际民航组织制定了新的综合航空安保战略,以处理针对民用航空的新威胁,同时投入了大量精力以支持各国加强其简化手续的能力,包括在2010年4月前完成向机读旅行证件的过渡。国际民航组织重点采用了以成果为基础的方法开展安全工作，采用全面系统做法对 32 个成员国以及中国香港和中国澳门特别行政区（SARs）进行了 USOAP 审计。

通过国际民航组织的努力，该组织的所有地区已于年内完成了关于实施基于性能导航（PBN）的地区计划，并开始执行。此外，建立国际航空器信息系统（ICAO International Aircraft Information System，IIAIS）的工作和综合安全数据收集与分析系统项目均已开始进行。

国际民航组织批准了《空中航行服务程序（Procedures for Air Navigation Services，PANS）——空中交通管理》（PANS—ATM）第 1 次修订案，引入了将于 2012 年 11 月 15 日生效的国际民航组织新的飞行计划格式。针对火山喷发造成的影响的突然性和不可控性，国际民航组织指定了在英国伦敦的一名国际空中航行联络人，以接收国际原子能机构（International Atomic Energy Agency，IAEA）发布的放射云信息，并转发给有关区域管制中心（Area Control Centers，ACCs）。

针对环境问题，国际民航组织与各缔约国和其他国际组织机构进行了良好的合作，及时地为在哥本哈根举行的联合国气候变化框架公约缔约方会议拟订了协议。这是为处理联合国某一部门所引起的气候问题的第一份，也是迄今唯一一份全球性的协议。协议主要包括到 2050 年实现年平均燃油效率提高 2%的目标、航空器的二氧化碳排放标准、国际航空基于市场措施的框架，以及协助发展中国家获取财政资源、技术转让和能力建设的相关措施。此外，国际民航组织于当年还通过了关于全世界航空代用燃料的开发与实施的全球框架，这将使航空成为第一个在全球基础上使用可持续代用燃料的部门。4 月，联合国采用了国际民航组织的碳计算器以支持联合国不影响气候倡议行动，并呼吁联合国系统内的所有机构和单位确定其碳排放总量。目前，国际民航组织已经向 40 多个联合国机构提供了使用这一计算器的培训。

2009 年 10 月 19 日—21 日，国际民航组织在蒙特利尔举行了民用/军用合作全球空中交通管理论坛，以增进民用和军用空域用户对改进两方合作与协调的必要性的认识。此外，国际民航组织还主办了第一轮关于国际标准的圆桌会议，其目的是与欧洲空中航行安全组织、美国联邦航空局和国际标准制定机构共同努力，拟定一个方案，以在保证全球协调一致的前提下，满足下一代航空运输系统（Next Gen）和单一天空实施计划（SESAR）方案的标准化需要。同时，已经老化的航空固定电信网（Aeronautical Fixed Telecommunication Network，AFTN）已开始向空中交通服务（Air Traffic Service，ATS）报文处理系统（ATS Message Handling System，AMHS）过渡。国际民航组织对传统的无线电助航设施的标准和建议措施进行了彻底审查，以修订过时的或含糊不清的规定，以便与现行要求和最佳做法相一致。此外，在世界气象组织（WMO）的协调下，国际民航组织成功开展了关于以 XML（可扩展标记语言）代码格式交换航空气象（Meteorology，MET）情报的试验项目。该模型以 XML 为基础，是实施“气象情报交换模型”的重要里程碑，同时也是 Next Gen/SESAR 方案的一部分。

当年，国际民航组织继续与国际航空运输协会（IATA）的培训与资格认证项目（IATA Training and Qualification Initiative，ITQI）密切协作，尤其是拟定关于维修人员依据能力的培训和评估、取证培训、教员和考官资格认证方面的指导，以收编到《空中航行服务程序——培训》（PANS—TRG）中。此外，当年 3 月，国际民航组织还启动了国家安全方案培训项目，总共开办了 34 期内部培训和教员培训课程，并出版了《安全管理手册》（Safety Management Manual，SMM）的第 2 版。

由于甲型 H1N1 流感病毒在人群中肆虐，引发了 40 余年来第一次人类大流行病，国际民航组织理事会于当年 5 月 19 日通过了一份宣言，其中着重强调了各成员国所采取的有关航空的应对措施应是适度、恰当、非歧视性的，并应局限于应对卫生风险。此外，国际民航组织制定的一系列关于管理航空部门传染病的标准和建议措施也于当年起开始实施。

2009 年，国际民航组织共在 82 个国家执行了 208 个项目，实施了总价值达 1.293 亿美元的技术合作方案。征聘了 360 名国际外勤专家和顾问，连同 1 253 名本国项目人员，加上已在外地执勤的 107 名国际外勤专家和顾问，共计有 1 720 名官员为国际民航组织提供在职服务。这些专家担任国家民航管理机构的顾问、培训中心或在职培训中心的教员，并且在不具备相关能力的国家作为行政管理人员，为政府提供包括安检在内的行政和运行服务。

2008 年年度报告

2008 年年初与第四季度的经济状况反差巨大，秋季开始的全球金融危机影响到所有主要的利害相关方，对整个国际航空运输和相关行业产生了意料之中的水波效应。

在此背景下，国际民航组织几年前已经开展的向绩效驱动和基于成果的管理方式的转变初见成效，帮助各缔约国持续改进全球航空运输体系的安全、安保、环境保护、效率、连续性和法治。绩效规划还强调了进一步适用和扩大国际民航组织全球航空安全计划，涉及如国家安全计划、安全管理系统和普遍安全监督审计计划的现代化等多个方面。上述活动旨在积极应对全世界长期存在的和可能出现的安全问题与挑战，如非法侵入跑道、无人驾驶航空器系统，在业界的普及以及合格航空人员数量的缺乏等。

2008 年，国际民航组织将非洲的航空安全作为重中之重对待，为处理这一地区的问题投入了大量的资源，并于 1 月 1 日制定了非印全面实施计划，以启动非洲航空安全全面地区实施计划（非印计划）。9 月，缩小垂直间隔标准（Reduced Vertical Separation Minimum，RVSM）开始在非洲实施。此举提高了可用高度层的数量因而增大了系统容量，同时还因降低了给定空域扇区航空器的密度而提高了安全。在这一标准方面，国际民航组织拟定了新的巡航高度层表，对使用中的米制飞行高度层系统进行标准化，并将有关内容收编到附件 2《空中规则》之中。

当年1月，国际民航组织采用于2005年启动的全面系统做法（CSA）对35个缔约国进行了安全审计，即所谓第二轮审计，扩展了普遍安全监督审计计划的任务，涵盖了《国际民用航空公约》所有与安全相关的附件中所记载的有关规定，并在当年年底完成了114项全面系统做法的审计。

在航空安保方面，航空安保（AVSEC）专家组于5月举行了第十九次会议，会议强调了全球范围内违禁物品清单（Prohibited Items Lists，PILs）的协调一致，并且批准了对液体、凝胶和气溶胶（Liquids，Aerosols and Gels，LAGs）进行安保管制的指导材料。理事会于6月11日通过了对《危险物品安全航空运输技术细则》（2007年—2008年版本）中关于含有乙基氯或类似危险物质的混合物的规定的紧急修订。

传播和分享关于机读旅行证件各方面的信息是国际民航组织2008年的一项优先工作。10月份，国际民航组织举行了关于机读旅行证件、生物鉴别技术和安保标准的第四次专题讨论会暨展览会，并出版了《机读正式旅行证件》（第3版）。

关于环境保护问题，一方面，应大会36届会议要求，国际航空和气候变化组（Group on International Aviation and Climate Change，GIACC）于当年1月成立，这加强了ICAO与联合国气候变化框架公约的合作。另一方面，航空环保委员会开发的碳排放计算器于世界环境日（6月5日）正式推出，以评估每个航空旅行者的碳脚印。航空环保委员会的另一个重要举措是启动了一系列独立专家（Independent Experts，IE）审查，以确定关于噪声、燃油燃烧和氮氧化物的技术和运行的中长期（未来10～20年）目标。7月，国际民航组织出版了专门论述环境问题的国际民航组织期刊特刊——《航空和环境》卷，并决定此后每年出版一期环境特刊。

大幅提高绩效标准是国际民航组织参与全年各种会议和活动的核心，这包括美国的下一代（Next Gen）的一体化和欧洲的单一欧洲天空ATM研究（SESAR）空中航行系统论坛、《基于性能导航手册》的更新、新的更大型飞机的引入。作为一项崭新的活动，国际民航组织航空运输谈判会议（ICAN2008）将诸多国家聚集在“一个屋檐下”进行谈判，并最终缔结了双边航空运输协定。9月，国际民航组织、航空无线电通信公司（Aeronautical Radio Inc，ARINC）、欧洲民用航空设备组织（European Organisation for Civil Aviation Equipment，EUROCAE）、航空无线电委员会股份公司（Radio Technical Commission for Aeronautics，RTCA）和国际机动工程师协会（Society of Automotive Engineers，SAE）共同举行了会议，探讨在国际标准制定组织之间建立更密切的工作关系。

当年，国际民航组织向中国民航局空中交通管理局提供了大量的指导和协助，处理了前来参加2008年奥运会和残奥会开幕式的大约1 350次飞行。此外，国际民航组织总部大楼获得美国绿色建筑协会颁发的2008年能源与环境设计先锋金奖，这是加拿大第一座获此殊荣的建筑。

2008年，国际民航组织共在72个国家执行了320个项目，实施了总价值达1.57亿美元的技术合作方案。征聘了437名国际外勤专家和顾问，连同1 338名本国项目人员，加上已在外地执勤的86名国际外勤专家和顾问，共计有1 861名官员为国际民航组织提供在职服务。这些专家担任国家民航管理机构的顾问、培训中心或在职培训中心的教员，并且在不具备相关能力的国家作为行政管理人员，为政府提供包括安检在内的行政和运行服务。

2007年年度报告

2007年9月举行的大会第36届会议通过了进一步提高国际民用航空的安全、安保、效率和可持续性的诸多决议，相应地启动了具体方案和活动，以促进全世界航空运输业的健康发展。2月12日，黑山向美国政府交存了其加入《国际民用航空公约》的通知，加入自3月14日起生效，使国际民航组织的缔约国增加到190个。

当年，国际民航组织对全球航空安全计划（GASP）进行了扩展，收录了由国际民航组织与世界民航业界合作拟定的全球航空安全路线图，并且继续采用于2005年开始实行的全面系统做法（CSA），对43个缔约国进行了审计。截至2007年年底，国际民航组织已完成78项全面系统做法的审计，并且发布了其首份普遍安全监督审计计划审计结果分析。

针对很多成员国和利害相关方缺乏相关知识和经验的现状，当年国际民航组织在内部举办了46期安全管理系统课程，以及14期地区安全管理系统课程和3期运行安全及持续适航合作发展方案课程。考虑到无人驾驶航空器系统（UAS）在业界的日益普及，国际民航组织组建了无人驾驶航空器系统研究组（Unmanned Aircraft Systems Study Group，UASSG），以便协助秘书处协调制定用以规范民用无人驾驶航空器系统的标准和建议措施、程序和指导材料。

传播和分享关于机读旅行证件各方面的信息是2007年的一项优先工作，理事会对建立公钥簿（Public Key Directory，PKD）项目给予了充分支持，并于10月份举行了国际民航组织机读旅行证件、生物鉴别技术和安保标准的第三次专题讨论会暨展览会。

在环境问题方面，航空环境保护委员会（CAEP）在2月份举行了其第七次会议，期间界定了喷气发动机所产生的氮氧化物（NO_x）排放物的中长期（未来10～20年）技术目标，并于5月份主办了一次航空排放座谈会，评估了解决航空排放影响的可行办法。另一项重大举措是在9月份出版了国际民航组织的首份环境报告，详细描述了关于国际民航组织在噪声和航空器发动机排放两方面已取得的成就。此外，国际民航组织还向政府间气候变化问题小组（Intergovernmental Panel on Climate Change，IPCC）第四次评估报告（AR4）——《2007年的气候变化》提供了建议，并于12月参加了在巴厘岛举行的气候公约会议。

2007年堪称国际民航组织在飞行导航方面的里程碑之年，当年国际民航组织完成了几份重要指导材料的编纂：《基于性能导航手册》、《所需导航性能批准要求（RNP AR）程序设计手册》，以及AN11/45-07/22号国家级信件附篇中的关于颁发基于性能导航运行批准的指导材料，这是朝着促使各地区、各国将实施基于性能导航作为基于绩效的全球空中交通管理（ATM）系统的一部分迈出的第一步，也是一大步。

无线电频谱作为一种有限的资源，近年来不断面临着非航空服务的侵蚀。在国际电信联盟（International Telecommunication Union，ITU）世界无线电大会（2007年）上，国际民航组织坚定立场，努力维护民航运输业的需要，在保护航空服务的安全方面取得了积极成果。此外，国际民航组织在准备2007年世界无线电大会期间及时地与其所有缔约国磋商协定了国际民航组织的立场，并在大会期间对各航空当局的人员进行了积极宣传，这也是取得这一成果的重要原因。

2007年10月25日，A380进行了首次商业飞行，由此各国已根据附件14第Ⅰ卷的F代码规范采取行动，为起降A380而对其机场设施进行必要的修改。11月21日，中国在其整个空域实施了公制缩小垂直间隔标准（RVSM）。

当年，国际民航组织在制定国际航空法方面尤其活跃，法律委员会根据其总体工作方案，完成了一系列卓有成效的项目：审议在非法干扰行为或一般风险情况下航空器对第三方造成损害的赔偿；针对引起国际航空界关注的而现有的航空法律文书未加涵盖的行为或肇事行为制定对策；审议制定通信、导航和监视/空中交通管理（CNS/ATM）系统，包括全球导航卫星系统（GNSS）和区域多国机制的法律框架；维护移动设备（航空器设备）的国际利益；审议批准国际航空法律文书的问题；审慎考虑《联合国海洋法公约》对于实施《国际民用航空公约》及其附件等其他国际航空法律文书可能产生的影响。

2007年，国际民航组织共在73个国家执行了327个项目，实施了总价值达1.741 2亿美元的技术合作方案。征聘了328名国际外勤专家和顾问，连同1 672名本国项目人员，加上已在外地执勤的96名国际外勤专家和顾问，共计有2 096名官员为国际民航组织提供在职服务。这些专家担任国家民航管理机构的顾问、培训中心或在职培训中心的教员，并且在不具备相关能力的国家作为行政管理人员，为政府提供包括安检在内的行政和运行服务。

2006年年度报告

2006年，国际民航组织在安全、安保、环境保护和运行效率4个主要活动领域开展了一系列卓有成效的工作。特别是在3月份举行的第六届全球航空安全战略的民航局长会议上，相关代表就21世纪全球航空安全战略进行了协商，做出了里程碑式的决定。与会者全体一致同意，最迟于2006年3月23日前，在征得各国同意的情况下，将国际民航组织普遍安全监督审计计划（USOAP）的审计结果登载在组织的公共网站上，截至5月，已有87个国家表示同意。此外，国际民航组织还于12月完成了《全球航空安全路线图》第二部分亦即最后一部分的制定。《路线图》的出台，标志着各缔约国政府、国际民航业界和国际民航组织安全专家就有关问题达成了高度共识。此后，根据国际民航组织的全球航空安全计划(GASP)，世界各地区的航空运输事故率将得到有效控制，尤其是发展中国家。

2006年8月，英国警方挫败了一起企图通过手提行李携带液体炸药炸毁航班的图谋，并逮捕了21名恐怖嫌疑人。国际民航组织迅速对此做出了反应，展示了其处理航空安保问题的决心。在事件发生后的数天内，国际民航组织召集有关各国、执法机构和行业代表进行了有效的磋商会谈，最终就这一新的威胁发布了一系列临时措施，拟定于2007年3月1日前实施，并于2007年6月之前公布了应对相关安保问题的长期指导方针和不允许带上航空器的最新物品清单。

国际民航组织第48届情况熟悉课程于7月13日—28日在组织总部举办，共有40人参加，其中7人为观察员。课程的目的在于使有关国际民航事务的各方参与者熟悉国际民航组织的组织结构和工作情况。此外，根据联合国大会第42/112号决议，国际民航组织将每年的6月26日定为禁止药物滥用和非法贩运国际日。

11月，国际民航组织理事会接受了经过更新的《通信、导航和监视/空中交通管理(CNS/ATM)系统全球空中航行计划》修订版。这项全新的计划现在更名为《全球空中航行计划》，是依据行业界路线图来制定的，以期按照路线图中的有关规划开展活动，能在中短期内为国际民用航空界的发展带来更多好处。

12月，理事会就非洲印度洋地区规划和实施组第十五次会议(APIRG/15)报告中的一项结论进行了审议，强调了在非洲印度洋地区召开一次地区空中航行(Regional Air Navigation，RAN)会议的必要性，并提议在下一个三年期(2008—2010年)的初期召开这一会议。理事会认为国际民航组织应该继续加强其在协调各项活动、举措和实施战略方面的领导作用，以持续改善非洲印度洋地区的飞行安全，并决定在6个月内制定包括资源要求在内的非洲印度洋地区全面的地区实施计划，要求地区办事处在总部的密切指导下负责地区实施计划的后续实施工作。

2006年，国际民航组织全面实施了电子文件和查询网络(EDEN)与文件管理系统Hummingbird DM。这些系统为该组织提供了整个国际民航组织范围内多用户网络系统，并为实现通过让用户以电子方式提交其文件并进行在线跟踪而创造无纸化环境，发挥了重要作用。

2005年年度报告

2005年，航空运输在经济、社会和文化发展方面给人类带来了巨大收益。目前，这一行业直接或间接地雇用了2 900万人，占世界国内生产总值的8%。按价值计算，世界上的制成品约有40%是由航空业运送的，因而许多国家的经济依赖航空运输，同时它也支持了旅行这一世界上最大的产业。为了使航空运输业在今后的岁月中继续为人类的福利做出贡献，国际民航组织将管理运量增长作为国际航空界在21世纪前半期所面临的最大挑战予以应对。9月3日，东帝汶加入《国际民用航空公约》，并成为该组织的第189个缔约国。4月18日，1989年通过的《国际民用航空公约》第五十六条的修订议定书正式生效，此举意味着空中航行委员会委员数目将从15位增加到19位。

民航运输业在世界经济发展布局中占据的重要地位，意味着在安全方面国际民航组织要大力促进在世界范围内广泛采用普遍安全监督审计计划（USOAP）与统一战略和安全管理体系（SMS），来支持以增强缔约国之间及与业界之间的透明度为基础的全球安全战略。

2005年国际民航组织安保战略的基础是2002年部长级高级会议所通过的国际民航组织加强航空安保的行动计划，以及普遍安保审计计划（USAP）。该行动计划成功的根本，在于USAP、国际民航组织航空安保（AVSEC）机制和技术合作项目之间在运作上的互补性。其中，航空安保（AVSEC）行动计划将在这三年期（2005—2007年）内逐步纳入经常方案。面对国际航空运输的长期发展，国际民航组织一方面务必认真评估新威胁和潜在的威胁，尤其是继续对便携式防空系统（Man Portable Air Defense System，MANPADS）实施监测并且加快改进现行的安保做法，以确保其能够应对已查明的威胁水平。另一方面，国际民航组织在实施高效的安保措施的同时，也在积极提高旅客和货物在机场的通过效率。

在2005年，环境保护依然是一项繁重的任务。虽然今天的航空器比20世纪70年代的能源效率高出了70%，但是在噪声和空气污染方面，飞行量的持续增长可能会将提高能源效率所带来的可观成绩一笔勾销。因此，国际民航组织正通过理事会的航空环境保护委员会（CAEP）努力工作，并与联合国气候变化框架公约（UNFCCC）及其他有关方面密切合作，以期进一步减小航空器噪声和发动机排放影响。根据上述原则，理事会在当年3月一致通过了氮氧化物（NO_x）排放新标准，比1999年商定的原有水平严格了12%，这些标准于2008年起适用于新发动机。

当年，国际民航组织还在协商统一标准方面做了大量工作。1月，该组织将在北美、中美、南美和加勒比海空域飞行的航空器之间的最小垂直间隔减小了一半，从2 000英尺减小到1 000英尺，即缩小垂直间隔标准（RVSM）。这一举措将提高航空运输的效率，并将为航空公司、旅客和自然环境带来更多的相关收益。同样的，国际民航组织在亚美尼亚、阿塞拜疆、格鲁吉亚和俄罗斯罗斯托夫飞行情报区公海部分上空的空域也实施了该标准。6月，理事会确立了国际民航组织对国际电信联盟（ITU）世界无线电通信会议（WRC/2007）议程中航空界所关心的项目的立场，并修订了载于《国际民航组织民航无线电频谱要求手册》（包括经批准的国际民航组织政策声明）中国际民航组织的有关政策声明。

考虑到禽流感大规模流行的可能性，国际民航组织理事会在当年11月审议制定了一项国际民航组织相关应急计划的报告。会议强调该组织应密切关注形势，并且与世界卫生组织（World Health Organization，WHO）、国际航空运输协会（IATA），粮食及农业组织（Food and Agriculture Organization，FAO）和国际机场理事会（ACI）协调行动。

2005 年，国际民航组织对历史记录的数字化工作仍在继续，一方面将逐步把完整的大会文件和《国际民航组织期刊》登载在国际民航组织的官方网站上；另一方面，为了扩大对信息和通信技术的应用，国际民航组织特别向秘书处提供了升级版的中央登记信息系统数据库，提高了其记录管理系统的效率。

3.2.4 理事会主席及委员会主席

1. 理事会主席

根据《公约》第五十一条之规定，理事会应选举主席一人，任期三年，连选连任，但其没有表决权。理事会主席的主要职责是召集理事会、航空运输委员会及航行委员会的会议，对外代表理事会并以理事会的名义执行其委派的任务。根据 2006 年修订的议事规则，主席的权利在一定程度上被削弱。此外，理事会应从其理事中选举副主席一人或多人。

理事会主席虽然由理事会选举产生，但并不一定是理事国的代表或国民。如果有一名理事国代表当选，则认为其理事席位出缺，应由该理事国另外指派代表。理事会主席作为一名国际公务员，在行使职权时，不得征求或接受国际民航组织以外任何当局的指示。特别的一点是，联合国的其他国际机构均没有设置常任理事会主席一职，国际民航组织理事会主席是唯一一位。

2. 副主席和委员会主席

国际民航组织理事会设有副主席三名，由理事会在各缔约国代表中选举产生，任期一年，并且国际民航组织不承担其任何费用。其中，第一副主席一般由资历深或任期较长的代表出任。

当理事会主席不在时，由三位副主席依次代行职权。理事会副主席保留表决权，即使代理主席期间，该权利仍然得到保留。

国际民航组织各委员会主席由理事会任命，除航空运输委员会主席任期三年外，其他委员会主席任期均为一年。

3.3 秘书处

3.3.1 概　况

秘书处是国际民航组织的常设行政机构，由秘书长负责以保证国际民航组织的各项工作顺利进行。秘书处由五个主要部门组成：空中航行局、航空运输局、技术合作局、法律事务和对外关系局以及行政服务局。此外，秘书处还设有七个地区办事处。

地区办事处及其所在地见表 3-1 所列。

表 3-1 地区办事处及其所在地

地区办事处	所在地
亚洲和太平洋地区办事处/分办事处 Asia and Pacific(APAC)Office/Sub-Office	曼谷(泰国)/北京(中国)
东部和南部非洲地区办事处 Eastern and Southern African(ESAF)Office	内罗毕(肯尼亚)
欧洲和北大西洋办事处 European and North Atlantic(EUR/NAT)Office	巴黎(法国)
中东办事处 Middle East(MID)Office	开罗(埃及)
北美、中美和加勒比办事处 North American, Central American and Caribbean Regional(NACC)Office	墨西哥城(墨西哥)
南美办事处 South American(SAM)Office	利马(秘鲁)
西部和中部非洲办事处 Western and Central African(WACAF)Office	达喀尔(塞内加尔)

3.3.2 秘书长

国际民航组织秘书长是秘书处的负责人，并且是国际民航组织负责秘书处工作大方向的首席执行官，任期一般为三年，可连任一次，负责领导在国际民用航空领域工作的专业国际工作人员。秘书长作为国际民航组织理事会的秘书，向整个理事会负责，按照既定政策，执行理事会赋予其的职责，并且要定期向理事会就秘书处各项活动的进展情况做出报告。此外，秘书长还直接负责分配给秘书长办公室的有关财务、评价和内部审计、新闻和七个地区办事处的活动的管理及有效工作表现。

3.3.3 秘书长办公室

秘书长办公室由秘书长直接领导，该办公室包含评价和内部审计办公室、财务处以及道德操守办公室，此外还负责全球航空培训和“国际民用航空日”等事宜。

1. 评价和内部审计办公室

评价和内部审计办公室负责国际民航组织的各种方案和项目，并且需要调查外界对组织财务不当的指控，其主要工作有以下三项：

① 评估国际民航组织各方案的相关性、有效性、可持续性及其实施效率和影响，并在方案结束后进行总结，形成经验报告；

② 建立成本效益的内部控制体系以及正确高效的问责制，以减少方案执行中可能潜在的风险，确保其符合法规、政策和行政指令等；

③ 对诈骗指控进行调查，并负责对其他违规行为的指控的调查。

2. 财务处

财务处处长是财务委员会的秘书。财务处负责制定和执行预算、会计和财务政策,并按照大会和理事会的指令细则核定和批准预算。预算交由理事会和大会审议,其中包括各缔约国的会费分摊比额表。当预算被批准后,财务处将通过维护账户对国际民航组织的收入和支出、服务、设备采购、差旅成本、出版物销售等方面进行拨款控制。银行和国际民航组织的资金投入由财务处下属财政科进行。

3. 道德操守办公室

道德操守办公室是国际民航组织致力于维护道德的工作环境的集中体现。该办公室设有一个独立的道德官员职位,直接向理事会和秘书长负责。该道德官员的职责包括对道德问题进行强制性培训,向全体员工提供咨询和指导,管理反报复保护政策、财务披露和利益申报冲突政策。此外,道德官员还负责接受、审查和管理所有不当行为报告,并对报告的后续调查进行授权管理。

4. "国际民航日"管理

"国际民航日"是国际民航组织50周年活动的组成部分。1992年9月,国际民航组织大会第29届会议作出决议——自《芝加哥公约》签署50周年的1994年起,将每年的12月7日定为"国际民航日"。1996年,在国际民航组织的倡议及加拿大政府的协助下,联合国大会正式承认12月7日为联合国系统内的"国际民航日"。

设立"国际民航日"的目的是在世界范围内树立并增强对国际民航在各国社会和经济发展中的重要性的认识,以及对国际民航组织在协助各国开展合作、实现造福人类的全球快速运输网络方面所发挥独特作用的认识。

每隔五年,在国际民航组织周年纪念之际,国际民航组织理事会就会为"国际民航日"议定一个特别的周年主题。此外,理事会代表们还将为这些周年纪念日之间的四年间隔期选择一个"国际民航日"主题。民航当局、学校和其他团体可以利用国际民航组织提供的海报及其他宣传工具,共同强调和庆祝这一"国际民航日"主题。

理事会将2015—2018年(含)的"国际民航日"主题确定为:"共同努力,以确保不让任何国家掉队"。

3.3.4 下设局

1. 空中航行局

空中航行局(Air Navigation Bureau,ANB)负责管理航空利益相关方的安全及实施"增强全球民用航空体系的能力并提高效率"这一战略。该组织的工作主要包含相关政策和标准化,安全和基础设施的监控、分析及其实施。此外,空中航行局开发并持续实施了全球航空安全计划(GASP)和全球航行计划(GANP),并且负责处理相关的危险情况和突发事件。

空中航行局主要涉及的工作有：事故调查、机场、航天信息管理、空中流量管理、航空医学、危险品、基础设施集成化管理、安全集成化管理、飞行运行、气象、PBN（基于性能的导航）和 USOAP 审计。涉及其他方面的工作还有跑道安全、疲劳管理、消防救援、语言熟练性要求、国际标识和火山灰等，其中跑道安全、可控撞地和空中失控从属于安全优先战略，PBN、持续爬升/下降运行和航空流量管理从属于航行优先战略。

2014 年 10 月，空中航行局在得到秘书长的批准后进行了重组。新的航行局架构主要由监视和监察、航空安全、航行容量和效率三个分支组成。

2. 航空运输局

航空运输局（Air Transport Bureau，ATB）致力于国际民航组织战略目标的实现，尤其是在安全性、便利性以及航空运输业的经济前景和环境保护方面。除理事会和秘书长外，该组织也接受航空运输委员会、非法干扰委员会和空中航行服务联合支持委员会的领导。

航空运输局主要负责管理以下工作：

① 为丹麦和冰岛提供北大西洋空中航行服务的联合融资协议；

② 在北大西洋建立高度监测系统的联合融资安排；

③ 分担航行信息卫星分布系统费用；

④ 作为国际民航组织的公钥簿，是全球所有电子护照发行人公开签名密钥证书的主要分发点。

3. 法律事务和对外关系局

法律事务和对外关系局（Legal Affairs and External Relations Bureau，LEB）主要负责法律事务和对外关系两方面的工作。

法律事务方面的工作：该局负责向秘书长提供意见和协助，并通过秘书长向理事会和其他组织机构，以及国际民航组织的缔约国，提供宪法、行政和程序问题、国际法、航空法、商业法、劳动法等相关问题的建议。该局还可以作为秘书处的法律委员会，开展在私人和公共国际航空法领域的探索和研究，并编制相关文献。

此外，法律事务和对外关系局还负责保存国际民航组织的条约，以及根据《国际民用航空组织公约》第 81 和 83 条安排的协议登记的工作。该局所拥有的其他法律职能还包括法律活动的合作、协调联合国和其他国际组织的关系，包括国际民航组织关于地区合作政策（涉及地区组织和地区民用航空机构）的实施。

对外关系方面的工作：该局负责审查、咨询和协调国际民航组织的成员国与非成员国、联合国系统各组织及其他国际组织之间的关系。法律事务和对外关系局负责保护国际民航组织、联合国及其他国际组织的共同利益，并且作为在其他组织中的会议代表，引导人们来关注可能对国际民航组织产生影响的有关国际事务和政治发展态势。该局还提供有关国际民航组织、各成员国代表及秘书处工作人员的特权和豁免权的政策指导，负责国际民航组织与东道国和地区办事处之间的对接工作，安排并监督相关流程。

4. 技术合作局

国际民航组织的技术合作方案，为民用航空安全、环境保护及国家和国际两个层面的民用航空的可持续发展提供了全方位的建议和帮助。该方案是根据国际民航组织大会的大量的指导性政策做出的，受秘书长指导，由技术合作局（Technical Cooperation Bureau，TCB）负责执行。

自1952年成立之时起至今，技术合作局累积实施的民用航空项目超过20亿美元。伴随每年1.2亿美元的年度规模计划，该局每年涉及大约250个项目，每个项目的预算从2万美元到2亿美元不等。迄今为止，技术合作局向超过115个国家提供过援助，每年派出大约1 200名专家。

技术合作局在最大成本效益条件下为有关各方提供服务，并且严格保证中立、客观、透明，作为国际民航组织的一部分，它不代表任何特定国家或集团的利益，也不代表任何一般所有者的利益。技术合作局给出的建议是由客观上的技术和经济条件所决定的。

5. 行政和服务局

行政和服务局（Bureau of Administration and Services，ADB）负责高效率地为国际民航组织提供行政支持，在行政管理中起主导作用。行政服务局带动着国际民航组织基于成果的管理和绩效导向的企业文化，以满足该组织各成员国、相关企业和其他国际民航客户以及公众的需求。

该局主要负责以下三方面的工作：

① 提供高质量的人力资源服务以及有效的行政管理；

② 以最高标准的职业道德推进人力资源管理，以满足国际民航组织不断变化的需求；

③ 采用基于结果的管理方法，支持国际民航组织实现其战略目标。

3.3.5　地区办事处

1. 历史背景与区域划分

在1944年12月，临时国际民用航空组织成立后不久，根据当时的国际航空运输状况，临时理事会决定细分国际空中导航区域，以便于规划和建设地面服务和相关设施。他们主要考虑到以下两点：一是航空运输业发展状况在世界不同地区的差异很大，各国所需要的地面服务的规划和实施应当在地理区域的基础上按照航路分段进行，因此需要一个统一的要求；二是规划空中导航的服务和设施应该通过有限数量国家之间的协商，而不是优先在世界范围内进行，因此这些磋商需要在区域的基础上，以召开区域性的空中导航会议的方式进行。

于是，临时理事会于 1945 年决定建立 10 个按照大陆和海洋大致分布的空中导航区域。最初的 10 个空中航行地区包括非洲-印度洋、加勒比海、欧洲-地中海、中东、北大西洋、北太平洋、南美、南大西洋、南太平洋和东南亚地区。到 1952 年，临时国际民航组织将南、北太平洋区域合并成为亚太地区，南大西洋地区并入南美洲地区，使得其划分的空中导航区域数量从 10 个减少为 8 个。

1957—1958 年，喷气式飞机的面世导致了作为区域划分依据的航段长度大幅延长，其中许多航段贯穿两个甚至更多地区。此外，随着喷气式飞机数量的增加，地区间的特征差异对于航空器运行的影响越来越小。种种迹象表明，国际民航组织需要进一步修改地区结构。因此，国际民航组织大会第 14 届会议指示理事会根据当时的情况以及对未来发展进行预测，克服区域重叠和遗漏的问题，在对现有地区结构研究的基础上，重新划分空中航行区域。根据《地区空中航行会议指令及其议事规则》附录 1 中的定义，当时的地区结构包括以下 9 个地区：非洲印度洋（Africa - Indian Ocean，AFI）、亚洲（ASIA）、加勒比（Caribbean，CAR）、欧洲（Europe，EUR）、中东（Middle East，MID）、北美（North America，NAM）、北大西洋（North Atlantic，NAT）、太平洋（Pacific，PAC）和南美（South America，SAM）。

国际民航组织的第一个办事处于 1946 在法国巴黎成立，经过几次调整，国际民航组织现有七个地区办事处，分别是驻泰国曼谷的亚洲和太平洋地区（APAC）办事处，驻肯尼亚内罗毕的东部和南部非洲地区（ESAF）办事处，驻塞内加尔达喀尔的西部和中部非洲（WACAF）办事处，驻埃及开罗的中东（MID）办事处，驻法国巴黎的欧洲和北大西洋（EURNAT）办事处，驻秘鲁利马的南美（SAM）办事处，以及驻墨西哥墨西哥城的北美、中美和加勒比（NACC）办事处。

随着世界空中航行区域划分的日趋完善，国际民航组织迫切需要建立起地区办事处，以督促划分后的每个地理区域都能持续应用该组织所制定的国际标准和建议措施等，保障民用航空事业在世界范围内朝着健康有序的方向发展。

2. 国家分类

国际民航组织将世界上的所有国家分为三类：第一类是国际民航组织的缔约国，是遵守了《芝加哥公约》关于国际民用航空规定的国家，不论它是否是联合国（UN）或任何其他国际机构的成员，如瑞士等成员国家；第二类是国际民航组织的非缔约国，是还没有签署或者不符合《芝加哥公约》规定的国家，但它是联合国或其任何其他国际机构中的一员，如罗马教廷；第三类国家，是既没有签署国际民用航空规定，也不是联合国或其他任何机构的成员国的国家，只有极少数国家属于这一类，并没有被赋予一个特定的名称。

另外，国际民航组织按照是否策划并协助执行相关区域所需要的空中航行服务及设施的要求，将各国分为两大类：第一类是那些在地理上位于区域内，或在该地区拥有领土的国家;第二类是那些虽然不位于该地区,但在该地区注册进行国际空中航行的国家。前者负责提供在该区域所要求的航行服务和设施,称为"提供者",后者作为相关服务和设施的享用者,通常被称为"用户"国。

3. 地区办事处的一般责任

每个地区办事处为国际民航组织的缔约国提供服务,并与非缔约国及其他地区保持常规交流,主要职责有以下七条:

① 提供空中导航服务;

② 发挥航空运输功能,协调各国和国际民航组织的航空运输政策及相关活动,并鼓励各国提交统计数据,递交经济研究问卷,为机场和空中航行设施手册的修订提供数据;

③ 与当地民航机构建立紧密联系,如非洲民用航空委员会(AFCAC)、欧洲民用航空会议(ECAC)、拉丁美洲民用航空委员会(LACAC)等,协调相关工作,并确保国际航空运输系统整体的和谐发展;

④ 提供技术合作帮助,包括区域项目的建议和资金援助以及接待技术专家;

⑤ 开展法律调查工作,获取各缔约国航空法律法规的最新副本,以及各国预期的航空立法信息;

⑥ 按照国际民航组织的政策标准、建议措施和程序,监督跟进所负责区域的航空安全的各个方面;

⑦ 常规工作是就航空安全各项决议的执行情况向大会和理事会进行报告,以及在区域办事处所在地或其他适当地点召开会议。

4. 地区办事处组织结构

每个地区办事处都设有一个秘书处,由一位国际民航组织地区主任、一位地区副主任或技术组组长、数位专业人员,以及配套的行政和文秘人员组成。在充分考虑到国际民航组织的宗旨以及专家所提供的知识和经验的基础上,地区主任将为所辖地区制定恰当的方针政策以及要求细则。此外,虽然地区办事处直接对秘书长负责,但是在实施重大决策时,地区办事处主任还要接受国际民航组织各局局长以及总部办公室主任的指导,以履行其职责。

此外,国际民航组织理事会还分别建立了六个地区规划和实施小组(Planning and Implementation Regional Groups,简称 PIRGs),分别是北大西洋系统规划小组(North Atlantic Systems Planning Group (NAT SPG),1965 年成立)、欧洲空中航行计划小组(European Air Navigation Planning Group(EANPG),1972 年成立)、非洲和印度洋规划与实施小组(AFI Planning and Implementation Regional Group (APIRG),1980 年成立)、加勒比和南美区域规划和实施小组(CAR/SAM Regional Planning and Implementation Group (GREPECAS),1990 年成立)、亚太地区航空导航规划和实施区域小组(Asia/Pacific Air Navigation Planning and Implementation

Regional Group (APANPIRG),1991 年成立)和中东地区空中航行规划和实施区域小组(Middle East Air Navigation Planning and Implementation Regional Group (MIDANPIRG),1993 年成立),以履行监督职责,确保区域航行计划的持续实施与发展。国际民航组织地区办事处主任担任这些规划和实施小组的秘书,每年度都要召开工作会议,并向空中航行委员会及理事会作报告,汇报其当年工作方案的实施情况。

3.4 航行委员会

3.4.1 概　况

《国际民用航空公约》第十一章专门对航行委员会作出了相关规定。航行委员会现由 19 名对航空科学的知识和实践应用有合格资质的人员组成,以专家身份参加会议,对外不代表任何国家。航行委员会的委员由国际民航组织各成员国提名,理事会审查任命,任期为三年,可以连选连任。委员会主席由理事会任命,任期一年,列席理事会会议。第一和第二副主席由委员会直接任命,任期一年。此外,各缔约国和业界也有许多人员加入航行委员会担任观察员。经国际民航组织理事会决定,自 1977 年起至今,航行委员会接纳了一名中国委员。

根据国际民航组织理事会的决定,航行委员会通常每年召开三届会议,以按照其工作方案处理各种事项。每届会议一般持续九个星期,其中包括三个星期的休会时间。尽管航行委员会的委员由国际民航组织的具体成员国提名并由理事会任命,但是他们不代表任何特定国家或地区的利益,而是为了国际民用航空界的整体利益而独立工作。

航行委员会的主要职责有以下三项内容:

① 对《国际民用航空公约》19 个附件中 17 个附件(附件 9 和附件 17 除外)的修改进行审议并提出相关建议,供理事会通过或批准;

② 负责成立技术小组委员会,国际民航组织的缔约国均可指派代表参加;

③ 向理事会提供有关与各缔约国交换改善空中航行条件的资料的意见。

在国际民用航空运输业活力迸发的新环境下,航行委员会面临着许多挑战,主要是根据国际民航组织全球航空安全计划(GASP)和全球空中航行计划(GANP),维护并提高航空安全及空中航行效率,同时将增加的业务量纳入现有的航空基础设施,引入先进的系统,积极主动地查明各种潜在风险并制定应对措施。

表 3-2 和表 3-3 列出了自 2017 年 1 月 1 日起,新一届国际民航组织空中航行委员会的人员名单。

表 3-2　主席团成员

姓　名	职　务
Mr. Hajime Yoshimura	主席
Mr. Claude Hurley	第一副主席
Mr. Ismael Pacheco Serrano	第二副主席
Mr. Stephen Creamer	秘书

表 3-3　委员名单

委　员	提名国家或组织
Mr. Raúl Héctor Carboni	阿根廷
Mr. Jeffrey Ronald Bollard	澳大利亚
Mr. Rodrigo Henriques Godinho	巴西
Mr. Claude Hurley	加拿大
Mr. Feng Tai	中国
Mrs. Isabelle Monnier	法国
Mr. Nabil Naoumi	德国
Ms. Elpida Koryfidou	希腊
Mr. Einar Örn Hedinsson	北欧五国、爱沙尼亚、拉脱维亚、瑞士
Mr. Hajime Yoshimura	日本
Mr. Moussa Halidou	尼日尔
Mr.Peter Kyungsoo Yu	韩国
Mr. Aleksandr Aleksandrovich Korsakov	俄罗斯
Mr. Jameel Metwalli	沙特阿拉伯
Mr. Mervyn Gerard Fernando	新加坡
Mr. Ismael Pacheco Serrano	西班牙、比利时
Mr. John Wycliffe Kabbs Twijuke	乌干达
Mrs. Kirsten L. Riensema	英国
Mr. William Voss	美国

3.4.2　标准和建议措施

标准和建议措施(Standards and Recommended Practices,SARPs)的制定与附件的修改相一致,属于《国际民用航空公约》的“准立法职能”,也是国际民航组织理事会的重要职能之一。但是,我们首先要明确的一点是,标准与建议措施并不能混为一谈,它们有着各自确切的定义和显著的区别。

标准指的是关于物理特征、结构、材料、性能、人员或程序的规范,标准的统一适用被认为是安全与正常的国际航行所必需的(necessary),各缔约国须按照《国际民用航空公约》的规定予以遵守;如不可能遵照规定执行,则按照公约第38条的规定必须通知理事会。

建议措施指的是关于物理特征、结构、材料、性能、人员或程序的规范,希望能(desirable)得到统一应用,因为这将有利于国际航行的安全和效率的提高,各缔约国要按照《国际民用航空公约》的规定尽力遵守。

根据《国际民航公约》第38条的规定,任何缔约国如果不能完全遵行国际民航组织制定的国际标准和程序,或者在某项国际标准和程序修改后,不能使该国的规章和措施与之完全符合,或者该国认为有必要在某方面采用不同于国际标准所规定的规章和措施,则应立即将该国的措施和国际标准所规定的措施之间的差别,通报给国际民航组织。

任何缔约国如在国际标准修改以后,不对本国规章或措施做出相应修改,则应于国际标准修正案通过之日起的60天内通报理事会,表明即将采取的行动。之后,理事会应立即将国际标准和该国措施之间在一项或几项上所存在的差别通知其他缔约国。

3.4.3 空中航行服务程序

空中航行服务程序(PANS)是比标准和建议措施更加详细的运行措施和资料,具有全球适用性。PANS和SARPs一样,也涉及国际民用航空的各个方面,包括但不限于以下几项:事故调查,航路和地面助航设备,航空地图和图表,航空电信和无线电援助,适航和飞机识别,航空和空中交通管制规则,航空气象,搜寻及救援,安全管理和培训,等等。空中航行服务程序中的这些规定,促进了国际民用航空领域朝着安全、正常和高效的方向发展。

3.4.4 国际民航组织如何制定各项标准

制定并维护国际标准和建议措施(SARPs)及空中航行服务程序(PANS),是《国际民用航空公约》的根本原则,也是国际民航组织的使命及其核心作用。

标准和建议措施及空中航行服务程序对于国际民航组织各成员国及其他利害相关方至关重要,因为正是它们保障了空地协调一致的全球航空的安全和高效,实现了世界范围内空中航行设施、服务职能与性能要求等方面的标准化,是国际民用航空运输业有序发展的根本基础。

标准和建议措施及空中航行服务程序的制定,遵循着一个结构清晰、透明的多阶段过程,通常被称为国际民航组织的“修订过程”或“标准制定过程”。这一过程牵涉到国际民航组织内部或与该组织密切相关的许多技术机构和非技术机构。一般情况下,正式批准将一项新的或者是经过修订的标准和建议措施或程序的初步提案纳入某一附件或空中航行服务程序需用大约两年时间。在特殊情况下,国际民航组织会根据所审议的提案性质及该组织优先事项安排的情况，将这一时间限度予以延长或缩短。

目前，国际民航组织管理着包含在《国际民用航空公约》19 个附件和 5 个空中航行服务程序和众多国际民航组织手册中的 12 000 多项标准和建议措施，其中的许多内容都在随着国际民用航空世界的发展和进步不断演变。

3.4.5　技术专家组

为确保所有新的或者经过修订的标准和建议措施及空中航行服务程序对国际民航用户实用有效，航行委员会通过多学科专家组成的技术专家组开展工作，大量专家经由航行委员会委派，加入某一专家组以实施总体工作方案中的具体项目。同时，航行委员会还借助各缔约国和其他国际组织的专长来拟定其技术提案。

国际民航组织秘书处为航行委员会各专家组提供支持，并为其任命一名秘书，而其各自的主席则从专家组成员当中选举产生。航行委员会现有专家组及其目标见表 3 - 4 所列。

表 3 - 4　航行委员会现有专家组及其目标

专家组	目　标
机场设计和运行专家组	制定并维护以下方面的标准、建议措施、程序及指导材料： ① 描述被污染跑道上航空器的运行情况的跑道表面状况全球报告格式。 ② 安装拦阻系统的运行问题及国家设计规范和验收标准。 ③ 机场协作决策（Airport Collaborative Decision Making，A - CDM）及业界最佳做法。 ④ 关于机场运行管理活动的程序。 ⑤ 包括援救与消防在内的机场应急响应。 ⑥ 改进型场面活动引导和控制系统（Advanced Surface Movement Guidance and Control Systems，A - SMGCS）。 ⑦ 直升机场的最后进近和起飞区特性。 ⑧ 障碍物限制面标准和建议措施及该方面用于航空研究的指导材料。
事故调查专家组	① 制定并维护事故、事故征候调查方面的规定，以资助全球航空安全计划。 ② 审议新的调查程序和方法，根据需要提出对有关规定和指导的修订。 ③ 审查附件 13 的附篇 E 及其他相关规定，确定用以加强对调查过程中收集到的安全信息的保护措施。 ④ 查明死亡率偏高的事故类型（例如：飞行失控，可控飞行撞地，跑道侵入、偏离）的前兆或与其相关的严重事故征候的类别，并讨论这些事故征候的调查策略。 ⑤ 考虑协助资源有限的国家，包括协助地区事故和事故征候调查组织（RAIOs）找到开展大规模调查的方法。 ⑥ 审议加强对事故和事故征候记录的保护，包括制定关于事故调查当局与司法当局之间的工作规程和指导。 ⑦ 推动制定涉及遥控航空器系统（Remotely Piloted Aircraft Systems，RPASs）的事故和事故征候调查的规定。

续表 3-4

专家组	目　标
适航专家组	制定并维护国际标准和建议措施及指导材料： ① 附件 8《航空器适航性》持续适航和航空器合格审定的规定。 ② 附件 6《航空器的运行》中有关维修的规定。 ③ 附件 7《航空器国籍和登记标志》。 ④ 督促与适航有关的认证和监管体系协调一致。
空中交通管理运行专家组	为确保全球空中交通管理的运行环境协调一致，并考虑到源自航空系统组块升级(Aviation System Block Upgrades，ASBUs)的各项要求，以及来自其他渠道所阐述的对空中交通管理的各项要求(如：空中交通服务(ATS)、空域管理(Airspace Management，ASM)、空中交通流量管理(Air Traffic Flow Management，ATFM))，制定战略以及互相协调的解决办法。制定并维护以下方面的标准和建议措施(SARPs)、空中航行服务程序(PANS)及指导材料： ① 空中交通服务。 ② 空中交通流量管理。 ③ 空中交通管制程序和用语。 ④ 空域管理。 ⑤ 军民航协调。
空中交通管理要求和绩效专家组	为了配合全球空中航行计划，该专家组将在审慎考虑未来空域和机场容量的需求，可用的通信、导航和监视系统的基础上，制定有关概念、标准和建议措施，以及空中航行服务程序和相关指导材料，用以支持飞行信息和流量信息的协同环境(Flight and Flow Information for a Collaborative Environment，FF-ICE)、航空器进入的全系统信息管理(System Wide Information Management，SWIM)，以及基于航迹的运行(Trajectory-Based Operations，TBO)的概念。
通信专家组	① 制定并更新全球空中航行计划概述的航空通信协调一致战略和有关计划。 ② 对语音及数据通信进行整合并制定运行要求。 ③ 监测空中交通管理通信系统及相关设施的开发及实施。 ④ 根据要求，为以下 8 个方面制定规定和指导材料： a) 空中交通服务的空对地和地对地的数据应用； b) 基于性能的通信和监视框架； c) 遥控航空器的指挥和数据链； d) 遥控航空器的空中交通管制链； e) 语音卫星通信； f) 支持空中交通管理语音和数据通信的程序； g) 关于空中交通管理通信网络安全的规定； h) 支持上述 7 项内容的基础设施。

续表 3－4

专家组	目　标
危险物品专家组	通过制定并维护关于航空安全运输危险物品的适用标准和建议措施、技术细则及其相关文件和指导材料，拟定并保障一项全球战略行动以处理与航空运输危险物品相关的各种风险。这些内容包括但不限于以下 5 个方面： ① 推动旨在促进安全运输的组织间、多方式联合运输的协调一致。 ② 查明危险物品安全规章中的缺陷。 ③ 查明与通过航空运输危险物品有关的风险。 ④ 制定基于绩效的风险减缓战略。 ⑤ 制定危险物品培训和外联指南，以实现所有从业实体完全符合各项规章。
飞行运行专家组	在以下 3 个方面制定并维护包括飞行记录仪相关规定在内的标准和建议措施及指导材料，以支持相关事故和事故征候调查： ① 商业航空运输运行。 ② 通用航空运行。 ③ 直升机运行。
频谱管理专家组	① 制定并维护标准和建议措施及指导材料，以促进通信、导航和监视系统的频率管理。 ② 与负责通信、导航和监视系统的专家组密切合作，更新关于国际民航组织频谱战略的提案，制定未来频谱的要求，以支持上述系统。 ③ 更新国际民航组织关于所有相关航空频谱分配的具体政策提案。 ④ 为即将举行的国际电联世界无线电通信大会（World Radiocommunication Conferences，WRC）拟定国际民航组织的参会原则。 ⑤ 根据需要，协助国际民航组织秘书处为国际电联无线电通信部门（ITU－R）的有关研究拟定意见材料，以确保在拟定国际电联无线电通信部门的建议和报告，以及为即将举行的世界无线电通信大会拟定解决办法草案时，照顾到国际民用航空的相关利益。 ⑥ 处理航空来源与非航空来源无线电之间的干扰问题。
仪表飞行程序专家组	制定并维护飞行程序方面的标准和建议措施及指导材料（例如：空中航行服务程序——运行、Doc 8697 号文件、Doc 9905 号文件和 Doc 9906 号文件），进而提高安全性，增加终端区空域容量和利用率，增强所有天气条件下的机场、直升机场的可进入性以及更加高效地向进、出航线的空域过渡。该专家组的主要工作内容包括以下 4 个方面： ① 新的仪表飞行程序（IFP）设计标准，以便应对空中航行系统的进步、航空器不断加强的能力以及新的运行概念。 ② 仪表飞行程序的监督要求。 ③ 用仪表飞行程序设计标准统一制图标准、数据库和航空电子引导系统，促进空中交通管制与飞行机组之间的高效通信。 ④ 当仪表飞行程序设计标准和建议措施及准则变化时，对受影响的《公约》附件及国际民航组织文件进行相应修订。

续表 3-4

专家组	目　标
情报管理专家组	① 界定全球可互用性框架(包括一套最低标准的“全球使用案例”),其中应当包含此后进一步开展的各个项目。 ② 定义并阐述空中交通管理的情报管理概念、功能及相关措施,包括业务模型,以便提供空中航行系统内部参与者所需的可信、有质量保证且及时的情报,并在全系统范围被用来支持航空器运行(包括全面的飞行和流量信息的协同环境、数字气象情报交换和航行通告系统审查)。 ③ 查明保持空中交通管理情报安全、完好性、保密性和实用性所需的服务质量要求,同时避免对安全至关重要的空中交通管理情报遭受蓄意破坏或修改的风险。 ④ 拟定一个空中交通管理的情报服务机构。 ⑤ 根据全球空中航行计划中概述的组块和运行改进措施,考虑到空中航行服务的所有利害相关方的情报要求,以及为提供可互用环境的标准和建议措施的各项要求和对现行标准和建议措施的修改要求,该专家组将从以下三方面入手: a) 根据全球空中航行计划概述的路线图,拟定开展全系统信息管理所必要的标准和建议措施; b) 提供恰当的目标和要求,以便作为其他小组酌情拟定标准和建议措施的基础; c) 更新并维护情报管理路线图。 ⑥ 为实施包括未来航空电子设备要求在内的全球全系统信息管理及新的情报交换格式,拟定必要的过渡战略和指导措施。 ⑦ 结合未来空中交通管理的要求和能力,为预期的数据和信息流制定计划,并为相关的辅助设施进行能力评估。
气象专家组	气象专家组按照以下 5 个目标开展工作: ① 按照已经查明的运行要求,定义并阐述提供航空气象服务的概念,包括提供具有质量保障和成本效益的航空气象服务及情报所必需的职能和措施,并通过全系统信息管理(SWIM)来支持未来全球通用的空中交通管理系统。 ② 查明为满足已经查明的运行要求所必需的科技能力。 ③ 制定并维护国际空中航行气象服务所必需的国际民航组织规定。 ④ 制定并维护按照全球空中航行计划提供航空气象服务及情报过渡战略的航空气象集成路线图(或类似路线图)。 ⑤ 拟定通过全球、多地区、地区、次地区和国家、当地气象系统的恰当协作以增进航空气象服务互用性的提案。
导航系统专家组	① 为全球空中航行计划中概述的全球导航协调一致的目标,制定并更新各项战略计划。 ② 监测空中航行系统和设施的发展与实施情况,以协调世界范围内有关工作的实施情况。 ③ 根据需要,制定与以下 6 个方面有关的标准和建议措施、空中航行服务程序及指导材料:

续表 3-4

专家组	目 标
导航系统专家组	a) 全球导航卫星系统(GNSS)核心星座的发展,包括引入新的星座(伽利略、北斗),以及现有星座的现代化(全球定位系统(GPS)、俄罗斯全球导航卫星系统(GLO-NASS)); b) 全球导航卫星系统增强系统的发展(星基增强系统、陆基增强系统、机载增强系统,包括先进接收机的自主完好性监测); c) 全球导航卫星系统薄弱性的问题,尤其是与无线电频率干扰有关的问题以及空间天气效应,包括定位、导航和授时的替代基础设施; d) 常规导航基础设施合理化; e) 无线电助航设备检测; f) 按照国际民航组织关于导航系统的现行规定,协调处理相关问题。
遥控航空器系统专家组	① 作为与国际民航组织遥控航空器系统相关的所有工作的联系人和协调人,确保该系统的全球互用性。 ② 制定遥控航空器系统的监管概念及相关指导材料,以支持并指导有关监管过程。 ③ 审查国际民航组织的标准和建议措施,提出修订建议并与国际民航组织其他专家组协调制定遥控航空器系统的标准和建议措施的有关工作。 ④ 评估有关规定对当前有人驾驶航空领域的影响。 ⑤ 根据需要开展协调工作,以支持在国际电信联盟(ITU)世界无线电通信大会(WRC)上的有关协商,形成关于遥控航空器系统指挥和控制带宽及频谱要求的共同立场。
间隔和空域安全专家组	为了配合全球空中航行计划,该专家组将考虑以下3个方面的情况,以制定支持最低间隔标准的标准和建议措施、空中航行服务程序及相关指导材料: ① 关于空域和机场容量的未来需求。 ② 可用的通信、导航和监视系统。 ③ 拟定的安全水平。
安全管理专家组	为以下两方面的工作制定并维护国际民航组织的安全管理规定: ① 协助各国系统地管理航空安全风险。 ② 积极主动地实施与安全相关的组织战略,以提高安全绩效。
监视专家组	① 制定并维护涵盖以下6个程序和技术方面的标准和建议措施及指导材料: a) 机载和地基航空监视系统; b) 机载避撞系统(Airborne Collision Avoidance System,ACAS); c) 相关设施和系统; d) 机载监视能力(如:加强飞行操作期间交通情境意识、进近目视间隔和场面情境意识); e) 先进的机载监视应用(如:间距管理和机载间隔); f) 地基安全网。 ② 与遥控航空器系统专家组协调,为遥控航空器(Remotely Piloted Aircraft,RPA)制定有关探测和规避能力的规定。

3.4.6 空中航行工作方案

国际民航组织在它的空中航行工作方案中，记录航委会各专家组及其他专家小组的当前工作进展及预计开展的未来工作。这些工作的开展将有力地支持国际民航组织关于安全和空中航行能力及效率的高层次战略目标，以及全球航空安全计划(GASP)和全球空中航行计划(GANP)中描述的相关优先事项的实施。

在国际民航组织秘书处的支持下，航委会将按照有关规定，保证每个日历年至少对空中航行工作方案进行一次维护和审查。这一审查过程可以确保航委会在时间表的计划之内对所有必要的工作查明进度，并对其优先级重新安排，指派给恰当的航委会专家组或其他专家小组完成计划。

空中航行工作方案由 GASP 和 GANP 提供指导，可以称得上是协助国际民航组织开展标准制定进程的航委会各专家组及其他专家小组所有工作方案的基石。通常情况下，航委会指派给这些专家小组的工作包括拟定新的或修订标准和建议措施及程序，以便纳入《国际民用航空公约》的各个附件或空中航行服务程序当中。航委会还监测相应技术指导材料及其他要素的实用性，以协助各缔约国和民航运输业实施新的或者经过修订的标准和建议措施及空中航行服务程序。

空中航行工作方案与标准制定过程具有深刻的内在联系，因为有关新的或者经过修订的标准和建议措施或程序的每项工作方案，都要经过必需的审查和批准阶段。我们可以看到一个有利于空中航行工作方案及时实施的可取做法，即为新的或者经过修订的附件或空中航行服务程序，及时提供可以促进其实施的相关技术指导材料。

第 4 章　ICAO 的法规体系

4.1　概　况

本章介绍《国际民用航空公约》及其附件以及其他公约、相关规范性文件，以使读者对其法规体系有进一步的认识。

为保障全球航空事业安全高效运行，ICAO 发布了一系列法规文件，包括《国际民用航空公约》及其附件、空中航行服务程序、文件、通告、期刊等。

ICAO 法规的适用范围各有不同，也有不同的效力。

公约，是由各缔约国公开讨论并达成一致意见后所签订的，其规定了各缔约国应承担的义务。

附件，是从《国际民用航空公约》正文中分离出来，作为《国际民用航空公约》的组成部分而做专门详细规定的文件；附件中的标准和建议措施是根据《国际民用航空公约》的规定由理事会通过的。

空中航行服务程序，是对附件的补充，针对具体情况、具体时期做出的更详细的规定。

文件，是在秘书长授权下编发的技术手册或技术指南材料，以促进国际标准、建议措施、服务程序的顺利执行和统一实施。

4.2　公　约

4.2.1　《国际民用航空公约》

1. 概　述

《国际民用航空公约》，通常称《芝加哥公约》。1944 年，在美国政府的邀请下，54 个国家于 11 月 1 日—12 月 7 日参加了在芝加哥召开的国际会议，12 月 7 日，与会的 52 个国家签订了《国际民用航空公约》，并依照此公约成立了临时国际民用航空组织。

1947 年 4 月 4 日，即美国作为第 26 个国家递交批准书的 30 天后，《国际民用航空公约》在各缔约国间生效。此后，每当有国家加入《国际民用航空公约》，《国际民用航空公约》都将在其批准书交存后的第 30 天起对该国生效，这项规定也被写入了《国际民用航空公约》第 91 条。

《国际民用航空公约》开宗明义，在其序言中写道，签字各国应“使国际民用航空按照安全和有序的方式发展，并在机会均等的基础上，使国际航空运输业务健康经济地开展”。《国际民用航空公约》第 1 条还明确规定：“各缔约国承认对其领土之上的空域具有完整主权，不容别国侵犯。”

加入《公约》，即意味着加入了国际民航组织，到目前为止，其缔约国总数为 191 个。《公约》是国际民航组织成立、开展工作和日常运转的法律依托，被称为国际民航组织的“宪章”，也是全球国际民航从业人员的“圣经”。

2. 签订背景和过程

自 20 世纪初莱特兄弟成功发明飞机以来，航空事业在 40 多年的时间里经历了迅猛的发展，尤其是两次世界大战，极大地推动了航空技术的革新和进步。随着航空运输业的日益发展和国际拓展的趋势，渐渐地需要一个统一的技术标准和法律规则，需要一个国际性的航空组织。

1919 年 10 月，在巴黎和平会议上通过了《关于空中航行管理的公约》，即《巴黎公约》，于 1922 年 7 月 11 日生效。该公约仅 38 国批准通过，美苏两个最大的航空巨人并未批准，致使该公约在国际上的影响力不大，后来也未能成为统一的国际标准。根据该公约成立了空中航行国际委员会(International Commission for Air Navigation，简称 ICAN)，作为国际民航常设机构，总部设于巴黎，后来成为国际民航组织的前身。ICAN 秘书处初期仅有 8 名成员，艾伯特·罗珀任秘书长，后成为 ICAO 首任秘书长。

1928 年，在古巴共和国的哈瓦那市召开的美洲国家第六届国际代表大会上签订了《哈瓦那公约》，该公约仅美国和西半球 20 几个国家参加。但该公约侧重点并不在国际民用航空，也无技术附件及常设组织。

1929 年 9 月 12 日，在波兰华沙签订了《统一国际航空运输某些规则的公约》，即《华沙公约》，1933 年 2 月 13 日生效，后经多次修改。我国于 1957 年 7 月加入，1958 年 10 月对我国生效。该公约的主要内容包括航空运输的业务范围、运输票证、承运人的责任、损害赔偿标准等，形成了国际航空运输上的“华沙体系”。

1944 年 11 月 1 日—12 月 7 日，应美利坚合众国政府的邀请，54 个国家的代表参加了在美国伊利诺伊州芝加哥召开的会议，以便“为随即建立临时性的世界飞行航路和业务做出安排”，并“成立一个过渡性的理事会，以收集、记录和研究有关国际航空的数据，并提出有关改进的建议”。该次会议还“就通过一项新的航空公约需要遵循的原则和方法开展讨论。”

美利坚合众国政府早已与若干国家开展了探索性的双边会谈，然后再由美利坚合众国政府、联合王国政府、加拿大政府以及澳大利亚与新西兰两国政府在拟定并提交会议审议的四项提案草案的基础上召开会议。随即，大会在常规的工作委员会(执行委员会、提名委员会、指导委员会、代表资格审查委员会，以及规则与条例委员会）之外又组建了四个含有附属委员会的技术委员会，它们包括：第一委员会（多边航空公约和国际航空机构）、第二委员会（技术标准和程序）、第三委员会（临时空中航路）和第四委员会（过渡理事会）。

大会工作被划分为几项：设立一项长期的多边公约和一个国际航空机构；建立国际技术标准和程序；完善有关临时飞行航路的安排；在一项完备的公约得到批准后（可能需要3年的时间），建立一个过渡理事会，以便在国际航空中发挥作用。

在开展这些讨论之初，多边航空公约和国际航空机构委员会拒绝了新西兰和澳大利亚有关对全球骨干航路的民航业务实行国际所有权和运行的联合提案。对该提案的拒绝表明了大会不希望出现对飞行业务实行广泛国际管控的倾向。

在需要委员会讨论的其余三项提案中，美国的方案是呼吁建立一个国际航空管理机构，但其权力应限于技术和咨询方面；加拿大的方案旨在成立一个拥有分配航路、审查费率、确定航班频率的国际管理机构，但诸项权力应受到该管理机构必须服从的特定规章的限制；而联合王国的方案则建议这一国际管理机构在分配航路、固定费率和确定航班频率方面拥有更多的自由裁定权。

可想而知，在三个方案中，没有一个方案会在讨论中被完全接受，会议若要达成一致，最终提案将是各个方案的综合。

当与会者意识到此问题后，开放会议被宣布暂停，11月12日—20日，来自联合王国、美利坚合众国和加拿大的代表团几乎都在马不停蹄地举行闭门会谈，就其不同的提案进行协调。经过这9天的会谈，它们得以向大会拿出“未做出承诺的”提案，以便达成一项联合的“主要与空中运输有关的国际航空公约一节内容的部分草案”，其中包含某些空白的条款，因为这些条款仍在讨论之中。

会议有关拟议的世界航空机构的初步讨论主要集中于该机构是否将具有分配航路、确定费率和特定航路运行的固定频率的职能问题。联合方案对前两个问题做了否定的回答，但对第三个问题未置可否。因此，会议表示，拟议的机构在涉及经济问题时，将只具有顾问和咨询职能。

至于该机构的构成，联合方案建议成立一个由各成员国代表组成的大会，在选举代表“空中运输最重要的”成员国的七人委员会时，每个成员国拥有一票表决权。该委员会将执行大会的指示，建立世界航空管理部门的工作人员编制，发布与国际航空业务有关的信息，包括运行成本和由公共资金向运营商支付的补贴方面的数据。

该方案的重要条款主要包括：

① 每个国家将在本国的边境和领土范围内，为本国运营人保留交通始发和终到权；

② 委员会将有权指定地区和下属委员会对国际航空运输的各个领域开展调查；

③ 委员会将接受有关降落设施不足的投诉，建议并帮助做出财务改进；

④ 客运和货运费率将由区域性运营商协会在合理水平上加以确定。应一个或

更多成员国的请求,委员会将建议改变运营商会议所确定的费率。如运营商不服从建议,委员会可自行设定费率,除非相关成员国不予批准,否则新费率将生效。

这就是摆在各位代表面前的方案的主要内容。随后,在美国和联合王国代表团向大会提交了各自的有关飞行和航班运行频率自由的提案后,难题随之而来。美国和联合王国在有关如何在长途飞行中控制中转上下乘客的概念上存在着差异。这一问题涉及空中自由的第五项(“五项空中自由”包括:和平过境的自由;非载运降停的自由(加载燃料、维修或避险);从本国载运客、货、邮件飞往任何国家的自由;从任何国家载运客、货、邮件飞往本国的自由;在经停站上下乘客的自由),即航班在穿越若干国家的长途飞行中,在经停站上下乘客的权利。美国和联合王国都同意,这项权利应受到限制,以便使那些属于直飞航线经停站的国家的航班能够有机会与穿越整个航路的航班开展竞争。然而,它们在有关实现这种限制的方法上产生了分歧。

会议能否就最终目标达成协议,取决于能否解决这个难题,如果不能解决,那么会议将回到最初的方案,即通过国家之间的双边谈判而不是通过每个成员国向其他国家无差别地给予商业过境特权为国际航路做出安排。

无止无休的讨论表明,没有一种能够满足所有观点和所有解决方案的万全之策。于是,美国建议会议拟定分别包含各国在何种程度上互相给予互惠权利(即上述的五项“空中自由”)的协议,供那些希望交换该权利的国家签署。

显然,无限制地向任何其他国家给予所有这五项自由涉及如此多的因素(其中很多都与航空无关),以至于根本无法达成协议。正是由于试图解决这一难题,才对一个方案又一个方案进行了久拖不决的讨论,从而给人造成了会议失败的完全错误的印象。与之相反的是,芝加哥会议的成果十分显著,它们包括以下六大方面:

第一,《国际民用航空公约》这一十分重要的永久性国际条约得到缔结并开放供签署。尽管缺少争议很大的经济条款,但这项文书仍使空中最基本的公共国际法得以完全现代化。《国际民用航空公约》原本意在取代 1919 年 10 月 13 日签署的《关于空中航行管理的公约》,在 1947 年 4 月 4 日生效时,它达到了这一目标。它还为国际民用航空组织这一新的永久性国际组织提供了一部章程,该组织如今已取代了此前范围有限的国际组织,即空中航行国际委员会。

第二,《国际航班过境协定》(通常被称为“两项自由”协定)得以缔结并开放供签署。截至 1947 年 6 月 30 日,该协定被 36 个国家所接受。它对于打破此前限制国际空中商业发展的枷锁贡献甚巨。

第三,《国际航空运输协定》(通常被称为“五项自由”协定)得以缔结并开放供签署。尽管当时人们了解到若干国家将不会接受该协定,但对于那些确实接受该协定的国家,它发挥了一种临时的帮助作用。接受国家的数目最多时达到 17 个,但目前又有所下降,因为有 4 个国家退出了该协定。美国于 1946 年 7 月 25 日发布了不再接受该协定的通知,并于 1947 年 7 月 25 日停止作为该协定的缔约方。

第四,会议拟定并提出了空中航路交换双边协议的标准格式,作为会议最后文件的一部分。这一标准格式随后被广泛使用，在需要签署的新的双边协议保持一致性方面贡献甚巨。

第五，过渡性的《国际民用航空协定》得以缔结并开放供签署。该协定于 1945 年 6 月 6 日生效，成为国际民用航空很多阶段的过渡期依据和国际民航组织临时章程。在《国际民用航空公约》于 1947 年 4 月 4 日生效之际，该过渡性协定被取代。

第六，围绕国际民用航空的技术和操作问题，建立了世界范围的共同基础。正如在本卷"技术附件草案"的标题下印刷的内容，这次会议的技术文稿包含的建议书长达 188 页，内容涉及航空器适航性、空中交通管控等问题。在芝加哥编拟的技术性建议书，以及后来由临时的国际民用航空组织编拟的对其的修订，成为全球通用的实践指南，对于国际民航事业自 1945 年以来的突飞猛进的发展意义重大。

基于这一系列成就，我们可以肯定地说，在芝加哥召开的国际民航会议是有史以来最为成功、最富有成效和最有影响的国际会议之一。

《芝加哥公约》封皮

《芝加哥公约》

3. 文本结构

《国际民用航空公约》除序言和结尾外，共四个部分、22 章、96 条。四个部分分别是：空中航行、国际民航组织、国际航空运输和最后条款。此外，《国际民用航空公约》还包含 19 个附件，即《国际民用航空公约》签订时的 12 个附件和之后陆续增加的 7 个附件。

4.《国际民用航空公约》译本

《国际民用航空公约》在签订之初只有单一的英文文本，1968 年 9 月 24 日增加了法语和西班牙语译本，1977 年 9 月 30 日增加了俄语译本，1995 年 9 月 29 增加了阿拉伯语译本，1998 年 10 月 1 日增加了中文译本，但后两种译本现在尚不具有法律效力。

5. 修订情况

《国际民用航空公约》虽然在1944年签订至今的70多年间经过多次修订，但重大、实质性的修订很少，多数修订内容为诸如理事会和航委会的扩大或是增加不同语种的文本等，非实质性内容的修订。此外，在1950年的第四届大会上曾对修订《国际民用航空公约》作出相关决议，增大了修订《国际民用航空公约》的难度。

1947年5月，《国际民用航空公约》刚刚生效，ICAO第一届大会根据联合国大会决议作出决议，宣布被驱除出联合国的国家自动丧失ICAO成员国资格，并要求各相关机构采取同样立场，为此增设了第93分条。

1980年增加第83分条，将《国际民用航空公约》规定的某些职能和义务转移到另一缔约国。

1984年增加第3分条，明确禁止对民用飞机使用武器。

《国际民用航空公约》第94条第1款规定：任何修正案，必须经过大会2/3票数通过，并在大会规定数量的缔约国批准后，对已经批准的国家生效，规定的国家数目应不少于缔约国总数的2/3。

4.2.2 其他国际公约

国际上关于民用航空事业陆续签订过的公约非常多，影响力各有不同，大多数只适用于少数国家，本节只是列举部分影响力较大的公约以供参考。

(1) 华沙系列

- 《华沙公约》(1929年)：
  对旅客死亡最高赔偿额125 000金法郎(约USD8 300)；
  行李每公斤250金法郎(USD16.60)。
- 《海牙议定书》(1955年)：
  对旅客赔偿加倍，250 000金法郎(USD16 600)。
- 《瓜达拉哈拉公约》(1961年)：
  延伸适用于实际承运人。
- 《危地马拉议定书》(1971年)：
  旅客最高赔偿150 000金法郎(约USD10 000)，延误每人62 500金法郎。
- 《蒙特利尔附加议定书》(1975年)：
  1号：将"黄金条款"改为"特别提款权"(SDR)。
  2号：将《海牙议定书》规定的赔偿额转换成SDR。
  3号：将《危地马拉议定书》的赔偿额转换成SDR。
  4号：将货物赔偿定为每公斤17SDR。
- 《蒙特利尔公约》(1999年)：
  双梯次责任赔偿体制，每人100 000SDR或更高。

● 《蒙特利尔协议》(1966 年)：
非政府间，仅适用于飞往、来自和经停美国的航班，最高赔偿每人 USD75 000，或 USD58 000(不含法律费用)。

(2) 航空安保公约系列

● 《东京公约》(1963)：
针对机上犯罪行为。

● 《海牙公约》(1970)：
针对非法劫机行为。

● 《蒙特利尔公约》(1971)：
针对劫机以外的破坏行为。

● 《蒙特利尔议定书》(1988)：
针对在机场的暴力行为。

● 《蒙特利尔公约》(1991)：
标记塑料爆炸物。

● 承认航空器权利的公约(1948，日内瓦)。

● 外国航空器对第三者造成损害的公约(1952，罗马)。

● 移动设备国际公约及航空器议定书(2001，开普敦)。

● 正在研究的国际法律文书——非法干扰行为或一般风险情况下航空器对第三方造成损害的赔偿的公约：
北京公约(2010 年 9 月 10 日，北京)：制止与国际民用航空有关的非法行为。
北京议定书(2010 年 9 月 10 日，北京)：制止非法劫持航空器公约的补充。

4.3　《国际民用航空公约》附件

《国际民用航空公约》现在共有 19 个附件，其中前 12 个是在 1944 年与《国际民用航空公约》一同签订的，后面 7 个则是根据国际社会和航空运输业的发展变化在国际民航组织的运行过程中陆续增加的。

19 个附件详见表 4 - 1 所列。

附件包含标准、建议措施、附录、附篇和注释等，各部分具有不同的法律层级。

标准是所有关于国际民用航空业的物理特性、结构、材料以及人员特性的规定，这些规定的统一执行是国际民用航空安全有序运行的必要保障，各缔约国应当遵守标准中的规定。同时，根据《公约》第 38 条的规定，各国有义务向理事会汇报偏离标准的行为，国际民航组织会定期对缔约国开展合格性审查。需要注意的是，标准中的部分规定整合和参考了建议措施中的规定，在这种情况，应当以建议措施中的规定为标准。

建议措施中同样制定了所有关于国际民用航空业的物理特性、结构、材料以及人员特性的规定，这些规定的统一执行有助于国际民用航空的安全有序运行，各缔约国应当尽可能地遵守建议措施中各项标准的规定。ICAO 并不强制缔约国遵守建议措施，也不会对缔约国开展合格性审查。

表 4－1 《公约》附件

附　件	名　称
附件 1	人员执照的颁发(Personnel Licensing)
附件 2	空中规则(Rules of the Air)
附件 3	国际空中航行气象服务(Meteorological Services for International Air Navigation)
附件 4	航图(Aeronautical Charts)
附件 5	空中和地面运行中所使用的计量单位(Units of Measurement to be Used in Air and Ground Operations)
附件 6	航空器的运行(Operation of Aircraft)
附件 7	航空器国籍和登记标志(Aircraft Nationality and Registration Marks)
附件 8	航空器适航性(Airworthiness of Aircraft)
附件 9	简化手续(Facilitation)
附件 10	航空电信(Aeronautical Telecommunications)
附件 11	空中交通服务(Air Traffic Services)
附件 12	搜寻与援救(Search and Rescue)
附件 13	航空器事故和事故征候调查(Aircraft Accident and Incident Investigation)
附件 14	机场(Aerodromes)
附件 15	航空情报服务(Aeronautical Information Services)
附件 16	环境保护(Environment Protection)
附件 17	安保:保护国际民用航空免遭非法干扰行为(Security)
附件 18	危险品的安全航空运输(The SafeTransport of Dangerous Goods by Air)
附件 19	安全管理(Safety Management)

附录主要包含为方便查阅而独立分组的材料，但其是作为标准和建议措施的一部分经由理事会审核批准通过的，若附录作为标准的一部分，那么它就是强制执行的，各缔约国必须遵守附录中的要求，其他则不强制执行。

附篇是标准和建议措施的补充，并提供一些指导性材料。附篇的内容同样不强制缔约国遵守，只作为与标准和建议措施一同出版的材料，具有一定的参考价值。

注释通常是被安排在文中恰当的位置，用来介绍一些标准和建议措施的实际应用情况，或引述一些文字，但其不作为标准和建议措施的一部分，因此也不要求强制执行。

4.3.1　附件 1《人员执照的颁发》

1. 历史背景

1948 年 4 月 14 日，国际民航组织理事会根据《国际民用航空公约》第 37 条的规定，通过了《人员执照的颁发》，并将其定为《公约》的附件 1，于 1948 年 9 月 15 日正式生效。

2. 适用范围

附件 1 中包含了国际民航组织所有关于人员执照颁发的最低标准和建议措施，适用于此附件规定的所有执照与所有等级的申请人以及重新认定后的持有人。

对于现行执照颁发规定的修订，原则上适用于所有的执照申请人和持有人。但对于已经持有执照的人员，附件要求在必要时通过重新考核个别执照持有人的知识、经历和技术熟练程度，以对其进行重新评定，相关事项由各缔约国酌情处理。

3. 主要内容

航空器运行离不开飞行员、其他空勤人员和地面人员。因此，相关从业人员的资格、技能和培训是航空器高效运行和安全运行的基本保证。实行标准的人员培训和执照颁发流程，可以使航空人员的资历得到国际承认和接受，并且能大大提高乘客对于航空这一出行方式的信任。

附件 1 中的标准和建议措施对飞行机组成员（飞行员、飞行机械师和飞行领航员）、空中交通管制员、航空站经营人、维修技术员和飞行签派员的执照颁发流程作了规定，相关培训手册也向各缔约国提供了关于培训课程的范围和详细的指导，以确保人们对空中航行的安全充满信心。这些培训手册还为其他航空人员的培训提供了指导，如机场应急人员、飞行运行管理者、无线电话务员和其他有关领域的人员。

当前，航空器运行的环境复杂多变，而人又恰恰是航空器运行环节中至关重要的一环。由于人具有很大的灵活性和多变性，航空业必须防范可能由于人的失误或系统组件故障导致的整个系统失效。因此，我们必须通过进行适当的培训，保证航空人员熟练掌握相关技能，最终把人为失误减至最少。附件 1 和《国际民航组织培训手册》描述了在各个岗位精通业务所需的技能，这将帮助航空从业人员胜任各项工作。此外，附件 1 还要求从业人员按照相应的体检标准进行定期的健康检查，对可能造成能力丧失的身体状况发出预警，这将有助于保障飞行机组成员和管制人员的总体健康水平不下滑。

国际民航组织还向各成员国提供了人的因素中关于人的能力和局限性等课题的相关信息，以及自行设计适当培训方案所需的材料，旨在提高各成员国对于人的因素在航空运行中重要性的认知，从而提高航空运行的安全性。

执照颁发是对特定活动予以授权的一种行为。由于不适当地从事此种特定活动可能会产生十分严重的后果，各缔约国应该禁止此种活动在未经授权的情况下发生。因此，附件 1 强调了执照申请者必须达到其所规定的能够从事相关工作的要求。为颁发执照而进行的体检能够保障申请者的身体健康和行为能力，有关各方应当予以重视。

适当的培训和严格的执照颁发程序共同保障了航空从业者的合格性和航空运行的安全性。

国际民航组织在执照颁发方面的主要任务之一是解决执照颁发的差异性，以确保国际执照的颁发标准与现行做法，甚至和未来可能的发展情况尽可能协调一致。由于飞行机组将面对越来越大的空中交通密度、高度复杂的终端区格局和更精密的设备，这一要求的重要性将日渐显现。为完成这一任务，国际民航组织对附件 1 开展了定期修订工作，以适应迅速变化的环境。

4. 文件章节

附件 1 分为 6 章，分别是定义和关于执照的一般规则、驾驶员的执照和等级、驾驶员执照以外的其他飞行机组成员的执照、飞行机组成员以外的其他人员的执照和等级、人员执照的规格和颁发执照的体检规定；包含 3 个附录，分别是无线电话通信使用语言能力的要求、批准的培训机构和颁发多机组（飞机）驾驶员执照的要求；另有 2 个附篇，分别是国际民航组织语言能力评级表、飞机的多机组合格能力级别驾驶员执照。

4.3.2 附件 2《空中规则》

1. 历史背景

1945 年 10 月举行的第一届空中规则和空中交通管制（Rules of the Air and Air Traffic Control，RAC）专业会议对空中规则的标准、措施和程序提出了建议，经由航行委员会审议后，理事会于次年 2 月 25 日对其进行了批复，决定将其作为《空中规则——标准、措施和程序的建议》载于 Doc 2010 号文件第一部分，于 1946 年 2 月出版，此即附件 2 的雏形。

1946 年 12 月至 1947 年 1 月举行了第二届 RAC 专业会议，此次会议审查了 Doc 2010 号文件并提出了空中规则的标准和建议措施，理事会于 1948 年 4 月 15 日依据《国际民用航空公约》第 37 条予以通过，将其定为《公约》的附件 2，标题为《空中规则》，于 1948 年 9 月 15 日正式生效。

1951 年 11 月 27 日，国际民航组织理事会对附件 2 进行了第一次修订，删去了其中的建议措施。经修订的附件 2 中记载的标准于 1952 年 4 月 1 日正式生效，并于 1952 年 9 月 1 日开始适用。

2. 适用范围

此文件中的标准与附件 11 中规定的标准和建议措施，共同指导着《航行服务程序——空中交通管理》(PANS - ATM,Doc 4444 号文件)和《地区补充程序——空中规则和空中交通服务》(Doc 7030 号文件)的应用,后一文件中还包括了适用于地区的补充程序。

凡是在公海上进行的飞行活动,都应当注意到理事会于 1948 年 4 月通过的附件 2 和 1951 年 11 月对该附件进行第一次修订时做出的决定——本附件在《国际民用航空公约》第 12 条意义范围内,确定了航空器飞行和机动操作的规则。因此,这些规则在公海上一律适用,没有例外。

1972 年 11 月 15 日,理事会对附件 2 进行了第 14 次修订,并且强调了此次修订完全是为了加强飞行安全和确保为在公海上运行的航空器提供充分的空中交通服务。此次修订将不影响登记国对其航空器的合法管辖权或缔约国根据《公约》第 12 条实施空中规则的责任。

3. 主要内容

附件 2 旨在保障航空运行的安全高效,其主要内容包含一般规则、目视飞行规则(Visual Flight Rules,VFR)和仪表飞行规则(IFR)。这些规则无一例外地适用于公海上空,并且在不与被飞越国家规则相冲突的情况下,适用于这些国家的领土上空。空中规则的遵守由航空器的机长负责。

如果飞行机组能够保持离云层有一定距离,所谓"一定距离"的具体标准为水平方向至少 1 500 米,垂直方向至少 300 米(1 000 英尺),并保持前视能见度至少 8 公里,就可以被允许按照目视飞行规则飞行。对于直升机,以及在某些特定空域飞行或是低空飞行的飞行器,要求则相对宽松。但除非经特殊允许,航空器不能在夜间或在 6 100 米(20 000 英尺)以上按照目视飞行规则飞行。虽然各种气球都被归类于航空器,但无人驾驶的自由气球只能按照本附件规定的详细条件飞行。

除上述规定的天气情况外,飞行器必须遵照仪表飞行规则飞行。各国也可规定,不论天气条件如何,强制要求航空器在指定空域遵守仪表飞行规则飞行。驾驶员也可根据自身习惯,在天气状况良好的情况下选择按照仪表飞行规则飞行。由于大多数的航线运输飞机在任何时候都是按照仪表飞行规则飞行的,所以这些航空器不论天气条件如何,都能得到空中交通管制、空中交通咨询或者飞行情报的服务。

根据规定,按照仪表飞行规则飞行时,航空器必须装备与其所飞航路相适合的仪表及导航设备。在空中交通管制下运行时,航空器必须准确地保持指定给它的航路和高度,并随时向空中交通管制单位报告其位置。所有飞越国际边界的飞行和其他大多数从事商业运营的飞行,均须向空中交通服务部门提交飞行计划。飞行计划的内容包括航空器的识别标志和设备、起飞的时间和地点、所飞航路和高度、目的地和预计到达时间,以及如果无法在目的地降落时将使用的备降机场。此外,飞行计划还必须写明是按照目视飞行规则还是仪表飞行规则飞行。

关于航空器在空中相互规避的问题,附件 2 做出了如下规定:无论飞行计划是何种类,驾驶员在目视飞行条件下,均根据"看见就避让"的原则来避免碰撞。而按照仪表飞行规则飞行的航空器则听从空中交通管制单位的指挥,空中交通管制单位会对同一空域的飞行器进行隔离,或是给予航空器关于碰撞危险的航行情报。

空中的航行优先权规则与地面、水面的有关规则相似。但是,由于航空器是在三维空间运行,就需要一些额外的规则。例如,当两架航空器在同一高度层交叉相遇时,除非它们必须把航行优先权让给飞艇、滑翔机、气球以及拖曳物件的航空器,否则位于右侧的航空器享有航行优先权。当两架航空器同向接近时,被超越的航空器享有航行优先权,而超越的航空器必须向右改变航向,与对方保持适当间隔。当两架航空器迎面接近时,它们都必须向右改变航向。

不论出于什么理由,拦截民用航空器都具有潜在的危险,因此,国际民航组织理事会在附件 2 中制定了一些专门的建议,并敦促各国通过制定相应的规章制度并开展管理行动予以执行,这些专门建议载于附件 2 的附篇 A 中。

4. 文件章节

附件 2 分为 5 章,分别是定义、空中规则的适用范围、一般规则、目视飞行规则和仪表飞行规则;包含 4 个附录,分别是信号和民用航空器被拦截、巡航高度层表、遥控驾驶航空器系统、无人驾驶自由气球;另有 2 个附篇,分别是民用航空器被拦截、非法干扰。

4.3.3 附件 3《国际空中航行气象服务》

1. 历史背景

1948 年 4 月 16 日,理事会根据《国际民用航空公约》第 37 条的规定,首次通过了有关气象的标准和建议措施,并将其定为《公约》的附件 3,名为《国际空中航行气象服务》。

这些标准和建议措施是根据 1947 年 9 月举行的气象专业特别会议的建议制定的。附件 3 的附表 A 中列出了随后各次修订的原因,所涉及的主要内容清单、理事会通过或批准该附件和各次修订的日期,以及其生效和执行的日期。

2. 适用范围

附件 3 中的标准和建议措施为《地区补充程序》(Doc 7030 号文件)的实施提供了指导性意见,该文件中载有对附件 3 中许可的地区性选择的说明。

3. 主要内容

航路和目的地机场的气象条件对于空中航行的安全性来说是至关重要的,飞行员需要了解上述气象条件,才能在航行过程中做出正确的判断。因此,附件 3 通过向营运人、飞行机组成员、空中交通服务单位、搜寻和救援单位、机场管理部门以及其他与航空有关的各方提供必要的气象信息,来保障空中航行的安全和高效运行。

在国际机场，通常由气象室向航空用户提供气象情报。气象室应当具备可靠高效的电信设施，并在一般条件下保证于15秒内可以与管制塔台或进近管制室建立起联系，以便及时为空中交通服务部门和搜寻与援救部门提供情报。

一般气象室应当为航空人员提供机场报告和机场预报。机场报告包括地面风、能见度、跑道视程、现行天气、云况、空气和露点温度以及气压等相关参数信息，每30分钟或1小时发布一次。如果有任何参数变化超过预先确定好的安全限度，还应当补充发布特殊报告。机场预报包括地面风、能见度、天气、云况和温度，每3小时或6小时发布一次，有效期为9～24小时，有关的气象室应对机场预报进行持续监测，必要时加以修正。一些国际机场还提供包括跑道综合区预见的地面风、能见度、天气和云况等在内的着陆预报，以满足着陆航空器的需要。着陆预报附在机场报告后，有效期为2小时。此外，多数国家都提供气象讲解服务以协助飞行员进行飞行规划，其形式也越来越多地采用自动系统。讲解服务常常以气象图的形式给出包括航路上的天气状况、高空风和高空气温在内的详细资料，还有航路上有害气象现象的警报、目的地机场及备降机场的报告和预报等信息。

除常规的气象服务外，各国际机场还设有气象观察室，为飞行中的航空器提供诸如雷暴、热带气旋、严重飑线、大冰雹、严重颠簸、严重积冰、山地波、沙暴、尘暴和火山灰云等重大天气变化的情报；发布可能对航空器或地面设施产生不利影响的机场气象状况警报，如预计的暴风雪警报；发布爬升和进近航道上的风切变警报。值得一提的是，观察室除了检测和发布预警外，也要求飞行中的航空器报告航路上碰到的恶劣天气现象。所有上述的这些报告都会由空中交通服务单位向所有有关的航空器发送。

在多数国际航路上，飞行中的航空器都会对高空风和温度做例行观察和数据采集活动，以供相关气象部门制作气象预报。这些工作都是通过空地数据链通信自动完成的。

气象信息除保证航空运行的安全性外，还能帮助航空从业者绘制一个可以利用风向节省燃油的最佳航路。在如今越来越重视环境保护和航空公司节约成本的情况下，气象信息的这一作用也就变得越来越重要。因此，国际民航组织建立了世界区域预报系统（World Area Forecast System，WAFS），其作用是向各国的航空用户提供关于高空温度、湿度、风和重大天气的标准化和高质量的预报。WAFS以两个世界区域预报中心为基础，使用最新的计算机和卫星通信（International Satellite Communication System，ISCS和Satellite DistributionSystem，SADIS），以数字形式制作全球预报，并将其直接发送给各国航空用户。

近年来，国际航空界发生了多次航空器遭遇火山爆发后的火山灰云事件，引起了各国和国际组织的关注。为了对火山灰云进行观察，并向飞行员和航空公司提供预警，国际民航组织在其他国际组织的协助下，设立了国际航路火山观察系统（International Airways Volcano Watch，IAVW）。IAVW主要依靠世界范围内的九个火山灰咨询中心向航空用户和有关气象室发布全球火山灰咨询信息。

随着技术的发展,越来越多的机场采用自动化的气象观察系统,来负责观察地面风、能见度、跑道视程、云底高、气温和露点温度,以及气压等气象信息,取得了显著的效果,基本能够满足当今航空运行的要求。这一举措使得机场观察系统可以在机场非营运期间内使用,而且无须任何人为干预。

4. 文件章节

附件 3 分为 11 章,分别是定义,总则,世界区域预报系统和气象台,气象观测和报告,航空器观测和报告、预报,SIGMET 和 AIRMET 情报、机场警报和风切变警报及告警,航空气候资料,为运营人和飞行机组成员提供的服务,供空中交通服务、搜寻与援救服务和航空情报服务单位使用的情报,对通信的要求和使用;包含 10 个附录,分别是飞行文件——模板图和格式,与世界区域预报系统和气象台有关的技术规范,与气象观测和报告有关的技术规范,与航空器观测和报告有关的技术规范,与预报有关的技术规范,与 SIGMET 和 AIRMET、机场警报和风切变警报及告警有关的技术规范,与航空气候资料有关的技术规范,与为运营人和飞行机组成员提供的服务有关的技术规范,与供空中交通服务、搜寻与援救服务和航空情报服务单位使用的情报有关的技术规范,与对通信的要求和使用有关的技术规范;另有 4 个附篇,分别是运行上需要的测量或观测精度,运行上需要的预报准确性,适用于机场报告的特选标准,仪表读数换算为跑道视程和能见度。

4.3.4 附件 4《航图》

1. 历史背景

1948 年 4 月 16 日,国际民航组织理事会根据《国际民用航空公约》第 37 条的规定首次通过了《航图》,并将其定为《公约》的附件 4。该附件于 1949 年 3 月 1 日起开始适用。附件 4 的表 A 中列出了该附件历次修订的时间、原因、所涉及的主要内容,以及各次修订的生效日期和适用日期。

2. 适用范围

本附件的规范于 2009 年 11 月 19 日(含)以后适用,其中第 2 章 2.4.4 和第 5 章于 2010 年 11 月 18 日(含)以后适用。

包含在附件 4 适用范围内的所有日期标注为 2009 年 11 月 19 日或其后的航图,在使用时都必须符合附件中相应的标准和建议措施。

3. 主要内容

航空运输由于其自身的特殊性,在飞行过程中并不接触到常规意义上的地理或政治边界,因此,它需要采用特殊的“地图”——航图。航图作为一个便利的媒介,因其易于管理、压缩和协调的优势为空中航行提供了完整、可操作并且权威可靠的航行情报。

俗话说“一图顶千言”，但是今天航图的作用远不止于此。航图不仅能够为空中航行提供大多数地图中常见的二维资料，它还能够准确地描绘出三维的空中交通服务系统。绝大多数国际民航组织的成员国都参与了航图的制作过程，航空界的许多部门也都是参照航图拟定航空规划和进行空中交通管制的。在航行全球化的今天，如果航图不能够实现全球标准化，那么驾驶员和其他的航图用户就很难由此有效地查找并读取重要的航行资料。因此，按照国际民航组织标准绘制的航图对于促进空中交通的安全性和高效性有着极大的帮助。

附件 4 规定国际民航组织的各缔约国有义务提供各种类型的标准航图，其中的标准和建议措施以及解释性说明详细地规定了航图的覆盖范围、格式、识别和内容，并将所使用的符号和颜色标准化。在已出版的航图中，若其标题中列明“ICAO/国际民航组织”字样，则说明该航图的制作者在制图过程中遵守了附件 4 中的相关标准和与 ICAO 特定类型航图有关的标准。

附件 4 的雏形来自于 1944 年在芝加哥召开的国际民用航空会议上通过的技术附件草案当中的附件 J——航空地图和航图。国际民航组织理事会于 1948 年首次通过了这一附件最初的标准和建议措施，其中规定了 ICAO 七种类型航图的规范。这一附件之后历经了共计 53 次修订，不断增删内容以适应空中航行和制图技术的快速发展。目前，国际民航组织的航图系列包括 21 种类型，每种类型的航图都是为了满足特殊用途而编定的。这些航图的覆盖范围十分广泛，甚至包括了单独机场/直升机场的详细航图，为飞行计划使用的小比例尺航图，以及驾驶舱显示的电子航图等。下面对一些国际民航经常用到的航图做简单介绍。

用于计划和目视导航的航图。是最常用的航图之一，它主要分为三种类型——航空领航图、世界航图和航空图，每种航图都使用了不同大小的比例尺。

航空领航图-ICAO。是一种小比例尺航图，该航图力求在规定尺寸的纸页上覆盖最广阔的区域，适宜用作规划远程飞行计划。

世界航图-ICAO。其比例尺为 1∶1 000 000，该航图涵盖了全球范围内的航空数据，并按照固定比例尺以统一格式列出，同时它还作为制作其他类型航图时的参考。

航空图-ICAO。其比例尺为 1∶500 000，相较于前述两类大尺度的航图，这一类型涵盖了更多的细节，在飞行员驾驶和领航培训中应用广泛；同时，它也适用于低速、短程或中程的航空器在低空和中间高度的飞行。

航路图-ICAO。今天，绝大多数定期航班都是按照无线电和电子导航系统划定的航路飞行的，因此不需要地面目视参照。他们所利用的导航参照的是仪表飞行规则，它要求飞行员遵守空中交通管制服务程序，这时主要使用的是航路图-ICAO。该航图标出了仪表飞行规则之下对航路导航具有重要意义的空中交通服务系统、无线电导航设施和其他航行资料，能够适应在航空器狭小的驾驶舱空间进行操作，其内容的编排、版式在不同的自然和人工灯光条件下都方便阅读。

作业图-ICAO。当飞行器跨越浩瀚的海洋或人烟稀少的缺乏地面导航手段的地区时，主要使用作业图-ICAO，这一类型的航图能够满足连续不断地记录航空器飞行位置的需要，有时也用于补充更为复杂的航路图。

区域图-ICAO。当飞行器接近其目的地时，需要更为详细地了解预期降落机场的周边地区。这时，区域图-ICAO能够向驾驶员提供从航路阶段过渡至进近阶段，以及从起飞过渡至飞行航路阶段所需的相关资料。这种航图被设计用来引导驾驶员遵守离场和进场程序以及盘旋等待程序，通常与下述的仪表进近图-ICAO上的资料协调使用。区域图还可以由雷达最低高度图-ICAO加以补充，以便飞行机组能对雷达管制所要求的高度进行监视和核对。

标准仪表离场图和标准仪表进场图-ICAO。当进场和离场的空中交通服务航路或者位置报告的要求不同，而无法将其在区域图上清楚地标出时，相关单位需要分别制作单独的标准仪表离场图(Standard Instrument Departure，SID)-ICAO和标准仪表进场图(Standard Instrument Arrival，STAR)-ICAO。

仪表进近图-ICAO。向驾驶员提供仪表进近程序的图形资料，以及机组在不能够执行着陆时应当遵守的复飞进近程序。这种类型的航图包括平面和剖面的进近示意图，并配有相关的无线电导航设施以及必要的机场地区的完整细节资料。当采取目视进近时，驾驶员可以参考目视进近图-ICAO，它标识了从空中易于辨认的机场基本布局和周围特征。除了提供地标方位之外，这种航图还被设计用来重点突出潜在的危险，比如障碍物、较高的地形和危险空域地区。

机场/直升机场图-ICAO。提供机场或者直升机场的标图，它能够使驾驶员辨认机场的重要特征，遵守滑行指令，并在着陆之后迅速腾空跑道或直升机场着陆区。这一类型的航图标出了机场/直升机场的活动区、目视指示器的位置、滑行引导设备、机场/直升机场灯光、机库、候机楼和航空器/直升机场停机位、校正检查导航设备的各个基准点，以及道面强度和无线电通信设施频率的运行资料。在大型机场，如果机场/直升机场图-ICAO不能清楚地标出航空器滑行和停机所需的全部资料，则通过机场地面活动图-ICAO和航空器停放/停靠图-ICAO为其补充相关细节。

机场障碍物图-ICAO。考虑到机场周围障碍物的高度对于航空器运行至关重要，国际民航组织专门制定了用于这一方面的机场障碍物图-ICAO，并且把这类航图分为A型、B型、C型三种。这些航图都是用来协助航空器运营人对复杂的起飞质量、距离和性能进行必要计算的，尤其是起飞当中突遇发动机失效的紧急状况。针对各类障碍物，机场障碍物图标出了跑道的平面和剖面图、起飞飞行航迹区域、起飞滑跑和加速停止的可用距离。机场障碍物图为起飞区有重要障碍物的每条跑道都提供了相关数据，有些机场障碍物图提供的详细地形资料还覆盖了机场周边45公里范围内的区域。

电子航图显示器-ICAO。近年来，随着电子航空资料的大量采集，以及越来越多的地区应用了具有高精度位置和连续位置定位点的导航系统，驾驶舱电子航图迎来了井喷式的发展。经过完整开发的电子航空航图显示器，其功能远远超过了纸张类航图，比如连续标识航空器位置，以及根据飞行阶段和其他运营方面的考虑自行调整航图显示等。附件4的第20章"电子航图显示器-ICAO"对电子航图显示器的标准化提出了基本要求，并鼓励有关各方持续开发相关设备。

为了保证航图能够满足现代航空运行的技术和其他方面的要求，ICAO正不断地跟踪、改进和更新航图的规范。

4. 文件章节

附件4分为21章，分别是定义、适用和提供，一般规范，机场障碍物图-ICAO A型(运行限制)，机场障碍物图-ICAO B型，机场地形和障碍物图-ICAO(电子版)，精密进近地形图-ICAO，航路图-ICAO，区域图-ICAO，标准仪表离场图(SID)-ICAO，标准仪表进场图(STAR)-ICAO，仪表进近图-ICAO，目视进近图-ICAO，机场/直升机场图-ICAO，机场地面活动图-ICAO，航空器停放/停靠图-ICAO，世界航图-ICAO(1:1 000 000)，航空图-ICAO(1:5 000 000)，航空领航图 -ICAO(小比例尺)，作业图-ICAO，电子航图显示器-ICAO，ATC监视最低高度图-ICAO；并包括6个附录，分别是图边注记布局，国际民用航空组织航图符号，色标，分层色标指南，世界航图分幅表-ICAO(1:1 000 000)和航空数据质量要求。

4.3.5 附件5《空中和地面运行中所使用的计量单位》

1. 历史背景

1948年4月16日，国际民航组织理事会根据《国际民用航空公约》首次通过了用于地空通信的量纲单位的国际标准和建议措施，将其定为公约的附件5。该附件于1948年9月15日正式生效，自1949年1月1日起开始执行。

附件5的表A中列出了该附件各次修订的原因、所涉及的主要问题、理事会通过或批准该附件和各次修订的日期，以及其生效和执行的日期。

2. 适用范围

附件5的标准和建议措施适用于国际民用航空空中与地面运行的所有方面。

3. 主要内容

没有规矩不成方圆，单位和量纲标准是所有行业的基础，对于航空也是一样，甚至更为突出。国际航空中所使用的计量单位可以追溯到国际民航组织本身的起源——在1944年召开的国际民用航空会议上，与会各方考虑到统一计量制度的重要性，便讨论通过了一项决议，呼吁各国把公制单位作为基本的国际标准使用。

会后临时国际民航组织成立了一个专门的委员会负责计量标准化事项，并在1947年召开的国际民航组织第一届大会上通过了一项决议(A1-35)，建议尽早颁布一套计量单位作为国际民航组织的标准。根据这项决议，国际民航组织理事会于

1948 年通过了附件 5《空中和地面运行中所使用的计量单位》的第 1 版。该附件基本包含了以公制为基础的国际民航组织计量单位表，以及四个额外的临时计量单位表，供那些不能使用基本表格的国家使用。可想而知，在技术复杂、利益相关方众多的航空领域实现计量单位的标准化并非易事，虽然附件 5 很早就被制定出来，但最初只适用于航空器和地面站之间的通信所使用的单位。

在随后的时间里，国际民航组织做了大量努力以提高计量单位的标准化水平，对附件 5 进行了多项修订。截至 1961 年，附件中的临时计量单位表格减少到两个。1979 年 3 月国际民航组织通过了附件 5 的第 13 次修订。这次修订大幅扩大了计量单位标准化的涵盖范围，覆盖空中和地面运行的所有方面。此外，这次修订还采用了称为 SI(Système International d'Unités)的国际单位制，并决定将其作为民用航空中使用的基本标准化制度。除了 SI 单位外，这一修订还确认了航空中可以与 SI 单位一起永久使用的多个常用的非 SI 单位，例如升、摄氏度、测量平面角的度数等。修订强调了有些非 SI 单位在航空中具有特殊地位，因而对其进行保留或暂时保留，即海里和节，以及仅在测量高度、标高或高时使用的英尺。因为这些单位在某些领域或者某些地区应用广泛，如果强制立即终止使用将引发诸多实际问题，所以直到现在国际民航组织还无法确定一个终止日期。

附件 5 的此次修订极大地推动了国际民用航空计量单位标准化的进程，虽然这次修订仍未能做到完全标准化，但是已经从根本上改变了这个自国际民航组织成立以来就存在的问题的基本面貌。这次修订，也促进了民用航空与其他科学和工程界在标准化进程上迈出了一大步。

附件 5 的第 14 次和第 15 次修订引入了对米的新定义，删除了对临时的非 SI 单位的援引。

4. 文件章节

附件 5 分为 4 章，分别为定义，适用范围，计量单位的标准化应用，以及终止使用非国际制替代单位；包含 5 个附篇，分别是国际单位制(SI)的发展，国际单位制应用指南，换算系数，世界协调时及全数字表示法中日期与时间的书写格式。

4.3.6 附件 6《航空器的运行》

附件 6 的主要目的是将国际航空器的运行标准化，以最大限度地实现其安全和高效运行。在 1946 年举行的第一次运行专业会议上，一些国家针对国际商业航空运输航空器运行存在的问题提出了相关建议，理事会在这些建议的基础上，于 1948 年首次通过了关于从事国际商业航空运输航空器运行的标准和建议措施，形成了附件 6 的第Ⅰ部分的基础。

此外，完全针对国际通用航空的附件 6 的第Ⅱ部分于 1969 年 9 月开始适用，针对所有国际直升机运行的附件 6 的第Ⅲ部分于 1986 年 11 月开始适用。所谓第Ⅲ部分最初仅针对直升机的飞行记录仪，国际民航组织于1990年11月通过了将其扩展到涵盖直升机运行各个方面的全面修订稿。

如今航空器的种类越来越多，从大型的商业运输机到单座的滑翔机，它们都能够跨越国界飞入邻近国家，而远程喷气飞机在一次飞行中就可能飞越许多国际边界。众所周知，每种航空器都有其独特的操作特点，在变化的环境情况下也可能会有特殊的运行限制，尤其是商业航空特有的国际性质和通用航空程度较低的国际特性，都要求驾驶员和运营人遵守范围广泛的国家规则和规章。

附件6在制定安全运行相关标准的同时，也鼓励各缔约国为飞越其领土的按照这些标准运行的属于其他国家的商业航空器提供便利，使国际空中航行能够高效运行。

国际民航组织的标准覆盖面十分广泛，涵盖了航空器的运行、性能、通信和导航设备、维修、飞行文件、飞行人员的职责和航空器安保等领域，但从本质上说，它是作为国际空中航行的最低标准而存在的。在航空器运行的所有阶段，这一最低标准都能够在不影响安全的情况下使商业和通用航空持续发展。根据标准，航空器运营人在运行过程中必须考虑到固定翼飞机或直升机的机型、航空器安装设备的精密程度、进近特点和跑道助航设备，以及机组在全天候条件下飞行时执行程序的操作技巧等诸多因素。20世纪中叶，涡轮发动机的出现和由此产生的高性能航空器使得国际民航组织的标准必须做出相应的变化，这体现了技术的进步和规章制度的完善是一个相互促进的关系。举例来说，高速远程及短程航空器的投入使用使得在相对低高度飞行的续航性问题变得突出，燃油消耗成为一个重要因素。许多国际民用航空承运人需要考虑到在预期目的地出现恶劣气象情况时，其携带的燃油是否能够满足改航飞至备降机场的需要。

国际民航组织标准的另一个发展是为了保证双发飞机延程飞行（通常是跨水飞行）的安全所采纳的规定（Extended - Range Operations by Airplanes with Two Turbine - Power Units，ETOPS）。这种运行类型的出现有赖于现在制造的大型双发飞机有着极具吸引力的经济性能。

一方面，考虑到人的因素是影响航空器安全和有效运行的一个重要组成部分，附件6明确规定了其缔约国对其运营人，特别是对飞行机组进行监督的责任，要求各国为每种型号的航空器提供运行手册，每个承运人应当对所有运行人员和航空公司的整体运行负责。机长应当为飞行做出全面的准备，例如对航空器的仪表、维修、质量和载荷分布（以及载荷物的固定）以及运行限制进行检查，此外还需检查并认可飞行准备表。

另一方面，附件6要求运营人对机组成员的执勤做出合理规划，严格限制其飞行时间。运营人应当保证机组成员有充分的休息时间，以避免出现长时间连续飞行而产生疲劳危及飞行安全。只有机组成员的精神状态良好，他们才能恰当而高效地处理紧急情况下发生的技术问题，以及其他机组成员的紧急状况。

航空器安全运行的关键是了解每种特定型号航空器的运行限制。附件 6 的标准对当今使用的航空器进行了全面的考量，对能够影响航空器性能的因素做出了规定，其中包括了航空器的重量、标高、温度、气象条件和跑道条件，以及一台或多台动力装置失效条件下起飞和着陆的速度条件等方面。附件 6 的第Ⅰ部分的附篇 C 详细记载了各种飞机在不同大气条件下的性能，并且给出了具体示例。同时，国际民航组织正积极致力于对未来的运行要求进行预测，比如最近批准的一套新程序，它对超障要求和所有类型的国际民用商业航空的仪表进近程序做了修改。

此外，还有一类事件对航空运行的安全性有着极大影响，这就是空中劫持等针对民航运输的恐怖袭击行为。除了纯粹的技术性质的预防措施之外，国际民航组织已经对这种意外情况所需要的各种安全预防措施做了研究，尽可能多地涵盖各种紧急情况。

注：附件 6 第Ⅱ部分涉及的是国际通用航空的固定翼飞机，第Ⅲ部分则包括了直升机的国际商业运输飞行和通用航空飞行。一些国际通用航空的运行可以由经验和技术水平低于商业民用航空人员的机组来执行，并且某些通用航空航空器上安装的设备并不能达到商业运输航空器上设备安装的标准，因而通用航空的运行标准并不十分严格，它的运行比商业航空运输享有更大的自由。有鉴于此，国际民航组织承认国际通用航空驾驶员和其乘客不一定享有商业航空运输付费旅客所享有的安全水平。但是，附件的第Ⅱ部分也做了特别修订，用来保证第三方人员（地面人员和在空中其他航空器内的人员）所能接受的安全水平。无论如何，商业运输和通用航空航空器在相同环境下运行时都需要遵守最低的安全标准。

第Ⅰ部分　国际商业航空运输——固定翼飞机

1. 历史背景

1948 年 12 月 10 日，国际民航组织理事会根据《国际民用航空公约》第 37 条的规定首次通过了国际商业航空运输——航空器运行的标准和建议措施，并将其确定为《公约》附件 6 的第Ⅰ部分，于 1949 年 7 月 15 日正式生效。这些标准和建议措施都是根据运行处在 1946 年 4 月召开的第一次专业会议上提出的建议制定的，并于 1947 年 2 月在运行处第二次专业会议上作了进一步修改。此后，理事会又根据 1949 年 2 月和 1951 年 3 月召开的第三次和第四次运行处专业会议的建议对该附件进行了多次修订，情况记录见表 4 - 2。

以上的修订均是在附件 6 原文基础上进行修订的，而此后的多次修订对附件 6 的文本均进行了较大的变更，所以特别在下面分条列出：

第 139 号修订：第三次空中航行会议（1956 年 9—10 月于蒙特利尔）对本附件的第 5 章作了全面审查，所提出的建议提交给了所有缔约国参考，并经过了空中航行委员会审议，最后推出了第 5 章的全新文本，于 1957 年 6 月 13 日作为第 139 号修订，经理事会通过，并于 1957 年 10 月 1 日生效。

表 4-2　附件 6 的修订记录

修订号	通过日期	生效日期
1～127	1950 年 12 月 5 日	1951 年 6 月 1 日
128～131	1951 年 12 月 4 日	1952 年 5 月 1 日
132～133	1952 年 11 月 28 日	1953 年 4 月 1 日
134	1952 年 12 月 2 日	1953 年 5 月 1 日
135	1953 年 10 月 20 日	1954 年 3 月 1 日
136	1956 年 2 月 23 日	1956 年 7 月 1 日
137	1956 年 5 月 8 日	1956 年 9 月 1 日
138	1956 年 5 月 15 日	1956 年 9 月 15 日

第 140 号修订：理事会于 1957 年 6 月 13 日通过，并于 1957 年 10 月 1 日生效。该修订包括了对第 6 章中涉及的航空器上破开点标志和航行灯特性的修订，第 8 章关于航空器适航检查人员资格要求的修订，第 9 章关于驾驶员的航路与机场资格的修订，以及第 10 章关于飞行运行员执照要求的修订。

第 141 号修订：在第 5 版发行后，第 141 号修订（4.1.1 和 4.1.2）于 1958 年 5 月 12 日经理事会通过，并于 1958 年 12 月 1 日执行。

第 142 号修订：该修订于 1959 年 12 月 8 日经理事会通过，1960 年 5 月 1 日生效，1960 年 8 月 1 日执行。该修订的内容是第 6 章中关于携带便携式应急无线电发射机的规定。

第 143 号修订：理事会于 1960 年 12 月 2 日通过，1961 年 4 月 1 日生效，1961 年 7 月 1 日执行。该次修订的内容是第 4 章中关于空中交通管制飞行计划改变时运行指令协调的条款。

第 144 号修订：经理事会于 1961 年 3 月 24 日通过，1961 年 8 月 1 日生效，1961 年 10 月 1 日执行。该次修订的内容是制定了有关飞行组成员飞行值勤时间限制和休息期的规定，并在本附件的附篇中给出了飞行组成员飞行值勤时间限制和休息期的指导性材料。

第 145 号修订（包含 6.2.2 a 下的“注”）：理事会于 1961 年 3 月 24 日批准。

第 146、147、148 号修订：1961 年 12 月 13 日理事会通过了第 146 号和第 147 号修订，并批准了第 148 号修订，这 3 项修订均于 1962 年 4 月 1 日生效，1962 年 7 月 1 日执行。修订的内容分别涉及氧气供应系统的装备和使用规范的改进、在飞机上安装高亮度防撞灯以及对其他文件的引用等编辑上的修改。

第 149 号修订：理事会于 1963 年 4 月 8 日通过，1963 年 8 月 1 日生效，1963 年 11 月 1 日执行。这次修订对远程跨水飞行必须携带应急和救生设备的条件和规范做出了规定。

第150号修订:该次修订涉及的范围较广,加上过去的历次修订使得附件的文本有了较大的变化,因此,理事会批准出版了附件6的第6版。该次修订是根据第四次空中航行会议(1965年11—12月于蒙特利尔)要求广泛修订本附件的建议进行的,主要目的是使本附件能适应高性能涡轮喷气飞机的运行需要。此外,根据会议的建议,本附件的适用范围限于在定期和不定期国际航空运输运行中所用的"飞机",而以前则只适用于不定期的国际航空运输运行。第150号修订经理事会于1966年12月14日通过,1967年4月14日生效,1967年8月24日执行。

第151号修订:理事会1967年11月8日通过,1968年3月8日生效,1968年8月22日执行。在该次修订中,按照理事会通过的对《公约》附件7中的第2号进行修订,对"航空器"重新进行了定义,并修改了5.2.7.2.2章节,使之适用于3发飞机。

第152号修订:理事会于1969年1月23日通过,1969年5月23日生效,1969年9月18日执行。该次修订除对该附件的第4、7、8章的某些段落加以修订使其更为确切外,还在第4章中增加了关于禁止飞机在载客飞行中模拟会影响飞行特征的紧急情况的条款。同时,利用这次修订的机会,理事会通过了本附件的姐妹篇:附件6《航空器的运行》第Ⅱ部分国际通用航空——固定翼飞机,并将本文件的原名"附件6"更改为"附件6第Ⅰ部分"第1版。后来,在通过附件6第Ⅲ部分国际运行——直升机后,本部分的名称也作了修改,以表明附件6第Ⅰ部分仅适用于飞机。

本附件的表A给出了各次修订的根据、所包含的主要内容以及理事会通过附件和各次修订的日期、生效日期和执行日期。

2. 适用范围

附件6第Ⅰ部分的现行版本含有国际民航组织通过的各项标准和建议措施,作为一个最低标准,适用于所有经批准从事国际商业航空运输的运营人的飞机运行,包括了以盈利为目的的定期国际航空运输服务和不定期国际航空运输的运行。

3. 文件章节

附件6第Ⅰ部分分为14章,分别是定义,适用范围,总则,飞行运行,飞机性能使用限制,飞机的仪表、设备和飞行文件,飞机通信和导航设备,飞机维修,飞行机组,飞行签派员/飞行运行员,手册、日志和记录,客舱乘务组,安保,危险物品;包含了8个附录,分别是飞机的灯光显示、运行手册的编制和内容、对经批准的单发涡轮发动机驱动的飞机在夜间和/或按照仪表气象条件(Instrument Meteorological Conditions,IMC)运行的附加要求、在缩小垂直间隔标准(RVSM)空域运行对高度测量系统性能的要求、航空运营人的安全监督、航空运营人许可证、疲劳风险管理制度的要求和飞行记录器;此外还包括10个附篇,分别是制定疲劳管理规章的指导材料,医药用品,飞机性能的运行限制,涡轮发动机飞机飞往航路备降机场的飞行时间超过60分钟和包括延长改航时间运行(Extended Diversion Time Operations,EDTO)的指导,航空运营人合格审定和验证，最低设备清单(Minimum Equipment List，MEL)，飞行安全文件系统，对经批准的单发涡轮发动机驱动的飞机在夜间和/或按照仪表气象条件(IMC)运行的附加指导，平视显示仪(Head Up Display，HUD)、等效显示仪，目视系统、救援和消防服务(Rescue and Fire Fighting Services，RFFS)的水平。

第Ⅱ部分　国际通用航空——固定翼飞机

1. 历史背景

1968年12月2日，国际民航组织理事会根据《国际民用航空公约》第37条的规定首次通过了国际通用航空航空器运行的标准和建议措施，并将其定为《公约》附件6的第Ⅱ部分。该附件于1969年4月2日正式生效，于1969年9月18日开始执行。

附件6第Ⅱ部分的雏形是在国际民航组织大会第15届会议上通过的A15－15号决议，题为“从国际民航组织的技术活动范围相关方面考虑国际通用航空的需要”。同年召开的第四次航行会议根据大会这一决议的指示，提出了扩展附件6的范围以满足通用航空需要的建议。第四次航行会议建议，需要制定的国际通用航空标准和建议措施应暂不包括航空作业运行，但最终还是认为附件6的框架应当留出一定的空间，以便在未来需要的时候将航空作业运行包括进来。

根据上述考虑，航行委员会制定了国际通用航空器运行的国际标准和建议措施草案，经国际民航组织与各缔约国例行磋商进行修改之后，由理事会通过。这样，连同其经理事会批准的前言便成了本附件的文本。

1965年在制定本材料时，航行委员会做了多方面的考量，其中着重考虑了几个方面。首先，作为附件6的第Ⅱ部分，其陈述方式和适用范围应当尽可能地与第Ⅰ部分保持一致。其次，这一部分应当保证旅客及第三者(指地面上的人员和空中其他航空器上的人员)的安全。此外，这一附件应该在保证安全水平的基础上基于国际通用航空尽可能高的自由度。最后，参考附件2的先例，这一部分应当将运营人承担的相关责任落实到所有人和机长的身上。

后来，由于通过了附件6第Ⅲ部分国际运行——直升机，于是国际民航组织对第Ⅱ部分的标题作了修订，以指明它仅适用于固定翼飞机。

1986年，航行委员会对附件6第Ⅱ部分进行了审查，认为其应当修订通用航空的定义，修订后的通用航空将不包括航空作业这一独特部分，附件6第Ⅱ部分中的相关规定将不再适用。但与当年的第四次航行会议一样，航行委员会依旧没有为国际航空作业运行制定国际标准和建议措施。该项修订送交各缔约国审议后，于1990年3月由理事会批准通过。

2005年和2006年，空中航行委员会对附件6的第Ⅱ部分做了全面审查，旨在将其中的各项规定现代化，以反映从附件最初制定到现在的数十年间通用航空的重大变化。这些年来，技术先进的大型涡轮发动机飞机在国际运行中被越来越多地使用，航委会认为这反映出了通用航空最新的发展动态，并继续遵照了最初制定附件时所确定的思路，即航空器所有人和机长必须对非公开、非商业的航空运行负责，这样一来，相应的标准和建议措施就不必如附件 6 第Ⅰ部分那样具有规定性，国家对于乘员也不再需要承担对应于商业运行付费旅客的“照顾义务”。

另外，航委会还认可了安全等级的思想，即附件 6 第Ⅱ部分的 SARPs，必须保护第三者的利益，并决定附件 6 第Ⅱ部分的基本规定将适用于所有的通用航空运行，但应当进行持续更新以反映当今的技术和运行程序，并根据情况使用安全管理系统。此外，航委会决定对通用航空中大型复杂的运行增加适用的补充章节。

2. 适用范围

附件 6 第Ⅱ部分的标准和建议措施适用于飞机的国际通用航空运行，第Ⅱ部分与第Ⅰ部分涵盖了除航空作业运行外的国际民航中所有固定翼飞机的运行。虽然第Ⅱ部分中的标准和建议措施应用于大型飞机的运行时，比第Ⅰ部分中适用于商业航空运输的相应规定要宽松，但与附件 1 和附件 8 的相关规定结合起来，绝对能够保证上述大型飞机运行有足够高的安全水平。但应注意的是，附件 8 的整个性能标准适用于质量超过 5 700 千克，准备用于客运、货运或邮件运输的国际航行的所有飞机（其原型机是在 1964 年 12 月 13 日或以后申请的审定者）。此外，根据附件 1 中的标准，如航空器驾驶员所操纵的航空器，审定为最少应有两名驾驶员组成的机组操纵的航空器，则该驾驶员必须持有该型号航空器的型别等级。

3. 文件章节

附件 6 第Ⅱ部分包含 3 篇主要内容。第 1 篇包括定义和适用范围。第 2 篇包括总则，飞行运行，飞机性能使用限制，飞机的仪表、设备和飞行文件，飞机的通信与导航设备，飞机维修，飞行机组，手册、日志和记录，以及安保在内的 9 节内容；此外还有飞机必须显示的灯光、在缩小垂直间隔标准（RVSM）空域内运行对高度测量系统性能的要求、飞行记录器 3 个附录；氧气的携带和使用，平视显示仪（HUD）、等效显示仪，目视系统 3 个附篇。第 3 篇包括 13 节内容，分别是适用范围，公司航空运行，总则，飞行运行，飞机性能使用限制，飞机的仪表、设备和飞行文件，飞机的通信和导航设备，飞机维修，飞行机组，飞行签派员/飞行运行员，手册、日志和记录，客舱乘务组，安保；还包括 2 个附篇，分别是公司运行手册和附篇及最低配置设备清单（MEL）。

第Ⅲ部分　国际运行——直升机

1. 历史背景

附件 6 第Ⅰ及第Ⅱ部分涉及的是固定翼飞机的运行，均不专门适用于直升机的运行，因此国际民航组织理事会为附件 6 增加了第Ⅲ部分，以制定适用于直升机运行的条款。最初，有关直升机的飞行数据记录器和驾驶舱话音记录器条款，是由空中航行委员会在1979年召开的事故调查与预防会议上所做建议基础之上提出的，理事会于1986年3月14日通过该条款，并于1986年7月27日正式生效，1986年11月20日起开始执行。随后，在直升机运行专家组的协助下，国际民航组织编写了包括直升机运行及其他方面的较为全面的标准和建议措施。1990年3月21日，理事会通过了第1号修订中的这些条款，该修订于1990年7月30日正式生效，1990年11月15日起开始执行。

2. 适用范围

附件6第Ⅲ部分中的标准和建议措施适用于国际民用航空中的所有直升机的运行，包括通用航空以及商业航空运输。

3. 文件章节

附件6第Ⅲ部分包含3篇主要内容。第1篇包括定义与适用范围。第2篇国际商业航空运输，包括总则，飞行运行，直升机性能使用限制，直升机仪表、设备和飞行文件，直升机通信与导航设备，直升机维修，直升机飞行机组，飞行签派员/飞行运行员，手册、日志和记录，客舱乘务组，安保。第3篇国际通用航空，包括总则，飞行运行，直升机性能使用限制，直升机仪表、设备和飞行文件，直升机通信和导航设备，直升机的维修，直升机飞行机组。此外还包含4个附录，分别是航空运营人的安全监督、在仪表气象条件下(IMC)以3级性能实施直升机运行的附加要求、航空运营人许可证(Air Operator Certificates，AOC)、飞行记录器；8个附篇，分别是直升机性能与使用限制、飞行时间与飞行值勤期的限制、医药用品、最低配置设备清单(MEL)、航空运营人合格审定和验证、飞行安全文件系统、运行手册的内容、在仪表气象条件(IMC)下以3级性能运行的直升机的附加运行指南。

4.3.7 附件7《航空器国籍和登记标志》

1. 历史背景

1949年2月8日，国际民航组织理事会根据《国际民用航空公约》第37条的规定通过了关于航空器国籍和登记标志的标准，并将其定为《公约》的附件7。该附件于1949年7月1日起生效。

附件7包含了国际民航组织采纳的遵照《公约》第20条所规定的对标明所属国籍和登记标志表示的最低标准，这些标准是根据在1946年3月和1947年2月召开的第一、第二届适航专业会议上提出的建议制定的。

附件7的表A列出了对该附件进行各次修订的原因，所涉及的主要问题，理事会通过或批准该附件和各次修订的日期，及其生效和执行的日期。

2. 主要内容

附件7主要回答了如何分类和确定航空器，以及如何识别航空器国籍这两个关键问题，其中涉及航空器国籍和登记标志，并在不同的列表中根据航空器如何保持持续空中飞行做了详细分类。

该附件的基础是《国际民用航空公约》第 17 条至 20 条。从最初的标准到现在，国际民航组织对附件 7 只做了 5 次修订，最新版本是 2003 年公布的第 5 版。

附件 7 的第 1 次修订给出了“旋翼机”的定义，并修改了国籍和登记标志在机翼上的位置。

第 2 次修订对“航空器”一词重新作了定义，该定义于 1968 年开始生效。此次修订还实施了一项决定，即所有气垫类运载工具，如气垫船和其他地面效应机械，不应归类为航空器。

后来，由于《公约》第 77 条允许组成联营组织，理事会随即对附件 7 进行了第 3 次修订，以便确定“共用标志”、“共用标志登记当局”以及“国际运行机构”，以使国际运行机构的航空器能够不以国家为基础进行登记，体现其国际性。有关规定的确定原则是各国际运行机构必须由国际民航组织指配一个独特的共用标志，这些标志都选自国际电信联盟(ITU)分配的无线电呼叫信号中所包含的一系列符号。

1981 年，国际民航组织通过了附件 7 的第 4 次修订，推出了关于对无人驾驶自由气球的有关登记和国籍标志的规定。

2003 年通过的第 5 次修订推出了对登记证的新要求，要求当登记证以非英语的其他语言颁发时，必须包含一份英语译文。

附件 7 规定了国籍和登记标志中所使用的字母、数字和其他图形符号的标准，并明确说明了这些字符用在不同类型飞行器具的位置，如轻于空气的航空器和重于空气的航空器。

该附件还要求各缔约国根据样本对本国航空器予以登记。按照规定，航空器必须随时携带证书，并且必须至少有一块刻有航空器国籍或共用标志和登记标志的识别牌，固定在航空器主舱门上的显著区域。

附件 7 及其后来的历次修订使得民航业界对航空器的分类清晰明了，这一分类囊括了迄今为止人类所发明的所有飞行机械类型。

3. 文件章节

附件 7 分为 10 章，分别为定义，航空器的分类，所用的国籍标志、共用标志和登记标志，国籍标志、共用标志和登记标志的位置，国籍标志、共用标志和登记标志的尺寸，国籍标志、共用标志和登记标志的字体，国籍标志、共用标志和登记标志的登记，登记证，识别牌，后记。

4.3.8 附件 8《航空器适航性》

1. 历史背景

1949 年 3 月 1 日，国际民航组织理事会根据《国际民用航空公约》第 37 条通过了《航空器适航性》，并将其定为《公约》的附件 8。

国际民航组织适航小组在其第 4 次会议上与运行小组合作，建议用性能规范取代原附件中的规范，以提高其执行力，例如原规范中的爬升值只具有建议措施的地位，不具备强制执行的特点。另外，适航小组还就按国际民用航空组织的分类来审定飞机时暴露出的某些问题提出了建议。鉴于这些建议，理事会批准了把替换后的性能规范作为附篇 A 纳入附件中，但同时指出，由于各缔约国对包含性能的标准还未达成一致意见，将这一标准按国际民用航空组织 A 类进行审定的基础尚不完全。理事会敦促各缔约国在等待关于性能的各项标准生效期间或在理事会决定适航的基本政策之前不要做这样的审定。

1953 年 6 月，由大会第七届会议批准，理事会和航行委员会决定对国际民用航空组织的国际适航政策进行一次基础性研究。在研究过程中，航行委员会得到了一个名为“适航专家小组”的国际性专家机构的协助，该小组为此后召开的第 3 次航行会议做了很多准备工作。

理事会于 1956 年通过了根据研究结果拟定的国际适航政策修订版本。根据这项政策，国际民航组织抛弃了原有分类审定的原则，取而代之的是在附件 8 中包括的受到广泛认可的概括性标准。适航证为航空器飞入和飞越其他国家的领土的情况规定了完整的最低国际标准，达到了保护其他航空器、第三者和财产的目的，满足了国际民航组织关于《公约》第 37 条采纳适航国际标准的义务。

显然，国际民用航空组织的适航标准不能代替国家的规章。实际上，每个国家都会制定范围全面且细节详尽的国家适航规范，作为审定特定航空器的基础，或者选用由另一个缔约国制定的全面和详尽的规范。在附件 8 中所规定的适航水平将用“标准”二字标出。如有必要，将采用“可接受的符合性方法”予以补充。

在采用上述原则时，附件 8 构成了《公约》第 33 条所指的最低标准。但如果理事会认为使第 33 条能够在摒弃技术标准的前提下实行，相关方在采纳本附件时可能不包括所有等级的航空器或者甚至所有等级飞机的技术标准。

根据 1956 年 9 月在蒙特利尔召开的第 3 次航行会议上提出的建议，理事会拟订了与上述原则相一致的附件 8 的修订本。附件第Ⅲ部分的内容限定于概括性的标准，它叙述的是目的而不是实现这些目的的方法，但在“可接受的符合性方法”的标题下还是包括了一些较详细的和具体的规范，这些规范是为了协助缔约国制定和采用全面详细的国家适航规范。若缔约国采纳的适航水平明显低于“可接受的符合性方法”，就会被认为是违反了该“可接受的符合性方法”所补充的标准。第 3 次航行会议的另一建议直接促成理事会于 1957 年设立了适航委员会，该委员会由从各缔约国和相关国际组织中挑选的具有丰富经验的适航专家组成。

根据实际情况来看，这一方法导致适航规范的完善工作进展缓慢，自 1957 年制定“可接受的符合性方法”之后，适航委员会在数十年间都没有对此进行更新，也没有对补充性材料或“临时的可接受的符合性方法”进行审查，因此，航行委员会勒令适航委员会开展工作审查，以促进适航规范的完善进程。

适航委员会在1970年11月于蒙特利尔召开的第9次会议上对这些问题做了详细的研究，提出应当摈弃以“可接受的符合性方法”和“临时的可接受的符合性方法”的方式制定适航规范的设想，并提出应由国际民用航空组织编写和出版一本适航技术手册，为各缔约国提供指导性材料，帮助各国制定统一的适航规范。依据理事会在1956年批准的制定适航政策的过程，航行委员会审查了适航委员会提出的上述建议后认为，国际民用航空组织适航政策曾依据的基本目的和原则是健全的，不需做任何重大改动，而导致适航规范的制定工作进展缓慢的主要原因是由于附件8第4版和第5版的前言中包含的一句话，即“采纳明显低于‘可接受的符合性方法’里的适航水平的规范，将会是违反了由该‘可接受的符合性方法’所补充的标准”，这就意味着前者所具有的强制性地位的程度。航行委员会仔细讨论了解决这一难题的几种方法，最终认为以“可接受的符合性方法”和“临时的可接受的符合性方法”的方式制定适航规范的想法应当被摈弃。随即国际民用航空组织发表了声明：为了符合《公约》第33条的精神，各国必须通过符合附件8的标准来履行其义务，必要时国际民航组织会提供无强制意义的适航技术材料来提供指导性帮助。同时，各缔约国仍旧可以自行制定全面详细的规范或者选用另一缔约国制定的规范。这一方法在1972年3月15日得到理事会的批准，并作为国际民用航空组织当前在适航领域的政策基础。

对于这项政策的解读我们有几点需要注意：第一，国际适航标准是为各缔约国的适航管理部门提供的最低适航水平，为航空器进入或飞越他国领土提供了法律基础，并达到保护其他航空器、第三者及其财产的目的。第二，国际适航标准是符合《公约》第33条所规定的权利与义务的。第三，理事会通过的国际适航标准被承认，是《公约》第33条所引起的权利和义务付诸实行必需的完整的国际规范。第四，附件8中的适航技术标准必须以概括性的规范形式写出，它阐述的是目的，而不是实现这些目的的方法；国际民用航空组织承认，个别国家把其认为必要的、范围广泛且细节详尽的国家适航规范，作为其审定每架航空器的适航基础是必需的。第五，为了协助各国采用附件8的标准以统一的方式制定其各自完整的国家规范，必须以本组织各种工作语言迅速制定和出版详细的指导材料。

此外，理事会还批准了出版《适航技术手册》系列适航指导材料。这些指导材料在发行之前将由航行委员会执行审查。但它没有正式的地位，其主要目的是为各缔约国在制定本附件第Ⅱ部分3.2.2章节提到的相应适航要求时提供指导。航行委员会还制定了与理事会在1972年3月15日批准的国际适航政策相一致的附件8文本。附件8的表A列明了各次修订的根据、涉及的主要内容以及理事会对附件和各次修订通过的日期和适用日期。

2000年6月6日，空中航行委员会审议了持续适航专家组和适航研究小组的建议，即建议采用型号合格审定政策，引入了型号合格证的概念，这种在国际上广泛使用的合格证已经在《适航技术手册》(Doc 9051号文件)中采用，并且合格证的采用为型号合格审定过程做了补充,使附件 8 的规定与其在国际适航中的用途保持一致。

此外,航行委员会还注意到一个细节,即依照《公约》第 31 条负责颁发或认可适航证的登记国和设计国可能不是同一个国家,而是双方分别具有各自的职能和义务,但这种情况不属于附件 8 的最低标准,因而不会影响《公约》第 33 条对其有效性的认定。

2003 年 10 月 7 日,空中航行委员会审议了适航专家组的建议,考虑到近年来最大审定起飞质量超过 750 千克但不超过 5 700 千克的小型航空器越来越多地参与国际空中航行,委员会同意首次在附件中纳入适用于小型飞机的适航标准,使附件 8 的规定与其国际用途保持一致。

2. 适用范围

附件 8 第Ⅱ部分的 1.1、2.1、3.1 和 4.1 章节,第ⅢA 和第ⅣA 部分的 1.1 章节及第ⅢB、ⅣB、Ⅴ、Ⅵ和Ⅶ部分的 1.1 章节,均对各项标准的适用范围做了说明。

附件 6 第Ⅰ部分的有关飞机性能使用限制的标准,以及附件 6 第Ⅰ部分第 5 章的内容与附件 8 的适航标准互为补充,两者都阐述了概括性的目的。附件 6 第Ⅰ部分第 5 章的标准由绿色纸张刊印,并以附篇形式提供指导材料作为补充,使用了大量的实例来说明标准中所规定的所需达到的性能水平。理事会敦促各缔约国不要对遵守上述标准的外来飞机增加额外要求。

3. 主要内容

附件 8《航空器适航性》的颁布是为了保证航空安全,航空器的设计、构造和运行符合航空器登记国的相关适航要求,并向航空器颁发适航证作为该航空器适于飞行的证明。

为了方便航空器的进出口、租赁、包租或互换,促进航空器在国际空中航行中的运行,《国际民用航空公约》第 33 条规定,登记国有责任承认并核查另一缔约国所颁发的适航证的有效性,核查标准就是其必须高于国际民航组织在附件 8 中所制定的最低标准。

附件 8 承认国际民航组织的标准不应取代国家规定,而且国家制定的适航性规定是必需的,其中应包含个别国家认为必要的、范围广泛且详尽的细节,作为其审定每架航空器的适航性的基础。每个国家可自由地制定本国的详尽的适航规定,或选择采用另一缔约国所制定的适航规定。

附件 8 提供了完善的适航标准,必要时还有《适航技术手册》(Doc 9760 号文件)中所提供的指导材料的补充。

附件 8 分为四个部分。第一部分为定义,第二部分是航空器合格审定程序和持续适航性,第三部分包括新的大型固定翼飞机设计合格审定的技术要求,第四部分是直升机。附件中定义了一个支持性条款,将预计航空器的运行环境定义为“预期的运行条件”,包括从经验中已知的,以及在其使用寿命期间可以预见的条件。这些条件还包括与天气、机场周围的地形、航空器的功能、人员的效率和影响飞行安全的其他因素有关的条件，但不包括可由操作程序有效避免的极端条件和很少发生的极端条件，因为如果要适应这些条件，会使得航空器的适航要求非常苛刻而导致大多数航空器无法运行。

根据航空器持续适航性的规定，当登记国第一次将设计国认证的某一型号的航空器在本国登记时，必须通知设计国，这样做的目的是使设计国能够将其所知的保证航空器持续适航和安全运行的任何普遍适用的信息传递给登记国，与之对应的是，登记国也必须向设计国传递该国所知的持续适航性信息，以便在必要时传递给其他登记有该型号航空器的缔约国。为了帮助各国能在必要时与适当国家的适航当局取得联系，国际民航组织在其官网上发布了一份通告(Circ 95)以供查询。

附件 8 中关于固定翼飞机合格审定的技术标准，目前仅限于最大审定起飞质量超过 5 700 千克的多发固定翼飞机，这些标准包括了对性能、飞行品质、结构设计与构造、发动机和螺旋桨的设计与安装、系统和设备的设计与安装等的要求和运行限制，还包括了固定翼飞机飞行手册中所载的程序与一般情况，航空器的耐坠毁性与客舱安全、运行环境以及航空器设计中的人为因素。

性能标准要求固定翼飞机在所有飞行阶段都必须能够达到本附件所规定的最低性能要求，且在发生关键动力装置失效而其余动力装置在其起飞功率限制范围内运行时，固定翼飞机必须能够安全地继续起飞或放弃起飞。

在初始起飞阶段之后，固定翼飞机必须能够爬升至足够高的高度，使其能继续安全飞行和着陆，而其余的动力单位能够在其持续的功率限制范围内运行。按照规定，固定翼飞机在所有预期的运行条件下都必须是可操纵的和稳定的，而不应要求驾驶员拥有特殊的技巧和体力，或保持精神紧张来实现空中航行，当任何动力装置失效时也应当如此。此外，固定翼飞机必须能给驾驶员清楚的失速特性警告，应使驾驶员拥有在不改变发动机功率的情况下保持对固定翼飞机完全控制的能力。

航空器设计和结构的细节必须能够保证固定翼飞机的所有部件都能有效而可靠地工作，所有对安全运行有影响的重要活动部件必须用合适的试验演示其工作流程，所采用的材料必须符合经批准的规范。航空器的制造和装配方法必须能保证结构的耐久性，并加以防护，以防止由于日晒或夜间潮湿、腐蚀、摩擦或其他可能未被注意到的原因所导致的结构恶化而丧失强度。此外航空器还必须设置应急系统，以便能自动或能够让机组成员处理紧急情况，将飞机在飞行中发生火灾、客舱失压和有毒气体泄漏以及航空器遭遇雷电和静电的可能性降至最低。

航空器的设计应该对可能影响机组对飞行进行控制的因素加以特别考虑，比如驾驶舱的布局必须尽可能地减小驾驶员由于混淆、疲劳或干扰而错误操作的可能性，以及为驾驶员提供一个足够宽阔的视野，便于其安全地驾驶飞机。

固定翼飞机的设计还应考虑到机上人员的安全以及舒适性，在预计的飞行期间以及地面和水上运行的条件下能保证足够舒适的客舱环境，在紧急着陆时能保证成员的安全和迅速的撤离，并且在一定的时间内能维持机上人员的生存。

对于发动机及其附属装置的合格审定，要求其能够在预期的工作条件下可靠地工作。一台某型号的发动机必须进行试验以确定其功率或推力特性，确保其工作参数维持在可以接受的范围内，并留出避免爆震、喘振和其他有害条件的余量。发动机实验必须在能够反映真实工作环境的条件下进行，并持续足够长的时间。

鉴于近年来频繁发生的机上劫持等恐怖活动，附件 8 特别考虑了航空器的安保设计，其中包括在航空器系统中融入特殊功能，查明危险最小的放置炸弹的位置，加固驾驶舱门、客舱舱底和舱顶等设计。

4. 文件章节

附件 8 分为 7 章：定义、合格审定程序和持续适航、大型飞机、直升机、小型飞机、发动机和螺旋桨。

第Ⅰ部分仅包括定义。

第Ⅱ部分共 5 章，包括型号合格审定、制造、适航证、航空器的持续适航、安全管理。

第Ⅲ部分分为 A 部分（1960 年 6 月 13 日或其后，但在 2004 年 3 月 2 日之前申请合格审定的）和 B 部分（2004 年 3 月 2 日或其后申请合格审定的超过 5 700 千克的飞机）。其中 A 部分包括总则、飞行、结构、设计与构造、发动机、螺旋桨、动力装置的安装、仪表和设备、使用限制和资料、持续适航——维修资料、安保；B 部分与之相仿，共 10 章，包括总则、飞行、结构、设计与构造、动力装置、仪表和设备、使用限制和资料、防撞性和座舱安全、工作环境和人的因素、安保。

第Ⅳ部分也分为 A 部分（1991 年 3 月 22 日或其后，但在 2007 年 12 月 13 日之前申请合格审定的直升机）和 B 部分（2007 年 12 月 13 日或其后申请合格审定的直升机）。其中 A 部分共 10 章，包括总则，飞行，结构，设计与构造，发动机，旋翼、动力传动系统和动力装置的安装，仪表和设备，电子系统，使用限制和资料；B 部分共 9 章，包括总则、飞行、结构、设计与构造、旋翼和动力装置、仪表和设备、使用限制和资料、防撞性和座舱安全、工作环境和人的因素。

第Ⅴ部分（适用于 2007 年 12 月 13 日或其后申请合格审定的超过 750 千克，但不超过 5 700 千克的飞机）共 9 章，包括总则、飞行、结构、设计与构造、动力装置、系统和设备、使用限制和资料、防撞性和座舱安全、工作环境和人的因素。

第Ⅵ部分共 3 章，包括总则、设计与构造、试验。

第Ⅶ部分共 3 章，包括总则、设计与构造、试验与检查。

4.3.9　附件 9《简化手续》

1. 历史背景

1949 年 3 月 25 日理事会根据《国际民用航空公约》第 37 条通过了简化手续的

标准和建议措施，并将其定为《公约》的附件 9《简化手续》，于 1949 年 9 月 1 日开始生效。

这些标准和建议措施是根据第 1 次和第 2 次简化手续专业会议的建议制定的，这两次会议分别于 1946 年 2 月在蒙特利尔和 1948 年 6 月在日内瓦召开。此后还陆续召开了多次会议。各次会议的召开时间和地点见表 4-3 所列。

表 4-3　简化手续会议召开的时间和地点

会　议	召开时间	召开地点
第 1 次专业会议	1946 年 2 月	蒙特利尔
第 2 次专业会议	1948 年 6 月	日内瓦
第 3 次专业会议	1951 年 12 月	布宜诺斯艾利斯
第 4 次专业会议	1955 年 10 月	马尼拉
第 5 次专业会议	1959 年 12 月	罗马
第 6 次专业会议	1963 年 3—4 月	墨西哥城
第 7 次专业会议	1968 年 5 月	蒙特利尔
第 8 次专业会议	1973 年 3 月	杜布罗夫尼克
第 9 次专业会议	1979 年 4—5 月	蒙特利尔
第 10 次专业会议	1988 年 9 月	蒙特利尔
第 11 次专业会议	1995 年 4 月	蒙特利尔
简化手续(FAL)专家组第 3 次会议	2001 年 2 月	蒙特利尔

历次会议使附件 9 的内容得到全面的发展和完善。根据专业会议和简化手续专家组对附件 9 提出的修订建议，理事会对附件 9 的内容进行了多次调整，也使得附件 9 的版本不断更新。各版本的生效时间见表 4-4 所列。

表 4-4　附件 9 各版本的生效时间

版　本	生效日期	版　本	生效日期
第 2 版	1953 年 3 月 1 日	第 8 版	1980 年 7 月 15 日
第 3 版	1956 年 11 月 1 日	第 9 版	1990 年 11 月 15 日
第 4 版	1960 年 11 月 1 日	第 10 版	1997 年 4 月 30 日
第 5 版	1964 年 4 月 1 日	第 11 版	2002 年 7 月 15 日
第 6 版	1969 年 4 月 1 日	第 12 版	2005 年 7 月 11 日
第 7 版	1974 年 4 月 15 日	第 13 版	2011 年 7 月 18 日

附件 9 的第 13 版即现在正在使用的版本，不但收录了以往各个版本中的规定，还增加了 2010 年 5 月在蒙特利尔举行的简化手续专家组第六次会议新确定的规定，

涉及的事项包括国家对于国际爆发的传染病的准备，国际商定的预报旅客资料系统的实施和协助，因不可抗力而导致航班中断的旅行者的措施等。附件 9 第 13 版自 2011 年 7 月 18 日起正式生效，并自 2011 年 11 月 17 日起开始适用。

简化手续的标准和建议措施是《公约》第 37 条的衍生物，这一条款规定，“国际民航组织应根据需要就海关和移民事项，以及有关空中航行的安全性、效率性问题随时制定或修改这些标准和建议措施。”而在各国执行标准和建议措施的问题上，《公约》第 22 条强调了各缔约国所应承担的责任，即“各国应采取一切可行的措施，如通过发布特别规章等，以方便和促进航空器在各缔约国领土间的航行，特别是在执行关于移民、检疫、海关和放行等法律时，应防止对航空器、机组、旅客和货物造成不必要的延误”。《公约》第 23 条还规定了各缔约国应该承诺“在其认为可行的情况下，应当按照依本公约随时制定或建议的措施，制定本国有关国际航行的海关和移民程序”。

除附件 9 中的标准和建议措施外，国际民航组织简化手续方案的依据是大会关于简化手续的决议和简化手续各次专业会议的各项 B 类建议，这类建议未提出对附件 9 的各项规定进行修订。

2. 适用范围

附件 9 中的标准和建议措施在没有说明专门适用于某一类航空器的情况下，适用于各类航空器的运行。

简化手续的标准和建议措施主要表现为两种形式，第一种是“消极”形式，例如各国对文件、活动自由的限制等不得提出超过某些最高标准的要求；第二种是“积极”形式，例如各国为方便旅客和只是过境的业务，必须提供某些最低要求的便利条件等。在“消极”规定中如出现问题，则各国应当尽可能将其要求放宽到低于标准和建议措施中规定的最高要求。如为“积极”规定，则各国应当尽可能提供比标准和建议措施规定的最低要求多的便利条件。

3. 主要内容

简化手续（Facilitation，FAL）的标准和建议措施（SARPs）源自于《国际民用航空公约》的多项规定。除了前述的《公约》的第 37 条、第 22 条和第 23 条外，《公约》的其他条款对 FAL 附件的规定也有特殊针对性，在制定附件时也将其考虑在内。FAL 主要在另外 3 条规定中做了阐明：第 10 条规定，“进入某一缔约国领土的所有航空器应在该国指定的机场降落和离去，以便对其进行海关和其他检查”；第 13 条规定，“旅客、机组成员以及承运的货物应当遵守或满足某缔约国关于入境、放行、移民、护照、海关及检疫的法律和规章”；第 14 条规定，“各缔约国应当采取有效措施防止经由空中航行传播传染疾病”。

此外，《公约》第 24 条中有关关税的规定，第 29 条中对航空器应当准备的文件有详细的规定，第 35 条中对航空器所能托运的货物做出了限制。

以上规定都收录在了附件 9 的 SARPs 中，通过对海关、移民、公共卫生和农业当局提出具体要求，为航空器和商业运输地面放行手续提供便利。

附件 9 还为国际机场运行的管理者提供了一个参考框架，它详细规定了航空界所应承担的最高程度的义务和政府应提供的最低限度的设施标准。附件 9 中关于执行放行手续的方法和程序方面的规定，兼顾了法律执行的有效性和政府监察部门及机场经营人的工作效率。最初，附件的宗旨是为努力减少书面工作、将国家之间交通运输携带的文件标准化，以及简化航空器、旅客和货物放行所必要的程序。毕竟，繁复的手续不仅会延误进程，实际上还会导致“客户群体”产生较高的成本，本质上在妨碍每个对象目标的达成。

近年来，国际航空的承运量一直在增长，但各国的监察体制却未能跟上运输量的增长速度，这导致放行程序的简化成了一个非常复杂的问题，因此附件 9 的重点也相应做出了转变。附件 9 第 11 版(2002 年)保留了其减少书面工作，使文件标准化和简化程序的初期战略，因为这是自第 1 版以来所有版本一直遵循的战略，也是简化工作的首要目标，但已经开始将有关风险管理的重点转移到检查技术方面，其目的在于提高效率、减少机场拥挤和增强安全，以及支持国际贸易和旅游的增长，尤其是对贩运麻醉品和旅行文件作弊等违法行为加强管制。此外，还增加了新的 SARPs 和指导材料，用于解决某些与公众利益高度相关的问题，比如对待残疾人员。

民用航空环境在过去 20 年(20 世纪 90 年代中期至今)有了非常大的变化，一方面科学技术的飞速发展使得计算机和电子数据交换系统在全球范围内普及，极大地促进了民用航空的发展；另一方面由于世界移民规模的增加而各国都缺少完善的安保制度，民用航空成为非法移民者的主要目标，伪造护照的现象频频发生，还有近年来频发的恐怖活动，都对民用航空产生了严重的影响。因此，国际民航组织又对简化手续的内涵做了进一步改动。

上述变化构成了 2004 年初在开罗召开的简化手续第十二次专业会议议程的基础，这次会议的主题是：“对安保挑战进行管理，以便利航空运输运营”。主要的会议议程用于讨论如何提高简化手续措施，及其在安保方面的实质性作用。本次会议成果显著，提出了许多建设性建议，如实施旅行文件的安全和边境管制程序，对航空货物运输的简化手续和安保规定加以更新，对旅行文件作弊和非法移民进行管制，以及修订国际卫生条例和改善航空卫生设施等。

随后的附件 9 第 12 版反映了国际民航组织现行的 FAL 战略。它提倡并支持缔约国在以下三个重点领域采取的行动：旅行文件标准化、边界放行制度和程序合理化以及国际合作解决旅客和货物的安保问题。加强旅行文件的安全和打击非法移民是附件 9 第 12 版增加的主要内容，其他的大部分章节和附录相对第 11 版并未做太大改动，但是特别对两个章节做了实质性修订以反映新的国际现实。一条标准是在有关人员和行李入境/离开的第三章中增加了一条标准，要求缔约国定期更新各国新版本旅行文件的安保特征，以便防止旅行文件滥用和发现非法更改、复制或发行旅行文件的情况。另一条标准是要求各国对合法制作和签发旅行文件加以管制，同时要求各国对所有人员不论其年龄，都按照国际民航组织的规范发放机读形式的单独护照，还要求各国和航空公司合作打击旅行文件的作弊行为，对于机组成员，各国有义务对签发机组人员证件和其他正式的机组身份文件实行充分的管制。

最后，全新的第五章主要用于解决不得获准入境人员和被遣返人员等日益增长的问题。这一章的 SARPs 以明确的方式规定了各国和航空公司在运输潜在的非法移民和出现类似"难对付的"问题时应承担的义务。各缔约国应严格履行其义务，杜绝伪造旅行文件的流通，或取缔以违规使用的真实文件，从而有效抑制非法移民现象。

虽然附件 9 的主要目的是继续执行《国际民用航空公约》第 22 条规定的"防止对航空器旅客和货物造成不必要的延误"这一根本任务，但是许多被制定用来提高管制手续效率的规定，都起到了提高安保程度的作用。

4. 文件章节

附件 9 共 8 章，分别是定义和一般原则，航空器的入境和离境，人员及其行李的入境和离境，货物及其他物品的入境和离境，不能获准入境者和被驱逐者，国际机场——交通设施和服务，在国际机场以外的地点着陆，其他简化手续规定；包含 13 个附录，分别是总申报单，旅客舱单，货物舱单，长效灭虫证明，登机/下机卡，海关合作理事会的建议，机组成员证(Crew Member Certificates，CMCs)，民航检查员证，关于遣返不能获准入境者的文件的建议格式，联合国贸易文件格式样本，机场简化手续(FAL)方案范例，国家简化手续方案范例，公共卫生使用的查找旅客表。

4.3.10　附件 10《航空电信》

1. 概　况

附件 10 涵盖了国际民用航空中最复杂但最根本的三个方面的有关规定，分别是航空通信、导航和监视。

附件 10 共 5 卷，分别是无线电导航设施、通信程序（包括具有 PANS 地位的程序）、通信系统、监视雷达和避撞系统、航空无线电频谱的使用。其中第Ⅲ卷分为两个部分，第Ⅰ部分为数字数据通信系统，第Ⅱ部分是话音通信系统。这 5 卷内容包含了与航空通信、导航和监视系统有关的标准和建议措施（SARPs）、航行服务程序(PANS)和指导材料。

2. 主要内容

附件 10 的第Ⅰ卷是一个技术文件，规定了国际航空器运行所必需的系统，以便提供航空器在所有飞行阶段都要使用的无线电导航设施。该卷中的 SARPs 和指导材料列出了无线电导航设施必须具备的参数规范，例如全球导航卫星系统(GNSS)、仪表着陆系统(ILS)、微波着陆系统(MLS)、甚高频(Very High Frequency，VHF)、全向无线电信标(VHF Omnidirectional Radio Range,VOR)、无向无线电信标台(Non Directional Beacons,NDB)和测距仪(Distance Measuring Equipment,DME),其所收录的资料包括所需要的动力要求、频率、调制、信号性能和监测,以确保设施完善的航空器能够在世界各地收到可靠的导航信号。

第Ⅱ卷和第Ⅲ卷涵盖了国际民用航空服务的话音和数据通信两大内容,即地面站点之间的地对地通信和航空器与地面站点之间的空对地通信。其中空对地通信通过话音和数据两种方式为航空器提供了安全飞行需要的所有资料。地对地通信中的一个重要要素就是航空固定电信网(AFTN),这是一个世界范围的网络,用来满足国际民用航空的要求。在 AFTN 范围之内,所有重要的地面站点,包括机场、空中交通管制中心和气象台等,都被有机地联系在一起,为航空器在所有飞行阶段提供服务,网络中任何一个站点所发出的电文,都会按固定程序传送到所需要的站点。

其中第Ⅱ卷主要介绍了有关航空固定和移动服务的总则、行政和运行程序。而第Ⅲ卷则载有适用于各种空对地和地对地话音与数据通信系统的 SARPs 和指导材料,包括航空电信网(Aeronautical Telecommunication Network,ATN)、航空移动卫星服务(Aeronautical Mobile - Satellite Service,AMSS)、二次监视雷达(Secondary Surveillance Radar,SSR)S 模式空对地数据链、甚高频(VHF)空对地数字链(VHF Digital Link,VDL)、航空固定电信网(AFTN)、航空器呼叫系统、高频数据链(High Frequency Data Link,HFDL)、航空移动服务、选择呼叫系统(Selective Calling,SELCAL)、航空语音电路和应急定位发射器(Emergency Locator Transmitters,ELT)。

附件 10 的第Ⅳ卷包含适用于二次监视雷达(SSR)和机载防撞系统(ACAS)的 SARPs 与指导材料,其中包括适用于 SSR A 模式、C 模式和 S 模式的 SARPs 以及 ACAS 的技术性能。

附件 10 的第Ⅴ卷规定了关于使用航空频率的 SARPs 和指导材料。由于国际电信联盟(ITU)已经制定了一个无线电应用框架,将各国对无线电频谱的需求与不同无线电服务用户的利益进行了平衡,规划出一种行之有效的无线电使用环境,包括无干扰、有效果和高效率地使用无线电频谱。第Ⅴ卷中载有关于向各个正在或计划在不同频段上运作的航空无线电台进行频率分配的计划资料。

4.3.11 附件 11《空中交通服务》

1. 历史背景

在 1945 年 10 月召开的第一次空中规则和空中交通管制(RAC)专业会议上,出现了最早的关于空中交通管制的标准、措施和程序的建议。随后,航行委员会审查了这些建议,并将其呈递给理事会。理事会于 1946 年 2 月 25 日批准了此建议,以《空中交通管制——标准、措施和程序的建议》为题,将其登载于第 2010 号文件第二部分，并于1946年2月出版。

1946年12月到1947年1月，第二次空中规则和空中交通管制专业会议对第2010号文件进行了审查，并提出了《空中交通管制的标准和建议措施》，但由于基本原则尚未确定，导致上述文件一直没有定稿。直至1948年，在第三次空中规则和空中交通管制会议召开期间，国际民航组织制定了这些标准并在此后向各缔约国提交了附件草案。1950年5月18日，理事会依据《国际民用航空公约》第37条通过了这一草案，并将其定为《公约》的附件11《空中交通服务》，于1950年10月1日生效。值得注意的是附件标题的改变，新标题"空中交通服务"，被认为要优于原标题"空中交通管制"，因为它明确了空中交通管制服务是附件11所包括的服务的一部分，除此之外还有飞行情报服务和告警服务。

附件11的表A中列出了该附件历次修订的原因和主题名称，以及理事会通过附件的各次修订日期、生效日期及适用日期。

2. 适用范围

本文件中的标准和建议措施，连同附件2中的标准，一起制约着《航行服务程序——空中交通管理》(Doc 4444号文件，PANS-ATM)以及《地区补充程序——空中规则和空中交通服务》(Doc 9030号文件)的应用，其中后一文件中还包括适用于地区的辅助程序。制定这两个附件的主要目的是统一国际空中航路的飞行条件，这些条件是为了改进航行的安全和效率而设计的。附件11涉及空域的划设。为保障空中交通的安全、有秩序和迅速流通，该附件在空中交通管制、飞行情报服务和告警服务之间作了明确的区别。其中的标准和建议措施适用于缔约国提供空中交通服务的所有空域，包括其所辖的空域和其负责的公海上空或主权未定空域。

3. 主要内容

早在1994年，国际民航界还没有空中交通管制的概念。今天，我们把空中交通管制、飞行情报和告警服务一并称为空中交通服务，这一服务在不可或缺的地面支持设施中占有重要地位，保证了全世界空中交通的安全和高效运行。附件11界定了空中交通服务，并规定了提供这些服务所适用的世界范围的标准和建议措施。

当今世界的空域被划分为一系列连续的飞行情报区(Flight Information Regions，FIRs)，并在其中提供空中交通服务。在特殊情况下，飞行情报区覆盖了大面积的空中交通密度相对较低的大洋空域，此时则只提供飞行情报服务和告警服务。在另外一些飞行情报区内，大部分空域是管制空域，此时则要提供空中交通管制服务，而不仅仅是飞行情报和告警服务。

不管是在机动区域内滑行、起飞、着陆、处于航路上还是在目的地机场的空中等待状态中的航空器，都存在相撞的可能，而空中交通服务的首要目的就是防止航空器相撞。除此之外，附件11还负责维持空中交通的有序流动，并为航空飞行提供情报和建议，以及为遇险中的航空器提供告警服务。为了达到这些目的，国际民航组织呼吁各国建立飞行情报中心和空中交通管制单位。

按照规定，所有航空器都将按照仪表飞行规则（IFR）或目视飞行规则（VFR）飞行。按照 IFR 飞行时，航空器从一个无线电辅助设备飞向下一个设备，或参照自身携带的机载导航设备飞行，驾驶员可以随时确定航空器的位置。除最严酷的天气条件，IFR 飞行可在其他所有情况下进行，而 VFR 飞行则必须在无云的天气条件下进行，并且能见度要足够使驾驶员看到并避开其他航空器。附件 11 的第 3 章规定了向这些飞行提供的服务类型。例如，如果 IFR 飞行是在管制空域内运行，将向其提供空中交通管制服务；如果是在非管制空域内运行，则将提供飞行情报服务，其中包括已知的交通情报，由驾驶员负责安排其飞行以避开其他交通；除非是在特定区域，否则一般不向 VFR 飞行提供管制服务，也不在 VFR 飞行之间提供间隔服务，除非是 ATC 当局有明确要求，才会把 VFR 飞行和 IFR 飞行间隔开。

虽然附件 11 规定了诸多条件下的服务类型，但是这并不意味着所有航空器都能得到空中服务程序，如果航空器完全在没有飞行计划的管制空域之外运行，那么，这样的飞行是不可能接收到空中交通服务的。

安全是国际民用航空的重中之重，而空中交通管理为航空安全做出了巨大的贡献。附件 11 中载有一项重要要求，即国家必须实施系统的空中交通服务（ATS）安全管理计划，以保证在所辖空域内和机场上能够提供 ATS。

附件第 3 章中规定了空中交通管制单位应当提供的发布放行许可和情报等空中交通管制服务，以保证航空器之间有足够大的纵向、垂直或横向间隔。这一章还涉及放行许可的内容、ATC 单位之间的协调和管制责任移交的协调。有序的移交程序要求，在任何时候一架航空器必须只能接受一个空中交通管制单位的管制。在繁忙机场的高峰时刻，某个地点或区域交通需求可能会超出空中交通管制单位现有的能力，因此附件 11 规定，必要时，ATC 单位必须合理地规划对交通流量的限制，以避免航空器在飞行中过度延误。

附件 11 还规定，民用空中交通管制单位应当与军事当局或其他有可能影响民用航空器飞行的机构之间进行协调，管制单位有责任向军事单位提供有关民用航空器的飞行计划以及其他有关的飞行数据，使民用航空器在接近或进入限制区时得到识别。

空中交通服务单位通常会向所有其所知的航空器提供飞行情报服务，无论其是否在管制空域内。这些情报包括重要天气（Significant Meteorological，SIGMET）情报、导航设备可用性变动的情报、机场和有关设施条件变动的情报以及可能影响安全的任何其他情报。此外，IFR 飞行还能收到起飞、到达和备降机场的天气条件的情报，及在管制区域和管制地带之外运行的其他航空器的信息，若其在水域上空飞行，还会收到有关海面船只的情报。VFR 飞行还会收到可能不能采用目视飞行的天气条件的情报。

附件 11 还载有适用于运行飞行情报服务（Operational Flight Information Services,OFIS)广播的规范,包括自动终端情报服务(Automatic Terminal Information Service,ATIS)广播。

附件 11 的第 5 章主要涉及告警服务,这一服务的作用是调动所有能够提供援助或援救的应急组织,在需要的时候,为航空器提供救援。当遇到未能与航空器建立通信联络,或航空器未按时到达,或收到航空器已经或即将进行迫降等信息时,空中交通服务单位会向援救协调中心告警,告警服务会自动提供给接受空中交通管制服务的所有航空器,并在可能的时候提供给已申报飞行计划的航空器或通过其他方式接收到空中交通服务的航空器。此外,告警服务还会提供给正受到非法干扰的航空器。

附件中其余的章节涵盖了适用于空地通信、ATS 单位之间的通信以及这些单位与其他重要办公室之间的 ATS 通信要求。无论何时,只要有可能,空地通信应能进行直接、迅速、不间断和无静电干扰的双向无线电话通信,而 ATS 单位之间的通信应能交换印字电文,对于空中交通管制单位而言,其管制员之间还应能够进行直接的语音通信。附件 11 还建议对于通过空地无线电频道交换的情报以及从其他单位和办公室收到的重要情报进行记录。

本附件的附录 1 详细说明了空中交通服务航路的识别原则,以使驾驶员和 ATS 无须借助于地理参照即可准确无误地识别任何航路。附录 2 对用无线电导航设施标明和未用无线电导航设施标明的重要地点的代号做出了规定。此外,附件 11 还载有一系列附篇,涉及各种不同事项的指导材料,包括空域的组织,空地频道的 ATS 要求,以及标准进场和离场航路的设立和命名。

随着越来越多的航空器加入到已经十分拥堵的空中航路之中,附件 11 将继续拓展空中交通管制的概念、程序、设备和规则,以支持空中交通的安全有序发展。

4. 文件章节

本附件共 7 章,分别是定义、总则、空中交通管制服务、飞行情报服务、告警服务、空中交通服务的通信要求、空中交通服务对情报的要求;包含 5 个附录,分别是关于导航规范和 ATS 航路(标准离场和进场航路除外)的识别原则、关于重要点的设立和识别的原则,关于标准离场和进场航路的识别原则和有关程序、ATS 空域类别-提供的服务和飞行要求、航行数据质量要求;此外,还包含 3 个附篇,分别是关于划设由 VOR 标定的 ATS 航路的方法的材料、航空器交通情报广播(Traffic Information Broadcasts by Aircraft,TIBA)及有关运行程序、关于应急计划的材料。

4.3.12 附件 12《搜寻与援救》

1. 历史背景

1946 年 12 月,第二届搜寻与援救专业会议对搜寻与援救的标准和建议措施提出了建议,这一建议经秘书处和航行委员会加以完善后提交给了理事会,但是这份提案却未被采纳,并且在 1948 年 4 月被理事会驳回,要求航行委员会重新审议。随后,航行委员会根据在地区航行会议所取得的经验的基础上，进一步完善了附件草案，并发送给各缔约国以征求意见，形成了最终提案。1950 年 5 月 25 日，这份最终提案经理事会通过，并将其定为《国际民用航空公约》的附件 12，这一附件于 1950 年 12 月 1 日起正式生效，并于 1951 年 3 月 1 日起开始执行。

附件的表 A 说明了之后各次修订的原因、涉及的主要内容以及理事会通过本附件与各次修订的日期、修订的生效与适用日期。

2. 适用范围

附件 12 适用于在缔约国领土内和公海上的搜寻与援救服务，详细规范了这些服务的设置、维护与操作流程，并为各国的搜救服务进行协调。附件中的标准和建议措施指导着《地区补充程序——搜寻与援救》(载于 Doc 7030 号文件)的应用，这份文件包含了适用于地区的辅助程序。

3. 主要内容

遗憾地说，航空事故是难以避免的，那么搜寻与救援服务正是为了尽最大可能降低事故影响的措施，这一服务的目的在于迅速找到航空事故中的幸存者并为其提供帮助。有鉴于此，国际民航组织在《公约》附件 12《搜寻与援救》(Search and Rescue，SAR)中纳入了一套得到国际上广泛认可的标准和建议措施。

附件规定，各缔约国必须在其领土之内和公海上设立搜寻与援救服务，并维持其正常运作。除附件外，还有《搜寻与援救手册》对附件进行补充，该手册由三部分组成，涉及搜救服务的组织与管理程序。

附件 12 的最初提案始于 1946 年，但直到 1951 年，在进行了频繁的审议和修改之后，才达到国际民用航空的要求，从而作为标准和建议措施载入附件 12 的第 1 版。

本附件共 5 章，详细规定了与开展搜救工作相关的组织与合作原则，概述了必要的准备措施，并规划了发生紧急情况时提供搜救服务的工作程序。

附件在第 2 章中规定了各国应该在其领土之内，由地区航行协议决定并经理事会批准的公海上空，以及部分主权未确定的地区提供搜救服务。此章还规范了移动程序的建立事项，为其指定了有效的通信手段和便于提供搜寻救援服务的公共或私营机构。

开展搜救工作的关键是各国搜救服务的高效合作，附件的第 3 章对这一点做出了详细规定。附件要求各缔约国应当及时公布必要的资料，以便于其他国家的援救单位能够迅速及时地进入其领土为其提供救援服务，同时建议派遣航空器事故的调查人员，以尽快展开事故调查工作。

附件的第 4 章主要涉及搜救服务的准备措施。其中规定了核对和公布搜救服务所需的资料，如必须为搜救工作编制详细的工作计划，并在计划中包含必要的资料。此外，第 4 章还对搜救人员的资格培训以及事故现场航空器残骸的清理工作做出了相应规定。

附件第 5 章对已知的突发事件进行了分类,并分别规定了对于不同类型的事件应采取的行动。根据分类,所有的突发事件,大体上分为三个阶段,首先是“情况不明阶段”,比如地面与航空器失去无线电联络,也未能再次取得联络时,或者航空器未能到达目的地点时。在这一阶段,有关方面可联系相关的援救协调中心(Rescue Coordination Centre,RCC),RCC 会收集并分析航空器有关的报告和资料。根据具体情况,“情况不明阶段”可发展为“告警阶段”,这时 RCC 将向有关的搜救单位告警并开始采取进一步行动。若有足够的理由判断航空器已经遇险,那么这时突发事件就已经进入“遇险阶段”。在这一阶段,RCC 会尽快确定遇险航空器的位置并采取搜救行动。RCC 会按照既定流程,通知航空器的运营人、登记国、有关的空中交通服务单位、毗邻的 RCC 和有关的事故调查当局,制定搜救计划并协调各单位开展搜救活动。此章详细规定了涉及两个或两个以上 RC 和现场当局时候的工作程序、终止或暂停搜救工作的程序,以及在事故现场应当采取的行动。此外,附件还对由某航空器机长截获遇险信号时应当采取的行动做出了规定。

本附件的附录规定了三套搜救信号,其中第一套供航空器和水上船只在搜救工作中使用,第二套和第三套包括地对空目视信号,供幸存者和地面援救单位使用。

为了应对搜救工作瞬息万变的可能状况,国际民航组织特地在附件 12 中制定了完整、详细的工作程序,并特别强调了有充分的灵活性来满足突发事件中的超常要求。

4. 文件章节

本附件共 5 章,分别是定义、组织、合作、准备措施、工作程序,此外还有一个附录,即搜寻与援救信号。

4.3.13　附件 13《航空器事故和事故征候调查》

1. 历史背景

1951 年 4 月 11 日,国际民航组织理事会根据《国际民用航空公约》第 37 条首次通过了关于航空器事故查询的标准和建议措施,并将其定为《公约》的附件 13。

这些标准和建议措施是根据 1946 年 2 月举行的第一届事故调查专业会议的建议制定的,1947 年 2 月,第二届事故调查专业会议进一步完善了这些建议。

1962 年 8—9 月,在罗马举行的国际民航组织第十四届大会审议了航空器事故调查的有关问题,并通过了 A14－22 号和 A14－27 号决议附录 P,随后第十五届大会通过了 A15－8 号决议附录 P,该决议综合并取代了 A14－22 号和 A14－27 号决议附录 P 的第 2 项决议条款。

其中 A14－22 号决议指示理事会建立一种可供各国使用的统一程序,特别是当出现现代大型航空器事故时,能够迅速提供事故调查和查询报告。同时,该项决议还要求理事会建立一种制度,要求在适当情况和被邀请的情况下,航空器的制造国或最先为其颁发型号证的国家派出专家以进行咨询或协助，并根据调查结果帮助各缔约国改善空中航行环境，同时各缔约国应及时向这些国家通告关于航空器事故的信息。

根据 A14－27 号决议附录 P，大会决定，对于航空事故调查，当事故在某缔约国内发生而涉及的航空器并非该缔约国所制造时，事故所在国应当将查询所得的、可能反映该型航空器或其设备的适航性，或者可能用来提高其安全性的有关资料，尽快地通知制造国。

附件的表 A 记录了附件各次修订的原因和涉及的主题名称、理事会通过附件和各次修订的日期，以及这些修订生效和执行的日期。

2. 适用范围

本附件虽然是根据《公约》第 37 条的规定通过的，但航空器事故查询本身其实是《公约》第 26 条的主题。《公约》第 26 条要求航空器发生事故时所在的国家在其法律许可的范围内按照国际民航组织的程序进行查询。但是《公约》第 26 条并不排除在航空器事故调查方面进一步采取行动，同时，本附件所规定的程序也并不仅限于按照第 26 条的要求进行查询工作，而是在规定的情况下适用本附件中对“航空器事故”定义范围内的任何查询。

为了保持第 26 条的规定和本附件规定之间的正确关系，附件遵循了以下两条原则：第一，《公约》第 37 条是制定航空器事故查询附件的指导条款，但附件中不得有与《公约》第 26 条或《公约》的任何其他条款相抵触之处，也不应该有违反公约精神和意图的任何条款；第二，除第一条的制约外，本附件可以处理任何有关问题，无论是《公约》第 26 条或《公约》其他条款是否明文提到的。例如：附件对于除登记国和事故所在国以外国家的权利或义务做出的规定是不违反《公约》的。同样，附件可以对《公约》第 26 条规定的有权在查询时“到场”的观察员的特权做出规定。此外，附件还可以对第 26 条的规定中未包括的事故种类做出相关规定。

3. 附件 13 和《公约》第 26 条之间的关系

为了理清《公约》第 26 条和本附件各项规定之间的关系，理事会在 1951 年 4 月 13 日召开的第十二届会议的第二十次会议上通过了一项附加决议，建议主要把《公约》附件 13 中所载的航空器事故查询的标准和建议措施用于涉及死亡或重伤的重大事故查询。但需要说明的是，根据《公约》第 38 条，缔约国可以偏离附件 13 的规定，不过对于符合《公约》第 26 条所规定的事故则应严格执行《公约》第 26 条，事故的所在国应着手调查，航空器的登记国应当派遣观察员到场，主持查询的国家必须将调查报告和调查结果通知航空器登记国。如果航空器的事故未涉及死亡或重伤，但仍能确定其在技术上有严重缺陷，那么就不适用此处所建议的程序，在这种情况下，应在不违反《公约》第 26 条规定的情况下，按有关国家的本国程序进行查询。

本附件中所提到的授权代表和顾问由第 26 条中规定的有权前往查询现场的观察员构成。

4. 主要内容

对航空事故进行调查的目的除了查明原因外，重点还在于防止事故再次发生，附件13也表明，事故调查的主要目的是在于防微杜渐、亡羊补牢。

附件13详细规定了航空事故调查的国际标准。很多情况下，事故调查小组是在没有任何准备的情况下就被召集起来处理航空事故的，为了便于理解，附件13本质上是一个参考文件。例如，附件详细说明了哪些国家可以参加调查，比如出事所在国、登记国、运营人所在国、设计和制造国，同时还规定了这些国家的权利和责任。

附件13第9版（最新版本）包括8章正文、1个附录和6个附篇。前3章为定义、适用范围和总则。

第3章规定出事所在国有责任保护证据，并对事故航空器进行监护与运送。本章还规定了该国对于其他国家提出的参加调查的要求的处理办法。

第4章规定，事故所在国必须在第一时间通知调查可能涉及的所有国家，由于事故发生的地点会有所不同，比如处于国际民航组织缔约国领土内、处于非缔约国领土内或处于任何国际民航组织国家领土之外，本章根据事故发生的地点，分别规定了不同国家所应该承担的调查责任。事故发生地所在国应该承担调查责任，通常由其自行进行调查，但是该国也可将全部或部分调查工作委托给另一国进行；如果在事故发生地并不在任何国家的领土之内，则应该由事故航空器的登记国承担调查责任；进行调查的国家可选择来自任何渠道的具备最好的技术专业知识的组织或个人来协助调查。参加事故调查的登记国、运营人所在国、设计和制造国有权任命一名代表参加调查，还可任命顾问协助授权代表。在事故中有公民蒙难的国家也有权任命一名专家参加调查。

第5章主要对正式的调查过程制定了规范。调查的流程主要分为收集、记录和分析所有的相关资料，查明原因，制定适当的安全建议和出具最终调查报告。第5章对整个调查过程做出了详细的规定，包括调查负责人的任命、对飞行记录仪的分析、对尸体的剖检、与司法部门的协调、与航空安保部门的沟通、信息的公开，甚至还规定了在必要时可以申请重新调查。

第6章主要对最终调查报告的编写和信息公布做出了规定，其中最终报告的格式在附录中有示例。国际民航组织管理着一个被称为事故/事故征候资料报告（Accident/Incident Data Reporting，ADREP）系统的数据库，这种数字化的数据库极大地方便了事故资料的储存和分析，不仅便利了缔约国之间资料的互换，对于事故的预防也至关重要。

第7章主要论述了ADREP系统的报告要求，即要采用初步报告和事故/事故征候资料报告的方法。

第8章为事故预防措施的相关规定。本章制定了强制性和自愿性两种事故征候报告系统，并规定对于资源报告的事故采取不惩罚措施。随后，本章论述了数据库系统和为分析此种数据库中所载的安全资料的一种方式，以确定所需要的任何预防行动。最后，本章建议各国建立安全资料共享网络，以便自由交换有关现存和潜在的安全缺陷的资料。这一过程已成为世界安全管理系统的一部分，目的是在全世界范围内减少事故的发生。

5. 文件章节

本附件共 8 章，分别是定义、适用范围、总则、通知、调查、最后报告、提出事故/事故征候资料报告、事故预防措施；有 1 个附录，为最后报告的格式；此外，还有 6 个附篇，分别是运营人对所在国涉及租用、包用或交换的航空器在事故和事故征候方面的权利和义务，通知和报告检查单，严重事故征候实例清单，飞行记录仪判读和分析指导性材，保护安全数据收集和处理系统的资料的法律指导，关于确定航空器损坏的指导材料。

4.3.14　附件 14《机场》

第Ⅰ卷　机场的设计和运行

1. 历史背景

1951 年 5 月 29 日，理事会依据《国际民用航空公约》第 37 条的规定首次通过了机场标准和建议措施，并将其定为《公约》的附件 14。在 1947 年 9 月和 1949 年 11 月召开的第三、第四次机场、航路和地面助航设备专业委员会会议，分别就机场问题提出了有关建议，形成了附件 14 第Ⅰ卷的雏形。

附件 14 的表 A 列出了历次修订的原因、所涉及的主要内容，以及该附件和各次修订的通过日期、生效日期和执行日期。

2. 适用范围

本附件中有些规范的解释，明确要求有关当局行使酌处权，做出决定或履行职责。在另一些规范中，虽未出现有关当局字样，但暗含了其义。在上述两种情况下，无论需要做出什么决定或采取什么行动，都必须由对机场有管辖权的国家负责。

本附件中的所有规范，除了在特定情况下另有说明外，必须适用于按《公约》第 15 条规定的开放供公众使用的所有机场。附件 14 第Ⅰ卷第 3 章中的规范仅适用于陆地机场。这一规范，在适当的情况下也必须适用于直升机场，但不适用于短距起降机场。虽然本附件目前还没有关于短距起降机场的规范，但在制定好相关规定后，也会将其包括进去。在此之前，有关短距机场的指导材料可以参考《短距起降机场手册》(Doc 9150 号文件)。

此外，当本附件提及颜色时，必须适用附录 1 中关于该颜色的规范。

3. 文件章节

本卷共10章，分别是总则，机场数据，物理特性，障碍物的限制和清除，目视助航设施，标示障碍物的目视助航设施，标示限制使用区的目视助航设施，电气系统，机场运行服务、设备和装置，机场维护；包括6个附录，分别是航空地面灯、标志、标记牌和面板的颜色，航空地面灯的特性，强制性指令标志和信息标志，有关滑行引导标记牌的设计要求，航空数据质量要求，障碍物灯的位置；此外，还有2个附篇，分别是附件14第Ⅰ卷的补充指导材料、障碍物限制面。

第Ⅱ卷　直升机场

1. 历史背景

附件14的第Ⅱ卷与第Ⅰ卷同时出版，第Ⅰ卷涉及机场的规划、设计和运行，但并不专门适用于直升机场。因此，理事会专门推出包含直升机场规定的第Ⅱ卷。目前，在航行委员会目视助航小组和航行委员会直升机运行小组的帮助下，第Ⅱ卷已经包含了直升机场的规划、设计和运行等各方面在内的标准和建议措施。

附件14的表A列出了本卷各项规定的出处、所涉及的主要内容，以及这些附件的通过日期、生效日期和执行日期。

2. 适用范围

本附件论述的尺寸是基于对单旋翼直升机的考虑。对于横列式双旋翼直升机，直升机场设计将以对特殊型号的个案审查为基础，并使用本附件中规定的对安全区和保护区的基本要求。本附件的主要章节中的规范适用于可能包括，也可能不包括PinS进近使用的目视直升机场。更多关于使用非精密和/或精密进近和仪表离场的仪表直升机场的规范，详见附录2。本附件中的规范不适用于水上直升机场（在水面上降落或起飞）。

本附件中有些规范的解释，明确要求有关当局行使酌处权，做出决定或履行职责。在另一些规范中，虽未出现有关当局字样，但暗含了其义。在上述两种情况下，无论需要做出什么决定或采取什么行动，都必须由对直升机场有管辖权的国家负责。

附件14第Ⅱ卷中的规范必须适用于准备为国际民用航空直升机使用的所有直升机场。它们必须同样适用于在主要供飞机使用的机场上专供直升机使用的区域。在相关情况下，附件14第Ⅰ卷的规定必须适用于在这些机场运行的直升机。

除非另有规定，本卷中凡提及颜色的规范必须与附件14第Ⅰ卷附录1所载的规范相一致。

3. 文件章节

本卷共6章，分别是总则、直升机场数据、物理特性、障碍物环境、目视助航设备、直升机场服务；此外，还包括2个附录，分别是航空数据质量要求、用于具有非精密和/或精密进近和仪表离场的仪表直升机场的国际标准和建议措施。

4. 主要内容

附件 14 涵盖的内容十分广泛，几乎包含了机场建设的所有细节，大到建筑规划、照明设计，小到辅助电源的切换时间，不论是复杂的救援消防设施的配置，还是简单的驱鸟工作，都有详细的规定。同时，随着航空器机型的更新换代、运行时间的加长、运行能见度条件的放宽以及机场设备的技术进步，机场行业也在不断发生变化，这促使附件 14 成为变化最为迅速的附件之一。1990 年，在第 39 次修订之后，该附件被分为两卷，第Ⅰ卷涉及机场的设计和运行，而第Ⅱ卷则涉及直升机场的设计。

附件 14 第Ⅰ卷适用于根据《公约》第 15 条的规定向公共开放使用的所有机场。1951 年第 1 版发行时，它就已经拥有了 61 页的标准和建议措施，以及 13 页额外的实施指南，该版本甚至包括了对水上机场和无跑道机场的规范，但现在这些规范已不复存在。现行版本的第Ⅰ卷有着超过 180 页的规范和指导材料，对全世界的各种不同级别机场的规划、设计、运行和维护均做出了相关规定。

机场的核心是其广大的活动区域，从跑道沿滑行道一直延伸到机坪，当今的大型现代航空器对这些设施的要求甚为苛刻，其中，对于物理方面的规范，如宽度、表面坡度以及与其他设施的间距等，构成了本附件的主要部分。国际民航组织甚至对一些近年来的全新设施都做出了规定，如跑道终端安全区、净空道和缓冲道等。这些详细的规定，确定了机场的总体形状和规模，使得工程人员能够设计出其基础结构。

除了对地面设施做出规定，附件还对机场附近空域做出了规定。比如，附件规定机场必须具备没有障碍物的空域，以便航空器进近并从机场安全离开，还特别强调了控制空域容量的重要性，例如要求“……通过建立一系列的障碍物限制面，限制可能伸向空域的物体……防止机场因障碍物的增长而无法使用”。

对于绝大多数人来说，跑道是机场最显著的标志之一，附件 14 通过规定障碍物限制面和表面尺寸，将跑道划分成了 6 种类型：非仪表进近跑道、非精密进近跑道、Ⅰ类精密进近跑道、Ⅱ类精密进近跑道和Ⅲ类精密进近跑道，以及起飞跑道。

机场在夜间的一个显著特征是各种各样用于引导和控制航空器活动的灯光。与飞行中通过无线电助航设备进行引导和控制相比，地面活动主要通过目视助航设施对航空器进行引导和控制。附件 14 第Ⅰ卷详细确定了不同类型气候情况应当使用的助航系统，由于这些目视助航设施必须能够迅速被世界各地的驾驶员所理解，因此其位置和灯光特点的标准化极为重要。照明技术的进步极大地提高了灯光的强度，同时，近年来小型光源的开发也使得机场可以在用于航空器通过的道面上安装灯光设备。现代高强度灯光对昼、夜运行都有效，在一些白天条件下，简单的标志可能非常有效。机场的标示是第三类的目视助航设施，在大型机场和交通量较大的机场，为驾驶员提供引导使其找到活动区的道路非常重要。

附件 14 第Ⅰ卷中有一个章节专门用于提高机场设备的安全性。比如，第Ⅰ卷确定了关于靠近跑道的建筑和设备选址的规范,以减少此类设备对航空器运行可能产生的危害,再比如对辅助电源的相关要求、对灯光线路的设计要求,并需要监视目视助航设施的运行。

近年来,附件14修订的重点更多偏向机场的运行,其当前版本甚至包含了有关机场维护的规范,着重强调了道面区域和目视助航设施,以及消除吸引鸟类、对航空器运行造成危险的机场特征。

此外,救援与消防工作对于机场的运行也是至关重要的,附件14规定,所有国际机场都需要提供这些服务,还详细规定了需使用的制剂类型与数量,以及其被送达航空器事故现场的时间限制。

为了保障航空器起降的安全,机场应该向航空器提供关于机场设施情况的确切资料,如机场不同部位的标高、道面的强度、跑道表面的情况,以及机场的救援和消防服务水平。附件14第Ⅰ卷对资料的提供以及报告的提交做出了规定(通过Aeronautical Information Publications(AIPs)和Notices to Airmen(NOTAMs)传送这类资料的规范在附件15《航空情报服务》中作了规定)。

对直升机场的规定包含在附件14第Ⅱ卷。这些规范补充了某些情况下第Ⅰ卷中也适用于直升机场的那些规范,例如规范了在目视和仪表气象条件下,直升机场运转所要求的自表面水平以及升高的陆地直升机场和直升机平台的障碍物限制面。此外,第Ⅱ卷还包含了有关直升机场的标志、照明材料、救援与消防等的相关要求。目前关于直升机场标志和照明的规范只适用于目视气象条件,适用于仪表气象条件下运行的目视助航设施的正在开发中。

4.3.15 附件15《航空情报服务》

1. 历史背景

1953年5月15日,国际民航组织理事会根据《国际民用航空公约》第37条的规定,首次通过了关于航空情报服务的标准和建议措施,并将其定为《公约》的附件15。

附件15的前身是1947年1月理事会批准并出版的《空中航行服务程序——航行通告》(临时国际民用航空组织Doc 2713号文件),这一通告由航行委员会根据地区航行会议的建议制定。1949年举办的航行通告特别会议审查了这些程序并提出修改意见,随后发布了《航空情报服务》(Doc 7106号文件),这一程序于1951年8月1日起开始执行。1952年第一届航空情报服务专业会议再次审查了这份文件并建议通过文件所规定的标准和建议措施。在这些建议经所有缔约国审议,并交由航行委员会审查后,国际民航组织理事会于1953年5月15日通过了第一批标准和建议措施,并将其定为《公约》附件15,该附件于1954年4月1日起开始执行。

附件15的表A记录了该附件历次修订的原因,以及理事会通过附件和历次修订的日期、修订的生效日期和执行日期。

2. 主要内容

航空情报服务(AIS)是支持国际民用航空最鲜为人知但又最重要的服务之一。航空情报服务的目标是保障必要资料的流通,以保证国际空中航行的安全和高效。附件15明确规定了航空情报服务如何接收和签发、整理或汇总、编辑、编排、出版/储存和分发详细的航空情报/数据,其目的是统一国际民用航空运行所需航空情报/数据的提供方式。

“对航行人员发布国际通告的程序”导致了早期的航空字母缩写NOTAM的诞生。多年来,为了紧跟技术革新的脚步,附件15共做了33次修订,特别是最近的几次修订,反映了对高质量的航空情报/数据和地形数据日益增长的需要,因为它们已经成为数字化机载导航系统的重要组成部分。附件还做出了许多规定用来预防可能对空中航行安全产生潜在威胁的航空情报/数据遭受损坏或出现错误等情况的发生。

不管是小型私人航空器还是大型运输航空器,其运营人都必须对未来有可能使用到的空中航行设施和服务的各项情报有所掌握。比如,航空器在一个国家运行,其运营人必须了解该国有关进入和穿越空域的规定,以及能够提供的机场、直升机机场、导航设备、气象服务、通讯服务和空中交通服务以及与此相关的程序和规定。即使在较晚得到通知的情况下,运营人也必须能够对影响这些设施和服务运行的突发情况有所了解,同时也必须掌握可能影响飞行的空域限制或危险情况。

附件15的基本理论源自于《国际民用航空公约》第28条,即各国有责任向民用航空的各相关单位提供必要的情报,以使航空器能在其负责提供服务的地区从事国际民用航空运行。

情报具有时效性,AIS处理的情报在适用期方面有很大差别。比如,有关机场和其设施的情报可能多年有效,而这些设施可供使用状况的情报(比如由于建设或修理)则只能持续较短时间,有的可能仅在几天或几小时短暂时间内有效。

情报根据其紧迫程度以及其所影响到的运营人人数或经营类型的不同,其适用范围也会有所不同,可能会冗长或简练,甚至可能会包含图形资料。

因此,航空情报将根据其紧迫性、对运行的影响程度、范围、容量、有效期的长短和对用户的相关性分别加以处理。附件15规定凡是出版的航空情报必须完整,其内容应当包含航行资料汇编(AIP)(包括修订服务、AIP补篇)、NOTAM、飞行前资料通告(Pre - flight Information Bulletin, PIB)、航行资料通报(Aeronautical Information Circulars, AIC)、检查单和有效的NOTAM清单等要素,各项要素被用来分发不同类型的航空情报。

多数情况下,有关航空设施、服务或程序的资料如果产生变化,则需要对航空公司运行手册或由各个航空部门制作的文件和数据库进行修订。负责更新这些出版物的部门应当按照事先安排好的制作方案工作。如果不加区别地出版含有多个生效日期的航空情报,那就不可能使手册和其他文件以及数据库保持最新状态。鉴于可以对设施、服务和程序的许多变化进行预测，附件 15 规定了对于定期制航行通告(Aeronautical Information Regulation and Control，AIRAC)系统的使用，若因为运行方面的因素使其无法实现，有关方面应当根据事先确定好的生效日期时间表使重大变化依次开始生效并分发情报。

附件 15 还规定用于国际运行的各个机场/直升机场必须提供飞行前资料，其中用于规划飞行的航空情报内容也必须符合附件 15 的规范。此外，附件还要求飞行机组将重要的飞行后资料(比如存在鸟害情况)提供给 AIS，以便其酌情进行分发。

航空情报/数据的必要性和重要性伴随着通信、导航和监视/空中交通管理(CNS/ATM)系统的发展发生了重要的变化。近年来，为了实施区域导航(Area Navigation，RNAV)、所需导航性能(Required Navigation Performance，RNP)和机载计算机导航系统，附件 15 对航空情报/数据和地形数据的质量(精度、分辨率和完好性)提出了严格的要求。

用户对某些航空情报/数据质量的依赖性在附件 15 当中是很明确的。例如，附件 3.2.8 a 段在描述关键数据时指出："使用损坏的关键数据将会使航空器的持续安全飞行和着陆发生严重危险并导致灾难的概率提高"，因此每个国家必须保证用户(航空界和空中交通服务等)能够及时收到并在其预期使用期限内质量完好的航空情报/数据。为实现这一目标并提高用户对情报/数据的信任度，附件 15 规定各国应当建立一个质量系统并在航空情报/数据处理的各个阶段(接收/签发、整理或汇总、编辑、编排、出版/储存和分发)配备质量管理程序。质量系统必须在每个职责阶段都有详细的文件记录，保证其具备组织结构、程序、过程和资源，以便找出和改正情报/数据在制作、更新和运行使用阶段出现的任何异常现象。这种质量管理体系能够从任何一点对所有情报/数据进行追查，追溯至以前各次处理过程直至其起源。

在国际民用航空的全部活动中，或许不能将航空情报服务置于最引人注目的地位(而且向数字化的机载导航系统提供 AIS 情报的复杂性，确实有必要提高对用户的透明度)，但是如果没有这些服务，驾驶员则会飞入一个未知世界。

3. 文件章节

本附件共 11 章，分别是总则、义务和职责、航空情报管理、航行资料汇编(AIP)、航行通告、航行资料定期颁发制(AIRAC)、航行资料通报(AIC)、飞行前和飞行后资料、电信要求、电子地形和障碍物数据、机场地图数据；此外，还包含 8 个附录，分别是航行资料汇编(AIP)的内容、雪情通告格式表、火山烟云通告格式表、按航行资料定期颁发制(AIRAC)通知的航行资料、航行通告预定分发制、航行通告格式表、航空数据发布精确度和完整性分类、地形和障碍物数据要求。

4.3.16　附件 16《环境保护》

附件 16 的主要内容是关于航空器噪声和航空器发动机排放物的，这两个问题在

《国际民用航空公约》签署时几乎未做任何考虑。

在组建国际民航组织的年代，航空器噪声已经引起人们的关注，但当时仅限于由螺旋桨引起的噪声。随着20世纪60年代初期第1代喷气式飞机的引入，航空噪声问题变得更加突出，并随着越来越多的喷气航空器用于国际运行而加剧。

航空器噪声在大气中随驱动飞机发动机动力的变化而变化，减少动力就可以减少噪声，但同时却会影响喷气航空器的安全特性。

在1969年召开的机场附近航空器噪声问题特别会议后不久，国际民航组织成立了航空器噪声委员会(Committee on Aircraft Noise，CAN)，以协助国际民航组织为不同类型的航空器制定噪声合格审定要求。该委员会的第一次会议制定了对附件16的第1次修订，并于1973年开始执行，包括对将来生产的和派生型的亚音速喷气飞机进近噪声的合格审定程序。

在随后举行的各次会议上，航空器噪声委员会制定了未来的亚音速喷气飞机和螺旋桨飞机的噪声合格审定标准，以及在今后生产现有型号的超音速运输机和直升机的噪声合格审定标准，同时还制定了未来的超音速飞机、螺旋桨短距起降(Short Take－off and Landing，STOL)飞机和所装辅助动力装置以及相关航空器系统在地面运转时的噪声合格审定准则。

1971年国际民航组织大会通过了一项决议，要求制定控制航空器发动机的排放的国际标准。随后，国际民航组织成立了航空器发动机排放委员会(Committee on Aircraft Engine Emissions，CAEE)来完成这一工作。有关航空发动机的排放标准在1981年得到通过，规定了未来生产的大型涡轮喷气和涡扇发动机的烟和某些气态污染物的排放限额，还特别禁止排放原油。

在第Ⅰ卷中，航空器的不同分类构成噪声合格审定的基础。这些分类包括1977年10月6日之前其原型机合格审定申请得到受理的亚音速喷气飞机、该日期或其后受理的亚音速喷气飞机、5 700千克以上的螺旋桨飞机、不超过这一质量的螺旋桨飞机、其原型机合格审定申请于1975年1月1日之前得到受理的超音速飞机和其原型机合格审定申请在1980年1月1日或之后得到受理的直升机。

对每项分类中的航空器型号，噪声评估计量已标准化。除最大审定起飞质量不超过5 700千克的螺旋桨飞机以外，噪声评估计量均是有效感觉噪声水平，用有效感觉噪声分贝(EPNdB)表示。EPNdB是一个单一数字指数，表示航空器噪声对人的主观影响，并考虑到即时感觉噪声水平和持续长度。该附件还为这些型号的航空器规定了不同的测量点、横向、进近和飞越噪声测量点的最高噪声水平以及飞行测试程序。噪声合格证由航空器登记国颁发，申请者须向其证明该航空器至少符合了等同于本附件规定的适用标准的要求。

在附件16的第Ⅱ卷中，有些标准禁止1982年2月18日之后制造的所有涡轮发动机航空器有意向大气中排放原油。还有一些标准规定了1983年1月1日之后制造的用于亚音速推进的涡轮喷气和涡扇发动机的烟排放限额。对于1982年2月18

日之后制造的用于超音速推进的发动机适用类似限额。附件中还包括另外一些标准,例如规定了1986年1月1日之后制造的用于亚音速推进的大型涡轮喷气和涡扇发动机的一氧化碳、未燃烧的碳氢化合物和氮氧化物的排放限额。这些标准以航空器的着陆和起飞(Landing and Take - Off,LTO)循环为依据。除这些标准之外,第Ⅱ卷还载有详细的测量程序和仪器规范,并细述了评估测试结果所使用的统计方法。

1983年,航空器噪声委员会和航空器发动机排放委员会合并为航空环境保护委员会(CAEP),作为国际民航组织理事会的一个技术委员会。自其成立以来,航空环保委员会进一步发展了附件16中的航空器噪声和航空器发动机排放的标准。

根据航空环保委员会的建议,国际民航组织理事会于2001年通过了一项新的噪声标准,并将其作为附件16的第4章,其比第3章中所载的标准更为严格。自2006年1月1日起,新的标准将适用于新获得合格审定的飞机和要求根据第4章重新进行合格审定的飞机。

关于航空器发动机的排放问题,国际民航组织的工作重心逐渐发生了变化。最初,它的着眼点是关注机场附近的空气质量问题,到20世纪90年代则扩大到包括航空器发动机排放导致的全球大气问题,例如气候变化等。因此,国际民航组织正在考虑进一步发展排放标准,不仅顾及LTO循环的排放,同时还要照顾到在运行巡航阶段的排放。在1993年和1999年,根据航空环保委员会的建议,国际民航组织理事会通过了关于氮氧化物排放限额的更为严格的标准,在撰写本文时,这些限额的第3稿正在由理事会审议。

环境保护已成为民用航空在21世纪面临的最大挑战之一,自附件16首次通过以来已经过了数次重大调整,以适应技术的发展。国际民航组织也将会继续对其进行修订,使其与实现民用航空安全和有序的发展与环境质量之间最大兼容性的目标相符。

第Ⅰ卷　航空器的噪声

1. 历史背景

1971年4月2日,国际民航组织理事会根据《国际民用航空公约》第37条规定,首次通过了关于航空器噪声的标准和建议措施,并将其定为《公约》的附件16。

有关环境保护的最早问题是于1968年9月在布宜诺斯艾利斯召开的第16届大会上通过的A16 - 3号决议中提出的航空噪声问题,这项决议的通过表明国际民航组织已经意识到,随着世界上许多机场交通量的大幅增加,机场附近的噪声问题日趋严重,公众的反对情绪不断高涨,除非采取行动来缓和这种情况,否则航空器新机型的引入可能会继续恶化机场噪声问题。1966年11月在伦敦举行的关于减小民用航空器所致噪声和干扰的国际会议(“伦敦噪声会议”)和1967年11月在蒙特利尔举行的国际民航组织第五次航行会议都对航空器的噪声问题提出了建议,希望通过国际民航组织系统对这一问题达成一致意见，并希望尽快提出解决方法。有鉴于此，大会责成理事会做好充分准备，尽快在国际民航组织系统内召开国际会议研究机场附近航空器噪声问题，并制定有关航空器噪声的国际规范和相关指导材料，可以批准一个单独的附件来收录对航空器噪声的描述和测量方法，以及机场周边居民所关心的对航空器噪声的限制政策等资料。

为响应大会 A16－3 号决议，1969 年 11 月—12 月，关于机场附近航空器噪声的特别会议在蒙特利尔召开。这一特别会议审查了有关航空器噪声方面的几个问题，包括描述和测量航空器噪声的程序，人对航空器噪声的忍耐程度，航空器噪声合格审定，制定航空器噪声抑制操作程序的准则，土地使用控制和地面试车噪声抑制程序。

本次会议制定了航空器噪声国际标准和建议措施草案，经过各缔约国的协商和修订之后，被理事会采纳并定为附件 16 的正式文案。

随着控制航空器发动机排放物的标准和建议措施的制定，人们认为有关航空环境方面的所有规定应该包含在一个单独的文件中。因此，附件 16 的第 5 次修订工作采纳了这一建议，理事会将附件 16 改名为《环境保护》，其第Ⅰ卷包含经过第 5 次修订的附件 16 航空器噪声的现行规定(第 3 版)，第Ⅱ卷包含关于航空器发动机排放物的规定。

2001 年 9 月 25 日至 10 月 5 日在蒙特利尔召开的大会第 33 届会议通过了 A33－7 号决议，这项决议发表了国际民用航空组织关于环境保护的持续政策和做法的综合声明，以便将国际民用航空组织有关航空器噪声的新的政策和指导材料纳入附件内容。声明强调，随着时间的推移，国际民航组织已经形成噪声管理“平衡做法”的概念。

正如 A33－7 号决议附录 C 所定义的，噪声管理平衡做法包括确定机场的噪声问题，然后分析可以采用的各种措施，以便通过对四大要素(从源头减噪、土地使用规划和管理、噪声抑制运行程序和运行限制)进行深入研究来减少噪声，其目标是以最低成本的方式解决噪声问题。除了对平衡做法概念作了详尽的附加解释外，大会 A33－7 号决议还敦促各国采纳这种做法来对航空器噪声进行管理。在附件 16 第Ⅰ卷及国际民用航空组织通过的指导材料中，多处涉及平衡做法的主要要素。其中附件 16 第Ⅰ卷第Ⅱ部分涉及了通过航空器噪声合格审定进而实现从源头降噪的目标，对平衡做法其他要素的参照载于第Ⅴ部分。

附件 16 的表 A 列出了该附件历次修订的原因、所涉及的主要内容、理事会通过附件和各次修订的日期、生效日期及执行日期。

2. 适用范围

附件 16 第Ⅰ卷第Ⅰ部分为定义，第Ⅱ部分为适用于从事国际空中航行相关类别航空器的噪声合格审定的标准、建议措施和指导材料，其中，第 2 章和第 3 章不包括能短距起降(STOL)的喷气式飞机，在国际民航组织制定出适当定义之前，其在本附件中是指在最大适航审定质量下起飞所需跑道长度等于或小于 610 米（无停止道或净空道）的飞机。

附件 16 第Ⅰ卷第Ⅲ、第Ⅳ和第Ⅴ部分，包含供各国使用的标准、建议措施和指导材料，有助于以监测为目的的噪声测量、噪声评估，进而采取平衡做法。

3. 文件章节

本卷共 5 部分，分别是定义、航空器噪声合格审定、用于监测目的的噪声测量、机场噪声评估、噪声管理的平衡做法。

其中第Ⅱ部分共 13 章，分别是第 1 章 管理；第 2 章 亚音速喷气式飞机——1977 年 10 月 6 日之前提交型号合格证申请者；第 3 章分为两个部分，分别是亚音速喷气式飞机——1977 年 10 月 6 日或以后和 2006 年 1 月 1 日之前提交型号合格证申请者、8 618千克以上的螺旋桨驱动的飞机——1985 年 1 月 1 日或以后和 2006 年 1 月 1 日之前提交型号合格证申请者；第 4 章分为两部分，分别是亚音速喷气式飞机——2006 年 1 月 1 日或以后提交型号合格证申请者、8 618 千克以上的螺旋桨驱动的飞机——2006 年 1 月 1 日或以后提交型号合格证申请者；第 5 章为 8 618 千克以上的螺旋桨驱动的飞机——1985 年 1 月 1 日之前提交型号合格证申请者；第 6 章为不超过8 618千克的螺旋桨驱动的飞机——1988 年 11 月 17 日之前提交型号合格证申请者；第 7 章为螺旋桨驱动的短距起降飞机；第 8 章为直升机；第 9 章为地面运行期间的机载辅助动力装置（Auxiliary Power - Unit，APU）和相关航空器系统；第 10 章为不超过8 618千克的螺旋桨驱动的飞机——1988 年 11 月 17 日或以后提交型号合格证或衍生型合格审定申请者；第 11 章为最大审定起飞质量不超过 3 175 千克的直升机；第 12 章为超音速飞机；第 13 章为倾斜旋翼航空器。

本附件还有 6 个附录，即附录 1 亚音速喷气式飞机噪声合格审定的评定方法——1977 年 10 月 6 日之前提交型号合格证申请者；附录 2 分为三个部分，分别是亚音速喷气式飞机——1977 年 10 月 6 日或以后提交型号合格证申请者，8 618 千克以上的螺旋桨驱动的飞机——1985 年 1 月 1 日或以后提交型号合格证申请者，直升机；附录 3 不超过 8 618 千克的螺旋桨驱动的飞机噪声合格审定的评定方法——1988 年 11 月 17 日之前提交型号合格证申请者；附录 4 最大起飞审定质量不超过 3 175千克的直升机噪声合格审定的评定方法；附录 5 在机场及其附近监测航空器噪声；附录 6 不超过 8 618 千克的螺旋桨驱动的飞机噪声合格审定的评定方法——1988 年 11 月 17 日或以后提交型号合格证或衍生型合格审定申请者。

本附件还有 8 个附篇，分别是附篇 A 作为起飞质量函数的噪声级的计算公式、附篇 B 关于螺旋桨驱动的短距起降飞机噪声合格审定的指南、附篇 C 关于地面运行期间机载辅助动力装置（APU）和相关航空器系统噪声合格审定的指南、附篇 D 关于对可供选择的直升机进场噪声测量方法进行评定的指南、附篇 E 螺旋桨驱动的飞机噪声合格审定标准的适用范围、附篇 F 倾斜旋翼航空器噪声合格审定指南、附篇 G

关于对噪声合格审定文件实施管理的指南、附篇 H 关于为土地使用规划目的获得直升机噪声数据的指南。

第Ⅱ卷　航空发动机的排放物

1. 历史背景

1972 年,在瑞典首都斯德哥尔摩举行了联合国人类环境会议,国际民用航空组织在此次会议上发表了 A18－11 号决议。该决议强调:“在履行此职责中,国际民航组织意识到可能与航空器活动相关的不利的环境影响,以及本组织及其成员国在使民用航空安全而有秩序的发展与人类环境的质量之间达到最大程度的兼容方面承担的责任”。

国际民航组织第 18 届大会还通过了关于环境的 A18－12 号决议,该决议声明:“大会要求理事会在本组织其他机构和其他国际组织的协助与合作下,继续大力开展与制定关于人类环境质量的标准、建议措施、程序/指导材料有关的工作。”

在此决议之后,国际民航组织理事会制定了一项关于环境的行动方案,并成立了一个研究小组,在有关航空器发动机排放的某些工作中协助秘书处。1977 年该小组出版了一份题为《航空器发动机排放控制》的通告(Cir 134 号通告)。该通告包含了以审定程序的形式呈现的指导材料,以控制亚音速涡喷和涡扇发动机所排出的燃油、烟和某些气态排放物。

鉴于航空器发动机排放这一专题不是一个仅限于客观技术问题的专题,而是一个需要多个领域的专家共同参与并听取各缔约国观点的专题,理事会于 1977 年成立了一个直属委员会,命名为航空器发动机排放委员会(CAEE),以对这一专题的若干方面进行探索。

在 1980 年 5 月举行的航空器发动机排放委员会第二次会议上,该委员会就改进国际民航组织附件的材料提出了建议,经过各缔约国的协商和修改,理事会通过了这些材料,从而形成了附件 16 的现有文本。理事会赞成把所有有关航空环境方面的规定收录在一个附件中。因此,附件 16 改名为《环境保护》,并把该附件的原有文本收入第Ⅰ卷航空器噪声,而把本文件中的材料定为第Ⅱ卷航空器发动机的排放物。

2. 适用范围

附件 16 第Ⅱ卷的第Ⅰ部分包含定义和符号,第Ⅱ部分包含关于外排燃油的标准,第Ⅲ部分包含适用于各类用于国际民航飞行的航空器发动机的排放物审定标准。

3. 文件章节

本卷共 3 部分,第Ⅰ部分为定义和符号;第Ⅱ部分为外派的燃油;第Ⅲ部分为排放审定,并包含多个附录:基准增压比的测量、烟排放估计、用于气态排放物的仪器和测量技术(其中包含 7 个附篇:碳氢化合物分析仪的规格,一氧化碳和二氧化碳分析仪的规格，氮氧化物分析仪的规格，校准和测试气体，排放物参数的计算——基础、测量值修正，备选数值法，补充数据的规格）、用于航空器涡轮发动机排放测试的燃油规范、用于带加力燃烧的燃气涡轮发动机气态排放物的仪器和测量技术（包括 7 个附篇：碳氢化合物分析仪的规格，一氧化碳和二氧化碳分析仪的规格，氮氧化物分析仪的规格，校准和测试气体，排放物参数的计算——基础、测量值修正，备选数值法，补充数据的规格），以及气态排放物和烟的符合性程序。

4.3.17 附件 17《安保：保护国际民用航空免遭非法干扰行为》

1. 历史背景

本附件主要是国际民航组织理事会根据大会的 A17－10 号和 A18－10 号决议制定的。

A17－10 号大会决议提出了关于各国实施安保规定的建议，并要求理事会在本组织其他机构的协助下，将本决议附录中的材料适当编制成标准和建议措施及程序，以将其纳入本组织现行的或新的附件中，或本组织其他规章性的文件或指导材料中。

A18－10 号大会决议提出了保护国际航空运输安全的其他技术措施，大会要求理事会和秘书长对有关航空运输安保的议题给予足够的重视。

根据空中航行委员会、航空运输委员会和非法干扰委员会为航空安保所做的诸多工作，参考了各缔约国的意见，国际民航组织理事会于 1974 年 3 月 22 日根据《国际民用航空公约》第 37 条的规定，通过了关于安保的标准和建议措施，并将其定为《公约》的附件 17《安保：保护国际民用航空免遭非法干扰行为》。

附件 17 的表 A 记录了该附件历次修订的原因、有关主要内容，以及理事会通过附件和各次修订的日期、生效日期和执行日期。

2. 适用范围

根据附件 17 的要求，国际民航组织的每一缔约国都必须遵守此附件中所载的各项标准，并努力地将建议措施应用于国际民用航空运行。每一缔约国都必须根据国家有关当局进行的安保风险评估，确保在切实可行的基础上，将旨在防止非法干扰行为的措施用于国内航空运行。

说明和指导材料为了给各国在执行本附件所规定的安保措施时提供一个综合性文件，理事会从其他附件和《危险物品安全航空运输技术细则》（Doc 9284 号文件）、《航行服务程序——空中交通管理》及《航行服务程序——航空器的运行》中摘录了关于各国在防止非法干扰民用航空或当发生这种干扰时需要采取的措施，并将其定位为本附件的附篇。

其次，理事会还出版了《航空安保手册》（Doc 8973 号文件），将其用作详细介绍航空安保方面的程序和指南。出版手册的目的在于帮助各国根据《国际民用航空公约》各附件规定的要求，执行本国的民用航空安保方案。

3. 主要内容

20 世纪 60 年代末期暴力犯罪的急剧增加严重地影响到了民用航空的安全，这直接推动了 1970 年 6 月国际民航组织大会特别会议的召开。该大会的决议之一是要求在《国际民用航空公约》现有或新的附件中，特别为处理非法干扰问题制定相关规定，尤其是对于航空器的非法劫持问题。

1974 年 3 月 22 日，国际民航组织理事会通过了有关安保的标准和建议措施，并将其定为附件 17《安保：保护国际民用航空免遭非法干扰行为》。

该附件为国际民航组织的民用航空安保方案奠定了基础，有助于寻求防止对民用航空及其设施进行非法干扰行为的方法，这对于保障民用航空的安全是至关重要的。

附件 17 主要涉及管理及协调等问题，以及保护国际航空运输安全的技术措施，它要求各缔约国建立自己的民用航空安保方案，以及其他适当机构提出的附加安保措施。

另外，附件 17 还努力协调有关安保方案的各种活动。由于认识到航空公司运营人本身在保护旅客、资产和收入方面应承担首要责任，因此附件强调了各缔约国应确保其承运人制定并实施有效的安保补充方案，而且该方案应当与航空器飞往的机场所采取的安保方案相兼容。

与之前的 16 个附件中的思想一脉相承，附件 17 也认为要达到绝对安全是不可能的，因此特别要求各国在采取防卫行动时，必须以旅客、机组人员、地面人员以及普通大众的安全为首要目标，保护那些被非法改航的航空器上的旅客和机组人员的生命财产安全，直到可以恢复他们的旅程。

到目前为止，国际民航组织仍在对该附件进行审议，以确保其规定是最新的和有效的。由于该附件在全球范围内的广泛应用，因此对其内容的任何变更、增加或删除都必须认真审查。自首版发行以来，附件 17 已经经过了 10 次修订，以协调各缔约国的需求，并且航空安保（AVSEC）专家组还一直在对该附件进行审议。这个由理事会任命的专家组由来自阿根廷、澳大利亚、比利时、巴西、加拿大、埃塞俄比亚、法国、德国、希腊、印度、意大利、日本、约旦、墨西哥、尼日利亚、俄罗斯联邦、塞内加尔、西班牙、瑞士、英国和美国，以及例如国际机场理事会（ACI）、国际航空运输协会（IATA）、航空公司驾驶员协会国际联合会（IFALPA）、国际刑事警察组织（International Criminal Police Organization，ICPO－INTERPOL）等国际组织的代表组成。

在 1985 年以前，劫持航空器被认为是对民用航空的重要威胁，因此，各种有关保护航空器运行安全的标准和建议措施都趋向于强调劫持，而不是对航空器的攻击或破坏行为。通过修改现行的技术和实行协议等方法，国际航空界已经建立了一套检查旅客及其手提行李的合理有效的屏检系统。

在对附件 17 进行了 3 年的修订之后，1988 年，理事会对其再次进行了附加修改，为其纳入了保护航空器不被攻击和破坏的规定。

1989 年 6 月通过的附件 17 第 7 次修订案对其中的某些规定进行了修改，对旅客与行李的核实、离机旅客遗留在航空器上的物品的控制、商业信函服务的安保控制以及在某些情况下对货物和信函的控制等标准做了进一步的说明。

对附件 17 的最近一次修订是 2001 年 12 月 7 日由国际民航组织理事会通过的第 10 次修订，该次修订是为了应对“9・11”事件给民用航空业界带来的挑战，于 2002 年 7 月 1 日起开始适用。此次修订纳入了许多新的定义和规定，包括对国内航空的适用性、有关威胁信息的国际合作问题、国家质量控制、出入境控制、与旅客及其客舱和手提行李有关的措施、飞行中的安保人员以及对驾驶舱的保护问题、代码共享/合作安排、人为因素，以及对非法干扰行为的处理等。

附件 17 的附篇为各国负责执行国家安保方案的工作人员提供了从其他附件中摘录的所有相关规定，以及出现在 PANS 文件中的相关程序（《航行服务程序——空中交通管理》和《航行服务程序——航空器的运行》）。这些资料将所有与安保有关的标准、建议措施和程序概要汇集在了一份文件中，以便于相关人员阅读和查询。

1971 年首次出版的《防止对国际民用航空进行非法干扰行为的安保手册》中所包含的详细指导材料对附件 17 以及其他附件中的航空安保规定做了详细说明，这份限制发行的文件为各国如何遵守附件 17 中的各项标准和建议措施提供了详细资料。编写该手册的目的在于协助各国促进民用航空的安保工作，通过制定法律、采取一定的措施，以及从材料、技术和人力方面来防止非法干扰行为，必要时甚至可以对其实施打击。

以上所述的各项文件表明了国际民航组织保护民用航空安全的决心，也对各缔约国起到了提醒作用。

虽然国际民航组织的主要工作是在多边关系中建立一个国际框架，但它也做了很多工作以鼓励各国在双边的基础上互相帮助。附件 17 鼓励各国在其航空运输协议中纳入安保条款，并且提供了示范条款。

自 2002 年后，国际民航组织就组织开展了普遍安保审计计划——根据附件 17 的相关规定，对各缔约国的执行情况进行检查，除了通过查明缺陷并提供适当建议来帮助各国改善其航空安保系统外，还希望通过此审计计划收集对于附件 17 的反馈意见。

迄今为止，非法干扰行为仍在持续严重威胁着民用航空的安全，国际民航组织及其理事会将继续把航空安保作为其头等大事。通过制定并更新法律技术规章和程序，以防止和打击非法干扰行为。由于附件 17 是制定安保措施的主要指导性文件，因此，对其规定的统一和贯彻执行是航空安保系统取得成功的关键。

4. 文件章节

本附件共 5 章，分别是定义、总则、组织、预防性安保措施、应对非法干扰行为的管理。

4.3.18 附件18《危险品的安全航空运输》

1. 历史背景

本附件中的规定,是空中航行委员会为了满足各缔约国要求在国际上有统一的管理危险物品安全航空运输的规定而制定的。为了力求能和其他危险物品运输方式适用的规定取得一致,本附件的规定是以联合国危险物品运输专家委员会的建议以及国际原子能机构安全运输放射性物质的规定为基础制定的。

附件18的规定是管理危险物品的国际航空运输标准,该附件中概括性的规定,在《危险物品安全航空运输技术细则》(Doc 9284号文件)中具体予以详细说明。

2. 适用范围

本附件中的标准和建议措施适用于所有民用航空器的国际运营。在技术细则予以明确规定的情况下,有关国家可以对运输给予批准,但在此类情况下,运输的总体安全水平必须达到相当于技术细则所规定的安全水平。

在极端紧急,或不适于采取其他运输方式,或当完全遵守规定的要求与公共利益相矛盾时,有关国家对技术细则中的规定可予以豁免,但在此类情况下必须尽全力使运输的总体安全水平达到与技术细则所要求的同等的安全水平。

对于飞越国,如果没有相应的豁免标准,该国可依据认为已达到同等的航空运输安全水平而予以豁免。为批准之目的时,“有关国家”指的是始发国和运营人所属国,除非技术细则另有规定。为豁免之目的时,“有关国家”指的是始发国、运营人所属国、过境国、飞越国和目的地国。关于处理豁免的指南,包括极端紧急情况的例子,在本附件的技术细则补充篇中有详细说明。需要特别指出的是,本附件4.3中所涉及的物品在任何情况下都禁止航空运输。另外,本附件并非要求运营人承运特殊物品或物质,或阻止运营人为运输特殊物品或物质制定特殊的要求。根据附件的要求,各缔约国必须采取必要的措施,以遵守技术细则中的具体规定,同时遵守某一版技术细则规定的在适用期内公布的修订案。为了安全和尽可能减少危险物品在国际运输中的中断,各缔约国也应该采取必要措施使国内民用航空器的运营遵守本附件和技术细则。出于安全的原因,如果对技术细则的修订尚未在某缔约国得以实施,该国也应该为其他缔约国根据此项修订托运至其领土内的危险物品运输提供便利,不过前提是这些物品完全符合修订过的要求。各缔约国应该将在执行过程中遇到的困难以及其他建议告知国际民航组织。

如果某一缔约国采用的规定不同于技术细则的规定时,则必须立即将这种差异告知国际民航组织,以便在技术细则中公布。如缔约国不能接受或不采用或不同意技术细则的约束性,该国运营人制定了比技术细则更加严格的要求时,必须按照有关规定报告国际民航组织。

按照附件的规定，每一缔约国都必须指定一个负责遵守本附件的有关当局，并根据技术细则对物品进行分类。危险物品分类的详细定义载于技术细则之中。分类列明了与危险物品航空运输相关的潜在风险，并列举了联合国危险物品运输专家委员会建议的分类。

本附件的规定存在一些例外的情况，具体包括三类主要问题：

第一，某些本来可能被归类于危险物品的物品，当根据有关的适航要求和运营规则，或因技术细则列明的其他特殊原因需要装上航空器时，必须作为本附件规定的例外；第二，在航空器上载运前一条中所述物品和替换物，或因替换被卸下的物品，除技术细则允许外，必须按本附件的规定运输；第三，旅客或机组成员携带的特定物品和物质在技术细则规定的范围内不受本附件规定的限制。

3. 主要内容

当今世界上各种运输形式所承运的货物，有一半以上是危险品，如爆炸物、腐蚀物质、易燃物质、毒性物质，甚至放射性物质。虽然这些物品对于人的生命安全来说是危险品，但这些危险品对于全球多种工业、商业、医疗以及研究却都是至关重要的。由于航空运输的优势，这些危险品的很大一部分是由航空器承运的。

国际民航组织认可了此类货物的重要性，并采取了各种步骤，以便确保能够安全承运此类货物，附件 18 以及《危险品安全航空运输技术指南》等文件均体现了国际民航组织相关工作成果。事实上，在小范围内对于管理危险品的航空承运已经存在其他规则，但在世界范围内并不适用，或者因很难在国际上付诸实践而作罢，最关键的是其中的某些规定与其他运输形式的相应规定不能保持一致。

附件 18 制定了详细的标准和建议措施，以便民用航空器能够安全地承运危险品。附件 18 制定了很多相当稳定的规定，多年来并未进行大幅修改，只是利用通常的附件修订过程偶尔进行补充修订。该附件收录了对各缔约国具有约束力的技术指南，其中包含了许多正确处理危险品的细则和必要的指南。随着化学生产以及包装工业的发展，这些技术指南需要频繁更新，因此，理事会制定了一项专门程序，以便定期修订并重新发布技术指南，以使其实现与新产品和新技术同步。

国际民航组织对危险品的要求，主要来自该组织于 1976 年建立的一个专家组。这一专家组不断召集会议，并对技术指南的必要修订提出建议。国际民航组织的技术指南在内容上尽可能符合联合国危险品运输专家委员会的建议和国际原子能机构的规章。由于利用了这些公共的规章制度，危险品货物得以在航空、海运、铁路和道路形式之间安全顺利地运输。

国际民航组织在制定安全处理危险物品的要求时，首先确定了在任何情况下都不能安全承运的禁运清单，随后才选定了某些在特殊条件下能够安全运输的危险物品或物质。

所有的危险品被联合国专家委员会划分为 9 个品种，并且应用于所有运输类型。

第 1 类是爆炸物,例如运动弹药、烟火和信号弹。第 2 类是可能有毒或易燃的压缩或液化气体,例如氧气瓶和冷冻液化氮。第 3 类物质是易燃液体,包括汽油、油漆稀料等。第 4 类是易燃固体、易于自燃的物质以及遇水放出易燃气体的物质,例如一些金属粉末、纤维类型薄膜和碳。第 5 类是氧化材料,例如溴酸盐、氯酸盐或硝酸盐等,这一类别还包含既含氧又非常易燃的有机过氧化物。第 6 类是有毒或毒性物质,如杀虫剂、汞的化合物等,以及为了诊断和预防目的有时必须交运的传染性物质。第 7 类是放射性材料,其主要是需要用于医疗或研究目的的放射性同位素,但有时包含在已经生产的物品当中,如心脏起搏器或烟感器。第 8 类是对人体组织可能构成威胁或对航空器结构产生危害的腐蚀性物质,如苛性钠、电池液、油漆消除剂等。第 9 类是在航空运输中有潜在危害的其他材料的杂项类,如可能影响航空器导航系统的磁化材料。

附件 18 及相关技术指南于 1983 年 1 月 1 日起生效,1984 年 1 月 1 日起开始执行。自那时起,国际民航组织各缔约国就应当遵守国际民航组织的要求,并对其给予立法认可。

4. 文件章节

本附件共 13 章,分别是定义、适用范围、分类、危险物品航空运输的限制、包装、标签与标记、托运人的责任、运营人的责任、信息的提供、制定训练大纲、遵照执行、危险物品事故和事故征候报告、危险物品的安保规定。

4.3.19 附件 19《安全管理》

1. 历史背景

本附件是在全球航空安全战略的民航局长会议(2006 年 3 月 20 日—22 日,蒙特利尔,Directors General of Civil Aviation Conference,DGCA/06)和高级别安全会议(2010 年 3 月 29 日至 4 月 1 日,蒙特利尔,HLSC/2010)的提议下制定的。空中航行委员会(186 - 8)在确认这些问题的普遍性和其重要性之后,还建立了一个安全管理专家组(SMP)为制定新附件提供建议。

本附件的标准和建议措施(SARPs)旨在协助各国管理航空安全风险。随着全球航空运输系统日益复杂,航空器安全运行与航空活动之间的相关性日趋紧密,本附件支持积极策略的不断演变,借以提高安全绩效。这种积极主动的安全策略的基础是通过实施国家安全方案(SSP)来系统地解决安全风险。国家安全方案的有效实施是一个渐进过程,需要一段时间才能充分成熟。影响制定国家安全方案所需时间的因素,包括航空运输系统的复杂性以及国家航空安全监督能力的成熟程度。

本附件汇总了现有附件当中所有与国家安全方案、安全管理体系(Safety Management Systems,SMSs)有关的材料,并收集了使用安全数据和国家监督安全活动的相关要素。之所以将这些材料汇集在一个单一附件中,一方面是为了使缔约国重视对安全管理活动的整合工作，另一方面，它还将促进安全管理规定的发展。附件19所规定的国家安全管理事物当中的某些职责，可委托给代表国家的地区安全监督组织或地区事故调查组织。

这些有关国家安全管理的基本职责与过程的标准和建议措施，是在附件1，附件6第Ⅰ、第Ⅱ和第Ⅲ部分，附件8，附件11，附件13，附件14第Ⅰ卷中通过的安全管理规定和以安全管理专家组第一次特别会议（2012年2月13—17日，蒙特利尔）提出的建议的基础上建立的，根据《国际民用航空公约》第37条的规定，理事会于2013年2月25日首次通过了这些标准和建议措施，并将其定为《公约》的附件19。

附件19的表A列出了该附件历次修订的原因、所涉及的主要内容，以及理事会通过该附件和各次修订的日期、生效日期、适用日期。

2. 适用范围

本附件所载的标准和建议措施，只适用于与航空器安全运行有关或直接支持其安全运行的安全管理职责。其中有关国家安全管理的规定载于第3章并关系到国家安全方案，有关指定的航空服务提供者和运营人的安全管理规定载于第4章并关系到安全管理系统（SMSs）。具体针对个别服务提供者和运营人的补充安全管理规定载于其他附件，本附件仅作为参考。

3. 主要内容

作为近几十年来国际民航组织最新修订的附件，附件19将前18个附件中与国家安全方案、安全管理体系（SMSs）的相关材料，以及收集及使用安全数据和国家监督安全活动的相关要素汇集一体。

随着时间缓缓流逝，人类的航空历史跨越百年进入了21世纪，在新形势、新环境下，国际民航运输面临的安全威胁越来越严重。随着安全管理体系（SMS）以及国家安全方案（SSP）等安全管理理念的引入，国际民航业界提出了将各附件中有关安全管理的条款整合、完善后形成一个新的附件的要求。

除去定义和适用范围两章外，其后三章作为附件19的主体内容，系统地阐述了国家的安全管理职责、安全管理体系以及安全数据的收集、分析、保护和交换三大板块，充分满足了民航业界的切实需求。

在国家的安全管理职责章节，主要概述了国家通过遵守标准和建议措施、履行其自身的安全管理职能并对根据本附件的规定实施的安全管理体系进行监视来管理安全的职责。这一职责主要体现在国家安全方案和国家安全监督两个方面。依照附件的规定，各缔约国必须制定一个国家安全方案来系统地管理该国的安全状况，以使得民用航空安全绩效达到一个可以接受的水平。国家安全方案必须包括四个组成部分：国家的安全政策与目标、国家对安全风险的管理、国家的安全保障措施和国家的安全推广。另外，各缔约国还必须按照附件19的附录Ⅰ建立并实施一个国家安全监督制度。这一制度的建立主要参考《安全监督手册》（Doc 9734号文件）的A部分——《国家安全监督制度的建立与管理》。监督制度从上而下须包括基本的航空立法、具体运行规章、国家机构和职能、合格的技术人员，以及技术指导、工具及提供重要的安全信息等方面。

根据附件 19 的规定，作为服务提供者的相关各方，必须参照《安全管理手册(SMM)》实施安全管理体系。安全管理体系作为一项最低标准应该包括三点内容：第一，查明实际和潜在的安全危险，以及评估相关风险的过程；第二，制定并实施必要的补救行动以保持可以接受的安全水平的过程；第三，规定对安全管理活动的适当性和有效性进行持续监测和定期评估。

附件 19 的第 5 章对于安全数据的收集、分析、保护和交换给出了详细规范，旨在保证其作为国家安全方案的一部分，通过收集与分析安全数据和及时与安全地交换安全信息来支持安全管理活动。出于这一目的，附件强调了各国必须建立强制性事故征候报告制度，以便于收集有关实际或潜在安全缺陷的信息；建立自愿性事故征候报告制度，以便于收集强制性事故征候报告制度可能收集不到的有关实际或潜在安全缺陷的信息；建立并保持一个安全数据库，以便于对所获得的实际或潜在安全缺陷的信息，包括从其事故征候报告系统中获得的信息进行有效分析，并确定为提高安全需要采取的任何行动。

附件 19 将切实协助各缔约国管控其航空安全风险，促进共筑一个安全、有序、高效的国际民用航空体系的目标的实现。

4. 文件章节

本附件共 5 章，分别是定义，适用范围，国家的安全管理职责，安全管理体系(SMS)，安全数据的收集、分析和交换；包含 2 篇附录，分别是国家安全监督制度，安全管理体系(SMS)的框架；另有 2 个附篇，分别是国家安全方案(SSP)的框架，保护来自安全数据收集和处理系统的信息的法律指导。

4.4 其他文件

4.4.1 空中航行服务程序

空中航行服务程序(PANS)的法律层级要低于标准和建议措施，因为后者是由理事会根据《公约》第 37 条通过并且从属于《公约》第 90 条的全部内容，而空中航行服务程序则是理事会批准并建议各缔约国采纳和应用的。各缔约国有义务执行该程序，但无须接受合格性审查，因为 PANS 通常只在实际操作中才适用，并仅在所执行的缔约国生效。

为了推进 PANS 的实施，其被翻译成多种语言以方便工作人员直接阅读执行。空中航行服务程序制定了非常详细的规定，其覆盖范围超出了标准和建议措施范围的实际操作，对于构建一个国际统一的航空运输环境而言是非常理想的。尽管统一按照 PANS 中基本程序执行是一种理想的状况，但 ICAO 也允许各缔约国依此制定更详细的程序，以满足当地实际情况的需要。

4.4.2　文　件

文件的主要目的是促进标准和建议措施的执行，在某种程度上，它实际上是供各缔约国直接使用的手册类文件，各国可自由决定是否执行文件内容，因此也无须接受合格性审查，但文件的内容其实是 ICAO 所认定的最佳执行方案。

4.4.3　通　告

通告的主要目的是为各国提供无约束力的指导材料，有时也作为实施标准和建议措施或空中航行服务程序时的参考材料。

4.4.4　期　刊

期刊与通告类似，主要目的也是为各国提供无约束力的指导材料，此外，期刊更多地作为一种拓展性和科普性阅读材料，用于拓宽视野。

4.5　法规的制定程序

ICAO 的法规体系对于全球民用航空事业有着重大的影响，因此它的法规制定与修订流程都是极为严格的。ICAO 法规的制定一般需要经过四个流程：提出意见阶段、研究阶段、评议阶段和采纳阶段，整个过程需要经历 2～7 年。

4.5.1　提出意见阶段

由某缔约国对 ICAO 法规提出制定或修订意见，提交大会，经由大会、理事会审核后，由秘书处与航行委员会开会研究讨论，形成初步的修改草案。整个过程有时需要与其他有关国际组织共同研究决定。

4.5.2　研究阶段

上一阶段形成的草案提交航行委员会，航行委员会将此意见分别交由其领导的技术专家组、秘书处下辖的航行研究小组以及专业会议三方审核，汇总出具有实际意义的技术性意见，作为航行委员会的初步意见。此过程通常在 5 年内完成。

4.5.3 评议阶段

航行委员会的初步意见分别提交给各缔约国和相关国际组织，同时交由秘书处验证。3个月后，各缔约国与各国际组织将其意见呈递至秘书处，经过秘书处人员的分析整理，形成航行委员会的最终审核意见。

4.5.4 采纳阶段

对于空中航行服务程序的制定和修改，上一阶段形成的最终审核意见交由航行委员会批准，航行委员会通常在每年3月份直接呈递至理事会，由理事长代表理事会审核批准，两周后出具绿皮书，下发至各缔约国征求意见，若大多数缔约国表示同意，新的法案即可生效。之后由秘书处发布蓝皮书，即可完成制定或修订流程。但新法规需要在生效期4个月后才可应用。

附件的制定和修改，要比空中航行服务程序严格，航行委员会只能对其提出新的批示意见，法案的采纳需要经理事会开会讨论，缔约国对法案提出的修改意见应记录在新法案的附录中。

第5章　ICAO开展的主要项目和工作

5.1　普遍安全监督审计计划

普遍安全监督审计计划(Universal Safety Oversight Audit Programme,USOAP)是国际民航组织为保障民用航空安全运行而开展的重大战略行动之一,其最终目标是通过对所有缔约国的安全监督系统进行定期审计以促进全球航空安全,具备普遍性、强制性和周期性。这一做法主要参考了《国际民用航空公约》、《安全监督手册》、《安全管理手册》和《管理体系审核指南》,并根据上述材料确定了国际民航组织对其所有成员国在实施有效的安全监督系统方面的根本要求和指导方针。

由于各缔约国各自拥有独立的主权,国际民航组织只能依靠各缔约国的"安全监督"来保证国际标准与建议措施的执行。根据ICAO的定义,安全监督既是缔约国的职能,也是其义务。但是,一些缔约国由于财政、技术等方面的原因,不能很好地履行这项义务,于是国际民航组织一方面向这些国家提供资金和技术支持,另一方面对其安全监督体系和能力进行检查和评估,指出其体系漏洞,帮助其提高监督能力。

普遍安全监督审计的重点在于对缔约国能力的评估。国际民航组织通过评估该国是否能够提供有效的安全监督并持续实施安全监督制度等关键因素,确定其实施国际民航组织与安全相关的标准和建议措施、相关程序及指导材料的水平。

在2010年前的一段时间里,国际民航组织采取全面的系统做法进行USOAP审计,从整体角度看待国家安全监督体系和航空活动,并对其包括基本航空立法,具体运行规章,国家民航系统和安全监督职能,技术人员的资格和培训,技术指导、工具及资料,颁发执照、合格审定、授权和批准的义务,监察的义务,以及安全问题的解决在内的8个关键要素进行总体评估。

目前USOAP审计活动采取持续监督做法(CMA),以信息收集、持续监测和后续活动三个步骤开展工作,其主要工作方向包括安全信息收集、国家安全风险状况的确定、USOAP-CMA活动的优先次序、缺乏有效实施(Lack of Effective Implementation,LEI)状态和重大安全关切(Significant Safety Concerns,SSCs)的更新。根据最新做法,当某一缔约国的安全分数(Effective Implementation,EI值)达到60%后,将仅对其进行国家安全程序(SSP)的有关监督。

USOAP计划的雏形大致可以追溯到20年前。当时,由于国际民航组织的标准在一些国家和地区得不到贯彻执行,严重影响了国际民航安全。于是,国际民航组织大会在1992年第29届会议上通过了A29-13号决议,呼吁各缔约国重视其安全监督义务，并再次强调了加强全球安全监督的重要意义。

1995年6月7日，国际民航组织理事会批准了自愿性安全监督评估计划以及相关的财务捐助和技术援助机制。该计划随后在大会第31届会议上得到普遍赞同，并于1996年3月起开始在部分缔约国执行，他们对本国的航空安全监督程序实施了安全审计。次年11月于蒙特利尔召开的关于全球安全监督战略的全球民航局长会议上，定期强制性安全监督审计再一次被提上议程，与会代表一致决定于1999年以前完成相关评估程序的制定，并指示秘书长为此制定一项行动计划。1998年5月6日，理事会审议了秘书长提交的行动计划，并决定向大会第32届会议建议制定国际民航组织普遍安全监督审计计划。1999年1月，根据大会第32届会议通过的A32-11号决议，国际民航组织正式发起了普遍安全监督审计计划。2001年9月，国际民航组织召开了大会第33届会议，在普遍安全监督审计计划的强制性审计已成功实施的基础上通过了A33-8号决议，将普遍安全监督审计计划扩展到涵盖附件11《空中交通服务》、附件14《机场》以及其他与安全相关的领域，如附件13《航空器事故和事故征候调查》的审计。

2004年1月12日—14日，国际民航组织技术合作局于新加坡召开了普遍安全监督审计计划研讨会，讨论了升格下一轮计划的有关方法。年内，国际民航组织基本完成了对《国际民用航空公约》附件1、附件6和附件8的第一轮审计，其中包括对存在重大安全缺陷国家的后续审计。同年9月召开的大会第35届会议通过了A35-6号决议，要求自2005年起对普遍安全监督审计计划进行扩展，将《国际民用航空公约》附件中所有与安全相关的规定全部纳入审计计划。根据全面系统做法，国际民航组织的所有成员国将在为期六年的周期内至少被审计一次。

2005年，国际民航组织开始采用全面系统的方法，对照包含在《国际民用航空公约》中所有与安全相关的附件，面向所有缔约国进行第二轮审计。考虑到世界上仍有少数国家和地区落实审计措施不力，理事会决定在秘书处成立"审计结果审查委员会"以切实履行其督促职责。截至2010年12月，自国际民航组织采取全面系统的方法进行审计以来，已经完成了对约40个国家的安全监督审计。

2007年9月，大会第36届会议通过了第A36-4号决议，指示理事会于2010年后开始采取新的行动，包括应用基于持续监测概念的新做法，并且把安全风险因素纳入相关分析范畴。在审计计划中应用持续监测做法将有利于国际民航组织提高其资源利用效率，并切实减少对可能造成重复审计的国家的负担。此外，持续监测做法也将增强国际民航组织中其他各局和各地区办事处的作用，包括督促各缔约国履行承诺，修订并扩大其与国际民航组织间的协议内涵，并与其他国际组织或实体共享安全信息。为此，秘书处于2008年7月设立了一个研究小组，对采用持续监测做法的可行性进行了研究，并得出结果：为了确保效率、可持续性和成本效益，国际民航组织应优先考虑在2010年后的普遍安全监督审计计划中采用持续监测做法。

2010年3月高级别安全会议(HLSC)在加拿大蒙特利尔举行。与会各方代表一致认为，普遍安全监督审计计划是航空安全方面的一项重大成就，并承诺将全力支持USOAP审计计划向持续监测做法的演变。2010年10月，大会第37届会议通过了第A37－5号决议，肯定了审计计划向持续监测做法（CMA）的演变应继续成为此后安全战略行动的重中之重。大会敦促国际民航组织采取相关措施以确保各缔约国之间交换安全信息的渠道畅通无阻。这一计划的重大演变得到了国际民航组织各成员国的参与和支持，特别是在2011—2012年两年的过渡期内，持续监测做法所需的工具和指导材料的开发工作一直在持续跟进。截至2013年1月1日，由理事会第197届会议批准的“持续监测做法的过渡计划”正式启动，国际民航组织全面推出了其针对持续监测做法的机制、工具和指导材料，并且依然在不断研讨改进。

2014年4月30日至5月2日，普遍安全监督审计持续监测做法的区域研讨会在印尼雅加达召开，与会各方代表就审计计划的发展方向深入交换了意见。同年9月，第一届全球航空合作座谈会（Global Aviation Cooperation Symposium，GACS）在加拿大蒙特利尔召开，会议就各国通过访问综合安全趋势分析和报告系统（integrated Safety Trend Analysis and Reporting System，iSTARS）网站查看其安全分数（有效实施率－EI得分）达成一致，并建议国际民航组织对得分较低的国家实施一年期的技术援助行动计划，以使其达到或超过世界平均水平。到目前为止，国际民航组织已帮助12个接受行动计划的缔约国消除了重大安全缺陷。此后，国际民航组织又划定了反映审计计划执行情况最低要求的60％EI基线，存在未被消除的重大安全问题的国家将不予过线。由于认识到全面实施SSP监督对于安全监督系统的建立和维护的重要性，国际民航组织要求EI值在基线以上的国家于2017年全面落实SSP，而所有缔约国将于2022年执行SSP的全面实施。

2016年3月21日，国际民航组织向所有缔约国发出电子公告，该组织将确定首届理事会主席证书授予国，并于大会39届会议期间举行特别仪式授予证书。“理事会主席证书”是国际民航组织最新批准的一项认可程序，其目的是鼓励各缔约国朝着切实有效地履行实施国际标准和建议措施的承诺的方向发展。此项程序将采用客观透明的评估机制，将证书颁发给在最近的普遍安全监督审计计划活动中取得15％以上EI进展的缔约国。该证书每年颁发一次。

作为国际民航组织进入21世纪以来实施的重大计划之一，普遍安全监督审计计划得到了广泛的财政支持和技术支持，其中最为重要的一项技术支持就是《普遍安全监督审计计划持续监测手册》（为便于陈述，后简称为《手册》）。《手册》是针对USOAP审计计划编制的主要参考材料，它为现行的持续监测做法（CMA）中各项活动的执行和管理提供了相关政策和程序指导。《手册》的全部内容都是在监测和监督办公室、普遍安全监督审计计划持续监测做法管理层和国际民航组织地区办事处的参与下编写的，并且包含了业内专家评审的反馈意见。目前国际民航组织正在使用的是2014年出版的《手册》第4版。

在执行USOAP审计计划之初，《安全监督审计手册》是其主要指导材料的正式称谓，即《手册》的第 1 版，它的编写源于国际民航组织大会第 32 届会议通过的 A32-11 号决议——在安全监督审计中实施强制性普遍安全监督审计计划。此后，国际民航组织分别根据大会第 35、第 36 和第 37 届会议期间做出的一系列决定编写了《手册》的第 2 版和第 3 版。现在看来，《手册》的最新版本不但为我们详细介绍了支持 USOAP 审计持续监测做法所需的工具、流程和相关指导措施，并且为全球航空安全计划(GASP)提供了主要审计指标，是 USOAP 审计中不可或缺的重要指导材料。

5.2 持续监测做法

持续监测做法(Continuous Monitoring Approach，简称 CMA)是用于在 USOAP 审计中替代全面系统做法(CSA)的最新审计办法。持续监测做法指的是通过建立一个能够持续监测各缔约国安全监督能力的系统，采取协调一致并且始终如一的做法评估其航空活动的安全水平，以及安全管理能力。持续监测做法的实施依赖于中央数据库和在线报告系统的建成，以便持续有效地管理从不同来源收集到的信息。

通过采用这一方法，普遍安全监督审计计划将有能力因地制宜地开展审计，并明确何时需要进行技术援助等干预活动。根据持续监测做法，各国有必要不间断地向国际民航组织提供反馈，以便其确定各国所需要的干预活动的类型。所谓的干预活动包括对一国的航空安全监督能力进行特定目的的审计及全面的审计。

根据国际民航组织的相关规定，USOAP 审计计划 CMA 做法的实施必须遵守以下原则：

① 主权——每一成员国对其领土之上的空域具有完全的和排他的主权，因此，国际民航组织完全尊重主权国家对于航空安全监督的责任和权力。

② 普遍性——所有成员国均应根据国际民航组织与每一成员国签署的谅解备忘录(Memorandum of Understanding，MOU)，按照其中为进行持续监测活动制定的原则、方法和程序，配合国际民航组织开展各项活动。

③ 透明度和公开性——按照完全透明并可由所有有关方面审查的过程来开展 USOAP 审计计划 CMA 做法的有关活动，并全面公开其最终结果，使得各成员国可以获得充足的信息以对其他成员国的安全监督能力做出可靠的判断。

④ 及时性——国际民航组织应按照预先确定的时间表，及时编制和公布 USOAP 审计计划 CMA 做法的结果；各成员国应按照《普遍安全监督审计计划持续监测手册》附录 A 和谅解备忘录中所列的时间表，及时提交包括最新的信息、意见和行动计划在内的所有有关文件。

⑤ 总括性——USOAP 审计计划 CMA 做法的覆盖范围包含《国际民用航空公约》里与安全相关的所有附件中载明的国际标准和建议措施、空中航行服务程序、指导材料和相关程序及做法。

⑥ 系统性、一致性和客观性——USOAP 审计计划 CMA 做法应通过指派受过

培训的合格审计员和项目专家，采用标准化的访谈问题及提供相关的指导材料，以实现其各项活动在范围、深度和质量上的标准化和一致性。

⑦ 公正性——USOAP审计计划CMA做法活动的实施应保证各成员国有充分的机会对这一过程进行监测、发表意见并做出反应。

⑧ 质量——应通过如下方式保证USOAP审计计划CMA做法活动的质量：指派受过培训的合格审计员和项目专家开展各项活动；建立并维持一个具备全过程记录能力的质量管理体系的运作；对从USOAP审计计划CMA做法的利害攸关方处获得的信息反馈进行持续监测和评估。

CMA做法主要包括三大阶段（信息收集、持续监测、后续措施）和四大活动（CMA审计、安全审计、核实访问、异地核实）。

在第一阶段，各用户国按照国际民航组织的要求定期地根据诸如“国家安全活动调查问卷”、“符合性检查单”以及“访谈大纲”等模板向其提供信息，用于分析和评估。在第二阶段，国际民航组织通过数据分析、历时对照和趋势预测等方法了解并展望各个缔约国的安全情况，极大地改善了采用“全面的系统方法”审计时短期内只能关注数个国家安全情况的局限性。在第三阶段，国际民航组织将视发现问题的严重程度向该缔约国发布“强制性信息索求（Mandatory Information Request，MIR）”、“发现问题和建议措施”、“重大安全关切”等通告，并酌情采取“持续的监视”、“在缔约国的局部范围开展审计”和“对缔约国的全面审计”中的一种或几种干预措施，直至解决问题。

那么四大活动又包括哪些呢？首先是CMA审计，即通过评估安全监督制度关键要素的有效实施情况来确定一个国家的安全监督能力，所有审计内容都是根据国家民航系统的复杂性量身制订的。其次是安全审计，安全审计与CMA审计的目的相差无几，两者所不同的是，前者由ICAO确定审计的必要性和范围并支付相关费用；而后者则是根据成员国的要求对其目前的安全监督制度进行审计，由该国确定审计范围并支付相关费用。第三是核实访问，其目的是评估并核实成员国实施纠正行动计划（或重大安全关切的缓解措施）的情况，期间国际民航组织的项目专家小组可以就发现的问题和缺陷向成员国提供现场指导。第四是异地核实，即在不进行现场活动的情况下，评估并核实一个国家实施纠正行动计划以解决某些经访谈发现的问题，该项活动在国际民航组织总部进行。

持续监测做法源于十年前国际民航组织为USOAP审计制定的修改计划。为了使USOAP审计适应国际航空运输发展的要求，理事会于2007年组建了持续监测做法研究组，探讨USOAP审计在2010年以后的发展方向并考虑制定USOAP审计计划的修正案。同年9月，大会第36届会议通过A36－4号决议，决定对2010年以后的国际民航组织普遍安全监督审计计划应用持续监测的做法。2010年，第37届大会通过A37－5号决议，决定USOAP审计从2011年1月1日开始向持续监测做法过渡，于2013年1月正式启动USOAP－CMA。该过渡计划，要求理事会审议CMA

研究组的反馈结论，指示秘书长为实施 CMA 制定必要的方法和工具，包括向各国提供的详细指导。此外，理事会还指示秘书长在过渡期间进行有针对性的核实访问(ICAO Coordinated Validation Missions，ICVMs)。

普遍安全监督审计计划持续监测做法现场活动时限见表 5-1、表 5-2。

表 5-1　普遍安全监督审计计划持续监测做法现场活动时限表(现场活动开始前)

<table>
<tr><th colspan="2">责　任</th><th colspan="4">活动时限表</th></tr>
<tr><th>国际民航组织</th><th>成员国</th><th>经 ICAO 协调(ICAO 认为必要)的核实访问</th><th>审计</th><th>以成本回收方式进行的经 ICAO 协调(应成员国要求)的核实访问</th><th>安全审计(以成本回收方式进行)</th></tr>
<tr><td>公布、登载普遍安全监督审计计划持续监测做法的时间安排</td><td></td><td colspan="2">定期(通常 12 个月)</td><td rowspan="9">ICAO 和成员国应根据具体情况共同商定以成本回收方式进行的经 ICAO 协调的核实访问的日期和时限</td><td rowspan="9">ICAO 和成员国应根据具体情况共同商定安全审计的日期和时限</td></tr>
<tr><td>向各国发出有关开展现场活动的通知函</td><td></td><td colspan="2">现场活动开始前 120 天</td></tr>
<tr><td></td><td>确认收到通知函</td><td colspan="2">收到通知函后 30 天</td></tr>
<tr><td>向各国发出的关于经 ICAO 协调的核实访问范围的确认函</td><td></td><td>核实访问开始前 90 天</td><td>不适用</td></tr>
<tr><td></td><td>确认收到通知函</td><td>收到通知函后 30 天</td><td>不适用</td></tr>
<tr><td></td><td>更新纠正行动计划</td><td>核实访问开始前 90 天持续提交纠正行动计划的更新</td><td>不适用</td></tr>
<tr><td colspan="2">变更已安排好的活动的最后日期</td><td rowspan="2">核实访问开始前 60 天</td><td rowspan="2">审计开始前 90 天</td></tr>
<tr><td>向短期借调的审计员和项目专家的赞助组织提交借调请求</td><td></td></tr>
<tr><td>编制活动计划(包括将活动小组的构成通知各国)</td><td></td><td colspan="2">现场活动开始前 45 天</td></tr>
</table>

表 5-2　普遍安全监督审计计划持续监测做法现场活动时限表(现场活动结束后)

责　任		活动时限表			
国际民航组织	成员国	经 ICAO 协调(ICAO 认为必要)的核实访问	审计	以成本回收方式进行的经 ICAO 协调(应成员国要求)的核实访问	安全审计(以成本回收方式进行)
向被审计国提供报告草案		现场活动最后一天后 90 天			
	对报告草案提出意见	收到报告草案起 45 天			
公布最后报告		收到被审计国意见起 30 天			
翻译报告		根据需要增加的天数			
	提交纠正行动计划	不适用	从 ICAO 向国家发送报告草案	不适用	从 ICAO 向国家发送报告草案起 45 天

自 2010 年起,国际民航组织开始制定并实施 CMA 试点项目。在两年的过渡期间,秘书处制定了一个能够持续监测成员国安全监督能力的在线框架,并选出一批成员国对其进行了广泛测试。同时,国际民航组织还为各缔约国的技术专家专门举办了全新的基于计算机的培训(Computer Based Training,CBT)活动。

2012 年,国际民航组织举办了第一次全球航空安保会议,批准了关于使普遍安保审计计划(USAP)逐步发展为更加全面、主动的持续监测做法(CMA)的计划。具体而言,即理事会在 2013 年完成 USAP 审计的第二个周期并经过一定的过渡阶段后,于 2015 年开始将持续监测做法扩展到普遍安保审计计划。

2013 年 1 月,持续监测做法的准备工作全部完成,USOAP-CMA 得以正式全面推行。此前,国际民航组织对开展 CMA 所需的工具进行了重新设计,包括《普遍安全监督审计计划持续监测手册》(Doc 9735 号文件)在内的有关 CMA 的辅助指导材料也已经定稿。USOAP-CMA 将继续为各缔约国持续提供国家航空安全方案和安全管理系统的审计评估服务。2013 年 5 月,国际民航组织启动了 CMA 有关协议的在线框架更新。这次更新为 CMA 做法提供了一个收集安全数据和信息的机制,各成员国通过填写、提交和更新以下各项来提供主要的安全信息来源:CMA 做法访谈问题的自我评估检查单、一份国家航空活动问卷(State Aviation Activity Questionnaire,SAAQ)和电子申报差异(Electronic Filing of Difference,EFOD)系统上的遵守情况检查单(Compliance Checklists,CCs)。

2014 年 4 月 14 日,国际民航组织召开了 USOAP-CMA 专题研讨会,就 CMA 计划的最新概况向参与各方做了翔实的介绍,其中包括 CMA 计划组成部分及其审计领域、关键要素(Critical Elements,CEs)的安全监督系统、《国际民用航空公约》附件19的修订、CMA计划基于计算机的培训(CBT)、SPACE iSTARS 2.0系统的更新情况等方面。会议期间,各方专家代表就如何进行议定问题(Protocol Questions,PQs)的自我评估、如何更新纠正行动计划(Corrective Action Plans,CAPs)、如何部署国际安全方案(SSP)达成一致。

目前,空中航行局(ANB)下属的监测和监督办公室(CMO,包括安全和空中航行监督审计科和监督支助股)协同其他相关科室和地区办事处,负责对普遍安全监督审计计划持续监测做法进行管理。国际民航组织为CMA项目的高效实施,已经发布了包括"协议问题的输入输出指导书"、"承诺检查表/差异电子归档(CC/ EFOD)使用指导"在内的大量指导材料,今后USOAP－CMA将在审计国家安全监督能力方面发挥更大作用,为国际民航运输事业健康有序发展保驾护航。特别是有效实施率(EI)的制定,其作为国家安全监督能力的度量标准受到了国际民航组织的高度重视,较高的EI值表明一个国家的安全监督系统能够在更大程度上遵守国际民航组织的各项规定。EI值是在USOAP审计的访谈过程中由"满意的访谈问题数量"与"适用的访谈问题数量"的比值计算出的百分比,可以为每个关键要素、各个审计领域提供参考指标。

随着信息革命席卷全球,国际民航组织顺应潮流开发了持续监测做法在线框架,这是一个为国际民航组织、各成员国和其他授权用户提供网络化应用程序的网站,以实现持续监测并报告从众多渠道获得的与安全相关的信息和文件,这一框架显著提高了CMA做法在查明安全风险和缺陷方面的有效性和效率。

5.3　普遍航空安保审计计划

2001年发生的"9·11"事件为世界人民敲响了反恐怖主义的警钟,同时也促使各国发出了加强航空安保的强烈呼声。基于以上背景,国际民航组织于2002年6月11日正式启动普遍航空安保审计计划(Universal Security Audit Programme,USAP),并将其作为全球航空安保战略的重要组成部分。根据实施USOAP计划的已有经验,这项同样具有普遍性、强制性和周期性的行动计划得以在世界范围内迅速开展,并取得了显著成效。自2002年实施以来,普遍航空安保审计计划作为加强全球航空安保的宝贵工具已经得到广泛认可。

在"9·11"事件发生前,国际民航组织没有设立任何一个强制性程序来监测各缔约国对于国际航空安全要求的遵守情况。相反,其航空安全技术评价是根据各国的要求制定的,以协助各国履行《芝加哥公约》附件17的有关规定。但"9·11"事件的发生彻底改变了法律界、民航业界以及公众对于国际民航所受威胁的整体水平的看法。由此,国际民航组织特别于2002年2月召开了航空安保高级别部长级会议,并且批准了创建USAP的建议,通过实施定期的系统性强制审计,以查明并协助各国解决其安保缺陷，从而促进世界范围内的航空安全。

2007 年，国际民航组织完成了第一个周期的 USAP 审计，在此期间平均每月进行三到四个国家的审计工作。根据前期的安全技术评估，第一个周期的审计重点集中在各国对《芝加哥公约》附件 17 中相关规定的执行情况上。结果表明，许多国家并没能充分实施国际标准和建议措施，各国迫切需要建立起有效的航空安保监督体系。据此，国际民航组织开展了新的审计工具的开发，随后确立了第二个周期的工作目标。参考已有的国际实践结果，国际民航组织开始着眼于考察 USAP 审计持续监测做法的可行性。

2008 年 1 月至 2013 年 6 月，国际民航组织完成了第二个周期的 USAP 审计，主要包括附件 9 和附件 17 的有关规定。尽管两个周期的安保审计为国际民用航空带来了显而易见的好处，但同时也暴露出现行方法中存在的缺陷，一方面主要体现在周期性审计只能提供航空安保和监督情况在特定情况下的“快照”，不具备实时更新信息的手段。另一方面就是国际民航组织对于所有国家均采取相同频率和方法来实施审计计划，未考虑到审计国的发达程度。鉴于不同国家之间审计结果的显著差异，国际民航组织于 2010 年起着手开发 USAP 的未来计划，并且在秘书处建立了一个由各缔约国、区域集团和其他国际组织的航空安全专家组成的研究小组，专门研讨 USAP 审计今后的演变方向。基于该小组的反馈，国际民航组织肯定了持续监控和基于风险的做法。自 2012 年 10 月起，周期性的 USAP 审计向持续监测做法的转变工作已经开始有条不紊地进行。

2013 年，大会第 38 届会议再次强调了通过完善《芝加哥公约》附件 17 在处理空运货物方面的标准和建议措施，以便完善第二个周期的 USAP 审计成果。结合实施 USAP 审计 11 年来的经验，秘书处就提高 USAP 审计的质量和效率与各国专家进行了密切磋商，形成了实施持续监测做法的指导意见。国际民航组织对持续监测做法的初步测试已于 2014 年开始，并在 2015 年 1 月正式全面实施。无论各缔约国的 ET 发展水平或高或低，都将继续受到国际民航组织的持续监督，以确保普遍性原则。为了从普遍安保审计方案向持续性监测做法过渡，国际民航组织于 2015 年出版了第 1 版《航空安保监督手册》，对高效实施民用航空安保监督制度所涉及的八项关键要素（CES，包括主要航空安保立法，航空安保方案和规章，国家航空安保主管当局及其责任，人员的资格和培训，提供技术指导、工具及安保方面的关键资料，资格认证和批准的义务，质量控制的义务，以及解决安保关切）进行了详细叙述。此外，国际民航组织将在灵活的风险管理框架下制定审计制度以及开展监测活动，通过个性化的方法来适应未来不断变化的情况。

2015 年，理事会主席阿留博士表示，国际民航组织将在短期内（2017 年 12 月前）建立项目协调及资金和物资识别机制，通过解决具体问题提高国际航空的安全和便捷性。根据预计，大约有 35％的被审计国的航空安保监督系统关键要素的有效实施水平将不低于 65％，这一水平对应于第二个周期 USAP 审计结束时的全球平均值。

国际民航组织将继续提高航空安全水平，到 2020 年 12 月，使得一半以上的被审计国的 EI 水平达到 65%。

截至 2016 年 3 月 11 日，多达 34 项 USAP－CMA 活动已经在 33 个国家实施，其中包括 23 项现场核实活动、10 项文件核实活动和 1 个验证任务。同年 5 月 11 日，91 个国际民航组织的成员国签署了 USAP－CMA 计划的谅解备忘录，他们将通过 ICAO 开发的诸如议定问题（PQs）、国家航空安全活动问卷（State Aviation Security Activity Questionnaire，SASAQ）和一致性检查（CCs）等工具进行自我评估，并为开展 USAP－CMA 活动做准备。2016 年，国际民航组织有包括 26 项现场核实活动和 5 项文件核实活动在内的共 31 项 USAP－CMA 活动正在实施或计划实施。

5.4 国际航空安全财务机制

国际航空安全财务机制（International Financial Facility for Aviation Safety，IFFAS），是为了向由于缺乏资金而难以纠正在安全审计中暴露出重大问题的国家施以援手，而由国际民航组织建立的一项重要机制。

20 世纪 90 年代，随着 USOAP 审计的逐渐展开，多数缔约国都暴露出安全监督系统存在的缺陷和隐患，但由于缺乏资金并且无法得到低息贷款，大部分第三世界国家无力应付这些与航空安全密切相关的重大问题。国际民航组织为了不失去审计的意义，开始考虑针对审计结果的后续措施，在 1995 年的大会第 31 届会议上开始酝酿 IFFAS 机制的雏形。

2001 年的第 33 届大会做出 A33－10 号决议，建立国际航空安全财务机制。国际民航组织理事会于 2003 年批准法律框架和行政管理章程后，IFFAS 正式启动并于年中开始运作。为了使 IFFAS 在财务上同国际民航组织相互独立，IFFAS 章程特别规定，IFFAS 提供的行政或其他服务应能在费用完全回收的基础上进行。IFFAS 第一任理事会共有八位成员，分别来自阿根廷、智利、埃及、法国、印度、荷兰、尼日利亚和巴基斯坦，由国际民航组织理事会于 2003 年 6 月中旬任命。

IFFAS 从设立之初就是一项自愿参加的机制，其资金主要来自政府、企业、个人和任何单位的捐助或低息贷款，以信托基金的形式加以管理，同时也接受人力和物资设备的捐助。2003 年大会第 34 届（特别）会议已通过将国际民航组织正常预算中的 100 万美元划拨给 IFFAS，作为启动资金的一部分。2004 年 9—10 月，大会第 35 届会议召开期间，欧盟、法国、荷兰、俄罗斯和尼日利亚分别表示将给予 IFFAS 不同额度的捐款，中国也于 2005 年捐款 30 万美元，履行了在第 35 届大会上的承诺，受到各国特别是发展中国家的欢迎，此后不久，中国也成为 IFFAS 管理机构成员，时任主席是荷兰民航局局长肯尼普肯斯先生。

2005 年，IFFAS 发布其首份年度报告。在报告中，IFFAS 称其在 2004 年共接收到总计 35.4 万美元的捐款。此外，国际民航组织还从政府间机构用以支付其行政费用的10.59万美元中受益。截至此份年度报告发布时,IFFAS已经收到总额为280万美元的捐款。IFFAS成立的目的就是为了解决那些无法以其他方式获得必要的财政资源以实施与航空安全有关的项目的国家的融资问题。IFFAS自2003年开始运行以来,总共有11个项目需要IFFAS提供资助,其中涉及被联合国列为最不发达国家的有关各方。根据专家小组的建议,IFFAS从中选择了8个项目以贷款或捐款的形式予以援助资助,共有45个国家从中受益。由于资金仍然十分有限,IFFAS选择优先资助基于最不发达国家所在区域或次区域的安全项目。2006年1月23日,IFFAS管理机构召开工作会议,决定建设一个新的捐款平台和评估机构。

2007年9月,大会第36届会议批准第36-5号决议,要求理事会通过不断监测IFFAS在项目供资方面的进展情况,支持IFFAS顺利发挥作用,同时竭尽所能从各国和其他捐助人处募集捐助,以扩大IFFAS的实施规模。

5.5 ICAO预算

国际民航组织的资金来源由三个方面组成,分别是各成员国缴纳的会费、辅助创收基金(Ancillary Revenue Generation Fund,ARGF)和其他杂项收入。其中,会费是资金的主要来源,后两者只占据很小的一部分。一般情况下,每届大会常会都将讨论通过此后三年的组织预算总额。2007年9月,大会第36届会议在加拿大蒙特利尔召开,考虑到近年来美元的贬值和汇率浮动,会议决定从本届大会起,预算审核过程将以加元作为货币单位,并且采用成果预算制的格式进行相关计算。据此,理事会向大会提交的2008—2010三年预算总额为2.455亿加元,约合2.135亿美元。

根据第36届大会整合形成的第A36-31号决议,大会会费现在实行分摊制度,在考虑到各缔约国人均国民收入和在民用航空方面的收益的情况下,按100%的总额分配每个国家的会费份额,即采用百分比制。其中,缔约国支付能力(仅考虑国民收入总额和人均收入)在比额计算中占据75%的权重,而航空运量(按国际航班75%、国内航班25%加权,以吨公里计)则占据剩余的25%。同时,决议规定了按百分比法表示的国家分摊额精确到小数点后两位。

考虑到会费分摊的普遍性,大会确定了最低分摊额和最高分摊额,它们分别为整个财年的0.006%和25%,并且规定“不得为了将在两届大会间隔期间加入本组织的新成员国的摊款计算在内,而对核准的摊款比额表进行调整”。此外,自2008年1月1日起,任一缔约国会费年同比增长不得超过10%(或总分摊比额的0.07%,以其中较高者为准)的限制原则已改为20%,并在实行一年后取消任何增长限制;A36-31号决议也同时取代了A21-33号和A23-24号决议,成为国际民航组织最新的费用分摊比额制度。

近年来,各缔约国拖欠和迟缴会费的行为屡禁不止,在造成国际民航组织财政不确定的同时,也对其工作方案的实施构成了严重阻碍,并且实际上造成了其现金流的严重困难。针对这一现象,国际民航组织通过了一系列大会决议以便维持其正常运转乃至最终走出困境。一方面,理事会设立了周转资金,并于2009年和2013年两次将其额度上调至600万美元和800万美元。另一方面,大会决定对欠款数额等同或超过前三个财年摊款总数的国家,以及那些缔结了清偿累积欠款协议但并未遵守执行的国家,中止其在大会和理事会的表决权(此中止在该国清偿了按照协议应付的数额后将立即取消)及一系列权利。此外,国际民航组织还实施了鼓励各国及时缴纳摊款和清偿欠款的奖励办法。

国际民航组织预算来源的另一重要方面——辅助创收基金(ARGF)于2008年正式启动,之后被列入到国际民航组织业务计划的辅助实施战略当中,与创收活动(Revenue Generating Activities,RGA)以及复印、销售和对外分发服务处的各项活动并行不悖。辅助创收基金通过销售小组进行创收活动,在商业运作上十分成功,提供了包括危险物品许可证、航空培训升级版方案、机读旅行证件活动、货运代理协会国际联合会方案等在内的多项产品和服务,收入和盈余逐年攀升。

国际民航组织的预算编制工作采取三步走的方式:首先在考虑到可预见的财政资源的情况下(各国的摊款和摊款以外的收入),确定总体支出上限;然后查明具备可行性的节约措施,使得在正常实施整个工作方案的前提下符合支出上限;最后确定绩效管理系统的基础,并且尽早实施以便持续监测实际结果。下面以2013—2016年的预算为例对此工作方式做一简要介绍:

首先,在确定预算总体上限时,理事会决定预算应固定为名义零增长(Zero Nominal Growth,ZNG),名义零增长的基线年份应为2013年,此外名义零增长应针对各国的摊款而言。简而言之,就是令各国的摊款平均保持在2013年的水平以内,即三年期为2.665亿加元,加上未分摊的2 000万加元,预算总额为2.865亿加元。理事会在审议预算的未分摊收入来源尤其是创收活动的捐助款时注意到,国际民航组织的创收活动正呈现下降趋势。因此,虽然把创收活动的捐助款仍保留在2013年的水平,但这也表示国际民航组织需要在下一个三年期内保持勤勉并实时监测以免超标。

为了实现理事会所要求的上限,秘书长计划在以下方面实施节约措施:减少探亲假福利(三年期约节省60万加元),调整差旅政策(从总部始发的计划差旅一律减少10%),减少顾问的使用(与历史环比费用减少20%),适当提高空缺率(从4.5%提高到6.2%),降低语文要求(从2013年1月起,国际民航组织期刊只发行英文版),及时终止过期和过时的活动,以及调整退休时间表等。相关措施将在讨论通过后得到立即实施以切实提高ICAO运作效率并降低成本。

最后,ICAO将根据理事会对预算提案的建议,尽快推出绩效管理项目,包括为秘书长汇报进展而制定的一系列指标,以便预算于2014年逐步实施。此外,理事会还指出了针对目前预算提交格式的若干改进,比如纳入按局、级别和年份分列的人头统计,按支出性质分列的预算表格,按战略目标和职能分列的预算、纳入关联目标的可衡量的尺度，以及纳入目前预算和实际支出之间的比较，并将其作为未来绩效管理系统的基础。

按照这一预算实施的话，理事会将面临诸多挑战，主要是在人力资源紧缩、减少差旅和顾问要求的条件下，仍要持续完成各个地区和全球性方案。其他还包括对于空缺名额任命和语文出版物的影响以及对辅助创收基金（ARGF）改进的迫切需求。理事会希望预算能够提供一个基础框架，将各项战略、活动、资金、人力资源和时间框架融为一体，形成监测评估成果的连贯而有效的手段。

大会通过决议，特此批准以下分列的 2014 年、2015 年和 2016 年财政年度用于支出的加元金额：

项　目	2014	2015	2016	合　计
战略目标	第六章	第七章	第八章	第九章
安　全	23 219 000	24 097 000	24 097 000	72 037 000
空中航行能力和效率	17 353 000	17 628 000	18 353 000	53 334 000
安保和简化手续	8 903 000	9 148 000	9 342 000	27 393 000
航空运输的经济发展	3 318 000	3 178 000	3 534 00	9 850 000
环境保护	4 474 000	4 557 000	5 129 000	14 160 000
方案支持	12 651 000	12 767 000	13 136 00	38 554 000
管理和行政	15 581 000	15 788 000	16 078 000	47 447 000
管理和行政—理事机构	7 433 000	7 574 000	8 756 000	23 763 000
核准批款总额	92 752 000	94 737 000	99 049 000	286 538 000
业　务	92 224 000	94 139 000	98 625 000	284 988 000
资　本	528 000	598 000	424 00	1 550 000

核准拨款总额由以下来源按加元供资：

项　目	2014	2015	2016	合　计
各国的摊款	86 120 000	88 075 000	92 355 000	266 550 000
AOSC 基金的偿付款	1 231 000	1 260 000	1 291 000	3 782 000
辅助创收基金盈余转结	5 082 000	5 082 000	5 082 000	15 246 000
杂项收入	320 000	320 000	321 000	960 000
总　计	92 752 000	94 737 000	99 049 000	286 538 000

5.6 国际民航组织出版物

5.6.1 国际民航组织出版物的宗旨

国际民航组织出版物的宗旨是有条不紊、迅速地以简明扼要的形式传播关于本组织政策和活动的信息，以便：

① 推动实现《国际民用航空公约》序言和第三十七条、第四十四条所阐述的目标；

② 以便于使用的形式向各国、国际民航组织各管理机构和其他机构，以及其他用户提供关于本组织工作的信息；

③ 促进国际民航组织各成员国对本组织工作的参与和支持，以及非成员国对本组织工作的兴趣；

④ 推动各国政府和广大公众对本组织的工作形成有见识的见解，并期待着在国际民用航空领域展开持续和有效的合作；

⑤ 以清楚、准确和简明的方式介绍本组织的进展，以及就哪些要点已经达成了协议，就哪些要点各成员国为贯彻国际民航组织决定已经采取的行动或者仍需采取的行动。

在符合以上所述的国际民航组织出版物的宗旨的情况下，最好使国际民航组织可销售的出版物为本组织创收。

5.6.2 国际民航组织出版物的分类

根据国际民航组织出版物规则，其出版物分为以下四类：

① 法律文书类(International Legal Instruments)，包括国际公约、议定书、协定及其相关附件。

② 文件类(Documents)，通常是指具有永久性保存价值或特别重要的文件，包括大会和理事会决议、决定及其正式通过的建议，大会和理事会的会议纪要，理事会和航行委员会召开会议的会议报告，指导性手册和国际民航语汇汇编。

③ 工作文件类(Working Papers)，指的是为各种会议讨论问题或提供信息而准备的文件，仅在与会人员中进行小规模配发，特殊需要者除外。

④ 其他类，包括五种出版物：《国际民航组织期刊》(*ICAO JOURNAL*)，《新闻发布》(*NEWS RELEASE*)及有关小册子，用以发布缔约国感兴趣的专题资料的《通告》(*CIRCULARS*)，《统计摘要》(*DIGEST OF STATISTICS*)和《国际民航组织出版物和音像辅导资料目录》(*CATALOGUE OF ICAO PUBLICATIONS AND AUDIO-VISUAL TRAINING AIDS*)。

5.6.3 国际民航组织出版物的语言

国际民航组织现在以汉语、英语、俄语、法语、西班牙语和阿拉伯语六种语言作为其工作语言。一般情况下，ICAO 出版物不同时使用六种语言出版，其语种也不局限于上述语言，而是由理事会所决定，但是以下各类出版物因其特殊意义或作用必须用六种工作语言同时出版，它们分别是《国际民用航空公约》及其各技术附件；法律委员会纪要及文件；专业级会议（Divisional - type Meetings）的报告；大会和专业级会议的文件及工作文件；理事会及由理事会确定的下属委员会的文件和工作文件；大会或理事会授权发布的法定机构的议事规则和行政规章；在世界范围内发行的出版物，如手册、通告、摘要和语汇汇编等。

5.6.4 国际民航组织出版物的分发

为了扩大信息传播范围，国际民航组织统一向各缔约国和非缔约国都提供一定份额的免费的纸质版可销售出版物。其中，非缔约国均为一份，缔约国按会费分摊比额分成两类：缴纳会费在 1%以下的国家 5 份，缴纳会费超过 1%的国家每超过 1%增加 1 份。对于免费额以外的非销售出版物，应缔约国要求，国际民航组织可以免费少量提供，邮寄费用由该国负担。但是对于可销售出版物的额外需求，全部费用由该国自理。现在，从国际民航组织官方网站上，我们可以免费获得包括《机读旅行证件报告》、《国际民航组织期刊》、《培训报告》、《地区报告》、《文件系列》、《产品和服务目录》和《技术合作审查》在内的七种出版物的部分电子版文件。

2006 年年底，国际民航组织按照业务计划批准了一项新闻战略，把互联网和电子出版物作为对外沟通的首选媒介，而内容精简的书面通信作为辅助手段，侧重于介绍国际民航组织及其包括地区办事处在内的各组织结构的工作情况。从 2007 年出版的第 62 卷第 4 期开始，秘书处更新了该组织目前最重要的出版物——《国际民航组织期刊》。附随的机读旅行证件报告和地区报告有助于读者更好地了解国际民航组织在国际民用航空各个领域发挥的重要领导作用。

5.6.5 国际民航组织出版物的发展

2011 年，国际民航组织对语文和出版处（Language and Publication Branch，LPB）进行了改组，一方面将国际民航组织的语文服务质量标准与联合国制度接轨，另一方面在年底开始采用计算机辅助翻译（Computer Aided Translation，CAT）系统，并于 2012 年 4 月正式启动了翻译外包的政策和程序。改组后的语文和出版处在保证效率和质量的同时采取了大量措施以期降低成本，呼应国际民航组织的 21 世纪战略目标。

5.7 ICAO 网站

为了跟上互联网时代的步伐，继续领导国际民用航空按照安全有序的方式发展，国际民航组织创建了一系列网站以服务于各类对象，同时扩大其影响力。

国际民航组织名下的网站根据性质不同可分为公共网站（ICAO Public Website）、限制性网站和商业性网站。

公共网站即我们常说的官网，其网址为"http://www.icao.int"，面向广大网民，介绍国际民航组织的基本情况，分享国际民航组织从 1947 年一路走来形成的海量资料，包括之前提到的很多免费出版物的部分文件。

限制性网站属于专用网站，并非面向所有网民，它的服务对象是国际民航组织的各缔约国、其他国际组织、常驻国际民航组织的代表团及其职员。限制性网站有以下三个网址："www.icao.int/icaoint"（ICAO - NET）、USOAP 审计专用的"www.icao.int/soa"，以及 USAP 审计专用的"http://icaosec.icao.int"，登录以上网站需要 ICAO 分配的用户名和密码，如果有特殊需要的可以与 ICAO 有关部门联系索取。

第三类是商业性网站，包括用于购买文件资料的 eshop"www.icao.int/eshop"，订购出版物的"http://icaodsu.openface.ca/mainpage.ch2"，展示所有缔约国航空运输统计数据的 ICAODATA"www.icaodata.com"，以及各国民航总局目录 DGCA Directory"www.icao.int/icao/en/dgca/dgca.htm"等。

5.8 运行安全及持续适航性合作发展方案

运行安全及持续适航性合作发展方案（Cooperative Development of Operational Safety and Continuing Airworthiness Programmes，简称 COSCAPs）是国际民航组织制定的战略行动之一，它通过向缔约国提供安全监督技术服务、建立能够自我维持的次区域实体，达到加强国际民航安全和提高航空运输效率的目的。这一方案制定之初的行动重点是在飞行运行和适航领域的技术合作，如今已经延续到机场管理和全球空中交通管理（ATM）系统等更多方面，并且和地区安全监督组织（Regional Safety Oversight Organizations，简称 RSOOs）开展区域联合行动，在实现规模经济的同时提高了其工作效率及合作有效性。

COSCAP 的制定可以追溯到 20 世纪 70 年代后期。当时，世界范围内的航空客运量出现井喷式增长的趋势，各国开始实施放松管制和自由化政策，以致运营商数量不断增加。十年间，安全监督的缺失给民航运输业的被动发展造成了不利影响，旅客投诉的逐年增加促使各国在双边谈判中普遍邀请第三国参与审计。1992 年，国际民航组织开始筹划干预政策，在大会第 29 届会议上通过了 A29 - 13 号决议，强调了各缔约国的安全监督责任，敦促其审查立法程序，以确安保全监督措施得到有效执行，并呼吁任何有余力的国家提供财政或技术形式的援助合作，以使所有国家有能力履行其为航空运输提供安全监督的职责。

1994年，国际民航组织建立起安全监督工作组。1995年，大会第31届会议认可了工作组制定的安全监督计划，经理事会批准后，该计划于1996年3月正式开始运作。

为了应对审计中发现的如航空法不健全、技术法规不完善、预算不足、缺少运营认证等诸多问题，COSCAP应运而生，这是一个由国际民航组织负责实施，由各缔约国和来自其他国际组织、银行和国际航空公司等的外部援助或资助的全新的区域合作方案。在项目指导委员会的指导下，COSCAP开展了一系列卓有成效的工作，比如形成了协调一致的法规系统、完成了相关文本的修订和统一、探究出低成本检查员培训模式等。2005年11月，COSCAP成立了飞行安全工作组，开始进行区域飞行运行和适航检查员的招募和培训。作为跟进项目，保密和自愿报告系统与地区航空安全小组(RAST)目前也都已经组建完毕。

自2003年起，COSCAP开始与区域成员国开展密切合作，分别与班珠尔协议集团成员国、中部非洲经济和货币共同体成员国、南部非洲发展共同体成员国、西非经济货币联盟成员国、南亚、东南亚、北亚、海湾国家构建了合作项目(见注)，并且得到了来自美国联邦航空局、欧洲航空安全局、法国民航总局、空客公司、波音公司、庞巴迪公司、国际航空安全财务机制、非洲发展银行、加拿大运输部和法国合作机构等多方提供的实物和资金支持。这些区域项目有的已经部分完结，有的还在持续进行中。

民航业界公认，COSCAP已经被证明是一项可行并且高效实用的方案，它切实提高了国际航空运输的安全和效率，愈来愈多地在其他地区被采用。

COSCAP-NA(North Asia，北亚)项目始于2003年2月，每一阶段项目持续五年，目前项目为第三阶段，暂定持续至2018年。COSCAP-NA项目通过促进各成员国间的对话，为安全监督人员和利益相关方提供相关技术支持和培训，很好地协调了各方在与飞行安全相关方面的合作，统一了安全监督政策、程序以及法规体系。此外，COSCAP-NA项目使得各成员国通过建立北亚地区航空安全小组(North Asia Regional Aviation Safety Team，NARAST)增强了事故预防的能力。COSCAP-NA是COSCAP项目中的一个典型，从COSCAP的工作模式中可见一斑。COSCAP-NA每年召开一次正式会议，来自成员国中国、朝鲜、韩国和蒙古的代表在会上共同回顾COSCAP项目的进展情况，审计项目预算，并制定下一年的工作计划。这是北亚地区一个重要的航空技术论坛，多方代表汇聚一堂分享各自的工作经验和知识，最终目的是加强北亚乃至亚太地区整个民航运输业的安全工作。2016年6月15日，COSCAP-NA(北亚)指导委员会在朝鲜平壤召开了第16届会议。

注：

① 班珠尔协议集团成员国包括佛得角、冈比亚、加纳、几内亚、利比里亚、尼日利亚和塞拉利昂；

② 中非经贸共同体成员国包括喀麦隆、中非共和国、乍得、刚果、赤道几内亚、加

蓬及圣多美和普林西比；

③ 南部非洲发展共同体成员国包括安哥拉、博茨瓦纳、刚果民主共和国、莱索托、马达加斯加、马拉维、毛里求斯、莫桑比克、纳米比亚、南非、斯威士兰、坦桑尼亚联合共和国、赞比亚和津巴布韦；

④ 西非经济货币联盟成员国包括贝宁、布基纳法索、科特迪瓦、几内亚比绍、马里、尼日尔、塞内加尔和多哥；

⑤ 此处论及的“南亚”包括孟加拉国、不丹、印度、马尔代夫、尼泊尔、巴基斯坦和斯里兰卡；

⑥ 此处论及的“东南亚”包括文莱、柬埔寨、中国(香港特别行政区和澳门特别行政区)、印度尼西亚、老挝、马来西亚、缅甸、菲律宾、新加坡、泰国、东帝汶和越南；

⑦ 此处论及的“北亚”包括中国、朝鲜、蒙古和韩国；

⑧ 此处论及的“海湾国家”包括巴林、科威特、卡塔尔、阿联酋和也门。

5.9 飞行程序方案

飞行程序方案(Flight Procedure Programme，简称 FPP)，是国际民航组织新开展的一项通过确定优先事项并制定可衡量的指标来促进地区合作与技术援助的方案，其根本目的是解决地区安全问题。目前，FPP 的重点在于基于性能的导航(PBN)项目和相关能力的建设。

2009 年，为了支持大会 A36－23 号决议的实施，国际民航组织亚太地区 PBN 工作组建议国际民航组织建立飞行程序方案，同时肯定了确立飞行程序设计领域区域中心的必要性。同年 10 月，亚太飞行程序方案(AP－FPP)办事处在北京成立，由中国民航科学技术研究院主持，并于 2010 年 1 月开始全面运行。该方案是一项由澳大利亚、中国 (包括中国香港特别行政区和澳门特别行政区)、朝鲜、法国、蒙古、韩国、新加坡、泰国和越南供资的地区合作协定。孟加拉国、柬埔寨、马来西亚、缅甸、尼泊尔、巴基斯坦、菲律宾、斯里兰卡和东帝汶等国也参与了方案，但没有提供年度经费。AP－FPP 方案的目标是协助各参与国发展仪器飞行程序能力，以履行其实施基于性能的导航(PBN)、提高仪表飞行程序(IFPs)质量的义务。目前，这一项目还在持续进行中。

2013 年，大会第 38 届会议通过 A38－5 号和 A38－7 号决议，敦促非洲-印度洋地区尽快设立非印地区飞行程序方案(AFI－FPP)办事处，加快 PBN 在该地区的实施步伐。自 2008 年非印地区空中航行会议(AFI－RAN)即开始筹建的 AFI－FPP 办事处于 2014 年 6 月 2 日在塞内加尔首都达喀尔正式投入运行，由非洲和马达加斯加航空安全局主持工作。

目前，FPP 的主要工作内容有以下几项：为参与国进行 PBN 规划和设计、实施数据收集和地面-飞行验证、提供与 PBN 相关的法律援助、对 PBN 实施情况进行评估并提出建议,以及根据需要提供其他 PBN 项目的支持活动。

5.10 国际民航组织专家委员会

国际民航组织所设立的专家委员会的职责是就某一专项业务进行审议,之后向大会或理事会提出建议。因为专家委员会由理事会设立,所以它们统一向理事会负责。委员会下设专家组(Panel)和工作组(Working Group),例如航空安保(AVSEC)专家组、亚太地区航行实施研究组(APANRIRG)、间隔和空域安全专家组(Separation and Airspace Safety Panel, SASP)、地区航空安全小组(Regional Aviation Safety Groups, RASG)等。

在国际民航组织成立之初,理事会就根据《芝加哥公约》中的相关规定,设立了空中航行委员会(Air Navigation Commission, ANC)和航空运输委员会(Air Transport Committee, ATC),随后又根据国际惯例和实际需要设立了财务委员会(Finance Committee, FC)和法律委员会(Legal Committee, LC)。除上述四个委员会外,理事会根据大会议事规则还可以设立常设或临时的其他专家委员会。一直以来,理事会在下属空中航行委员会(ANC)、航空运输委员会(ATC)、联营导航委员会(Committee on Joint Support of Air Navigation Services, CJSANS)、财务委员会(FC)、非法干扰委员会(Committee on Unlawful Interference, CUI)、技术合作委员会(Technical Co-operation Committee, TCC)、人力资源委员会(Human Resources Committee, HRC)和航空环境保护委员会(CAEP, 1983)的协助下开展各项工作。

近年来,随着国际航空运输的发展和国际形势的变化,国际民航组织不得不增设更多的专家委员会以应对复杂的业务体系,包括但不限于以下几个专家委员会:2006 年 8 月 1 日,秘书处成立了一个高级别审计结果审查委员会(Audit Results Review Board, ARRB),并于 2011 年转变成监测和援助审查委员会(Monitoring and Assistance Review Board, MARB);2007 年 3 月,国际民航组织公钥簿开始发挥作用,公钥簿委员会(PKD OG Committee)随之成立;2007 年 6 月召开的第 36 届大会通过了理事会在第 176 届会议上提出的建议,批准成立国际登记处监管机关专家委员会(Commission of Experts of the Supervisory Authority of the International Registry, CESAIR);2011 年 9 月国际民航组织设立了评价和审计咨询委员会(Evaluation And Audit Advisory Committee, EAAC),由成员国提名的 7 名独立专家组成;2013 年,理事会在其第 200 届会议上成立了东道国关系委员会(Committee on Relations with the Host Country, RHCC),并选举了该委员会主席。

常言道:"闻道有先后,术业有专攻",成立专家委员会的意义就在于通过向专业人才提供各种资源来解决各种专业问题,尤其是对于国际航空健康有序发展可能产生重大影响的方面,国际民航组织更需要依赖专家委员会的反馈。

5.11 预防和管理民用航空公共卫生事件的协作安排

预防和管理民用航空公共卫生事件的协作安排(Collaborative Arrangement forthe Prevention and management of public health events in Civil Aviation,CAPSCA),是国际民用航空组织加强对诸如流行性疾病和核电站事故等影响民用航空领域的公共卫生事件,进行防范规划及应对的一项全球方案,于2010年启动。第37届大会通过A37-13号决议,敦促各缔约国在适用情况下,加入并参与到CAPSCA项目中。

众所周知,预防是应对国际民航运行中可能出现的各种形势、各种状况的最根本办法,CAPSCAP就是国际民航组织未雨绸缪和应急处置并驾齐驱的双乘马车。与此同时,我们也应该注意到,CAPSCA项目旨在处理与航空有关的所有公共卫生事件,而不仅仅是传染病。

为了完成修订和更新《芝加哥公约》附件6、9、11、14、18以及《空中航行服务——空中交通管理》中与CAPSCA相关内容这一目标,国际民航组织与各缔约国,以及包括世界卫生组织(WHO)、国际航空运输协会(IATA)、国际机场理事会(ACI)等共11个国际组织在内的伙伴们开展了密切合作。同时,有关各方也为CAPSCA项目提供了资金和实物捐助,包括来自联合国流感行动中央基金的初期赠款。

2010年CAPSCA项目开始执行时,活动范围仅限于亚太地区、非洲地区和泛美洲地区。经过六年的发展,CAPSCA项目已经覆盖了包括亚太、非洲、泛美洲、欧洲和中东在内的世界上绝大部分地区。CAPSCA除了提供关于防范和管理公共卫生事件的多部门研讨会和讲习班之外,还安排了针对各缔约国和各个国际机场的援助访问活动,并且筹建了自己的官方网站"http://www.capsca.org/"。目前,该项目主要针对寨卡病毒和埃博拉病毒疫情开展各项活动。

5.12 全球航空安全计划

全球航空安全计划(Global Aviation Safety Plans,简称GASP),是国际民航组织与民航业界和各缔约国政府共同协商制定的一项旨在降低航空事故率的安全策略。改善跑道安全、减少可控飞行撞地(CFIT)事故数量,以及减少飞行中操纵失灵事故和事故征候的数量是GASP应对航空安全隐患的三大优先事项。目前来看,全球航空安全计划已经建立起了一个成熟的安全监督系统,为实施国家安全方案(SSP)奠定了良好的基础。

特别是在制定安全政策方面,GASP计划为国际民航组织的各个成员国和各个地区提供了诸多帮助:一方面,这一计划明确了全球航行安全的目标,包括国家和地区航空安全规划者所谋划的具体进程和优先事项。另一方面,它拥有为人熟知的规划框架，通过利用安全绩效的四个促成要素（标准化、协作、资源和安全信息交流）帮助各国和各地区改善安全状况。此外，它还提供了一系列指导材料，帮助各国和各地区量身定制工作方案。实施 GASP 计划拥有巨大优势，在确定全球目标和优先事项的同时，这一计划可以指导各国和各地区根据自身的安全监督能力、国家安全方案（SSP），以及支持未来空中航行系统所需的安全进程，规划并制定本土的具体方法，因地制宜地并行开展各项工作。

1997 年，国际民航组织把空中航行委员会与民航业界之间的一次非正式会议所形成的系列结论和建议规范化，形成并推出了第 1 版的《全球航空安全计划》。

2005 年 5 月，空中航行委员会与业界的另一次会议确定了将 GASP 计划扩大的必要性，以便为所有利害相关方提供一个共同的安全举措参考框架，即全球航空安全路线图（Global Aviation Safety Roadmap，GASR）。

2006 年 3 月，国际民航组织举行了第六届全球航空安全战略民航局长会议，会议肯定了全球航空安全路线图的制定，并建议 ICAO 以之为基础，全面规定国际航空安全举措的统一做法，以便为各项安全政策和举措的协调提供一个全球框架。同年 12 月，航空业界向国际民航组织递交了全球航空安全路线图的第二部分，即最后一部分。路线图是由民航业界的特别伙伴作为业界安全战略小组（Industry Safety Strategy Group，ISSG）与国际民航组织一起制定的，它构成了全球航空安全计划的基础，路线图的绘制完成标志着全球航空安全计划显现雏形。2007 年，国际民航组织对全球航空安全计划进行了扩展，收编了全球航空安全路线图。同年 2007 年 7 月 18 日，理事会接受了经过修订的全球航空安全计划。

在国际民航组织近十年间召开的第 36、37 和 38 届大会上，分别通过了 A36 - 7、A37 - 4 和 A38 - 2 号决议，决定国际民航组织应当实施全球航空安全计划（GASP）和全球空中航行计划（GANP），并保证其时效性，以支持本组织相关战略目标的实现。

2013 年 7 月 30 日，理事会在其第 199 届会议期间批准了《全球航空安全计划 2013—2016 年》（第 1 版），该文件随后得到了第 38 届大会的批准。GASP 计划的再次更新，强化了其作为在全球、地区和国家三个层面使用的高级安全政策、规划和实施文件的地位。

在《全球航空安全计划》中，国际民航组织着重强调了其十大航空安全政策原则：

① 致力于落实国际民航组织的战略目标。ICAO 的地区和国家航空举措将包含国际民航组织的每一项战略目标。

② 航空安全具有最高优先地位。即在所有与 ICAO 的战略目标相关的规划中，ICAO 的各缔约国和各个地区应首先考虑在全球航空安全计划中设定的安全优先事项。

③ 分层次的安全规划办法。全球航空安全计划将指导并帮助协调地区及个别国家安全规划的制定。

④ 国家安全方案和安全管理系统。关于安全管理的附件19及包括《安全管理手册》(Doc 9859号文件)在内的诸多相关文件，将为全球航空安全计划提供稳固的法律基础。

⑤ 国际民航组织对航空安全优先工作的支持。ICAO应进一步制定各项规定、指导材料，并为GASP确定的优先项目提供基于风险评估的培训。

⑥ 地区和国家航空安全优先工作。ICAO地区、次地区和个别成员国应与地区航空安全组协调制定其航空安全优先项目，使它们的个别需要与全球安全优先项目取得一致。

⑦ 全球航空安全计划的目标和安全绩效的促成要素。这些目标和安全绩效要素构成了全球航空安全计划获得成功的基础，其内容将随着相关规定、支持材料和培训工作的进行而不断更新。

⑧ 这些目标和安全绩效促成要素的使用。尽管GASP从全球的角度出发制定目标和安全绩效，但它仍要求各成员国和地区确立与安全绩效促成要素相关的优先措施，以便有效应对其安全风险。各个地区、次地区或国家采取的安全举措均应以ICAO的标准和建议措施及指导材料为依据。此外，所有国家应按照短期、中期和长期目标的达标日期实现GASP的安全目标。

⑨ 成本效益和财政问题。落实各项航空安全措施，包括安全绩效的促成要素所确定的各项措施，可能需要国际民航组织的各个地区、次地区、国家及航空界就有限的资源做出大量投资。当国际民航组织的各个地区、次地区和国家考虑采用安全绩效的促成要素时，应进行分析，务使做出的投资达到安全效益并且这些效益能够持续。

⑩ 审查和评价航空安全规划。ICAO将通过已有的高度透明化程序，每三年对GASP(必要时对所有相关的航空安全规划文件)进行一次审查，协助各个国家和地区调整其优先事项，以反映真正的绩效因素并解决任何新出现的航空安全问题。每年出版的安全报告将运用多项绩效衡量指标说明GASP已经取得的进展，之后交由空中航行委员会审查，并根据需要向理事会提交特别报告。泛美地区航空安全组在2010年发布了首份年度安全报告。从2014年开始，所有地区航空安全组将每年发布报告，以说明在各项地区安全优先工作方面取得的进展。

因为全球航空安全计划中规定的各项目标都由具体的安全措施进行支持，所以国际民航组织对这些措施按照四种不同的安全绩效要素(标准化、协作、资源、安全信息交流)加以分类，它们共同组成了落实GASP举措的基本结构。下面将对四项要素做一简要介绍，更多详情可以参考ICAO发布的全球航空安全计划书。

首先是标准化。标准化之所以能够位列第一，是因为统一实施国际民航组织的标准和建议措施是《芝加哥公约》的基本原则，它构成了全球航空系统的安全基础。国际民航组织通过增强审计进程和结果的公开透明程度，致力于改善标准和建议措施的全面落实，与此相对的，我们也应该看到各成员国所面临的安全问题以及能够调用其中的人力、财力和技术资源也不尽相同。

其次是协作。毕竟实现全球航空安全计划的各项目标取决于国际社会持续参与到地区间问题的解决进程。全球航空安全计划强调了成员国、民航业界、国际和地区航空安全机构所发挥的不同作用，督促它们各司其职，协调包括安全政策、监督活动和国家安全方案以及安全管理系统等的实施。国际民航组织成立了地区航空安全小组(Regional Aviation Safety Groups，RASGs)，它们将作为全球航空安全计划的补充部分，为解决地区航空安全问题对相关各方做出相应协调。RASGs 在向其负责地区提供切实可行的协助活动的同时，向总部报告 GSAP 的执行情况。

第三是资源。考虑到各国在维护、升级和更新航空基础设施方面的投资，以及对技术和人力资源进行的投资，对于充分适应航空运量的预期增长是至关重要的，国际民航组织将资源也列为一项安全绩效要素。上述投资还包括对于持续开发技术能力和培训未来的航空专业人员的供资，这些对于确保专业人员拥有必要的技能，在全球航空系统变得日趋复杂、技术愈发先进(包括日益增长的对于基于卫星的通信、导航和监视系统的需求)的未来实现安全操作是至关重要的，人的因素在民用航空发展过程中永远都是不可忽略的重要方面。

第四是安全认息交流。安全信息交流作为全球计划的基本部分也出现在了安全绩效要素中，它对于实现 GASP 各项目标、帮助 ICAO 检测正在出现的安全问题、督促各成员国及时采取有效的行动都是必不可少的。同时，为了鼓励和支持安全信息的交流，ICAO 必须提高警惕、加强监督，以防止不当使用安全信息事件的发生。为此，ICAO 正与各成员国和民航业界紧密合作，制定相关规定，在不妨碍安全信息交流的基础上对其进行恰当保护。

2014 年，国际民航组织预计世界范围内航班数量将在 15 年后实现翻番，对于监管系统的诉求也将迅速增加，而 GASP 如若止步于规范其本身，将不能获得最佳效果以适应未来的航空运量增长态势。鉴于上述情况，国际民航组织决定采纳英国民航局的建议与欧洲航空安全局密切合作，采用基于性能的自主调节措施，在所有区域(包括形势趋于稳定的地区)持续改进安全措施，并且提前拟定出最远到 2027 年的 GASP 目标。同年 12 月，全球航空培训 PLUS 研讨会在塞内加尔首都达喀尔召开。时任 ICAO 空中航行局(ANB)局长南希・格雷厄姆提出“Issues Today and Challenges Tomorrow”是 GASP 和 GANP 制定项目计划的最优先原则。特别的，ICAO 形成了完整的年度事故数据审查周期：每年 1 月对前一年的事故数进行审查，2 月对此进行核实，3 月发布国际民航组织年度安全报告，在下半年的 8 月份公布年中最新安全报告或全球航空安全状况报告，并于 11 月初步审查年度事故统计数。

2015 年 2 月，国际民航组织召开了其第二届高级别安全会议。会议期间，时任秘书长雷蒙・邦雅曼先生表示：目前，协调和支持各区域实施 GASP 相关活动的工作已经委托给国际民航组织筹建的地区航空安全小组(RASGs)负责，RASGs 将与其他国际和地区组织展开协作。时任空中航行局局长南希・格雷厄姆也表示：ANB

已经为GASP制定了近期(2017年前,落实有效的安全监督系统)、中期(2022年前,完全落实国际民航组织的国家安全方案)和长期(2027年前,构建高级安全监督系统,包括预测性风险管理)三期目标及工作重点,全球航空安全计划在2014年得到了“全面整顿”。此外,会议还讨论了GASP在全球航班跟踪和给予冲突地区建议之外的可能工作方向,例如公共卫生、极端气象条件,以及驾驶舱语音记录器(Cockpit Voice Recorder,CVR)的录音时间等。

2015年3月,空中航行局宣布调整航空系统组块升级(ASBUs)战略的周期,由五年变为六年,从2013年开始的相关计划将在2016年得到中期更新,并于2019年形成完整报告,此外GASP和GANP也都将遵循这一更新速度持续运作。

目前,国际民航组织已经形成了从战略、战术和行动上分别进行指导的三级系统,以支持并加强全球民用航空体系的安全建设。在最高级别上,以《全球航空安全路线图》第Ⅰ部分作为GASP的战略支持文件,形成一般方法;次一级,从《全球航空安全路线图》第Ⅱ部分和“国际民航组织业务计划”中衍生出一套针对性方法以实施全球安全举措;最低级,以详细丰富的各项安全实施计划(如《非洲－印度洋地区的实施计划》等)来指导并规范地区和国家安全计划。

5.13 全球空中航行计划

全球空中航行计划(Global Air Navigation Plan,简称GANP)是协助国际民航组织各地区、次地区和各缔约国制定地区和国家航空安全计划的主要民用航空政策的根本原则和主要框架。该计划的目标是在保证安全的前提下提高全球民用航空系统的效率,并增加其容量。空中航行委员会每年都会对《全球空中航行计划》的附录进行研讨分析并及时更新,以确保其准确性和时效性。

时至今日,航空运输在推动社会经济可持续发展方面发挥着主要作用。但不可否认的是,在某些状况下它的高速增长也是一把双刃剑。在好的方面,航空运输业的繁荣确确实实地提高了人民生活水平、社会流动性和行业普遍繁荣,但未加管控的空中交通增长也犹如脱缰之野马,当它脱离了必需的监管和基础设施发展之时必然无限增大了安全风险。值得欣慰的是,空中航行系统在最近几十年已经发生天翻地覆的变化,其中一些国家和经营者率先采用了先进的航空电子仪器和基于卫星的导航程序,使得空中航行的面貌焕然一新。但对于有关航行安全之事,国际民航组织不得不慎之又慎、先忧后乐,他们看到了在实施所谓的基于性能导航(PBN)方面有着很多本地化的重要进展,但在全球空中航行系统中,仍有相当多的剩余问题依然受到20世纪陈旧观念的限制。ICAO认为这些落后的空中航行能力限制了全球空中交通的容量增长,并且需要对他们所造成的不必要的大气排放负起责任。建立基于性能的现代程序和技术的全球空中航行系统是解决这些重大关切的有效途径。

GANP正积极探索在地区和国家层级实施一体化的航空规划的必要性,并通过引进航空系统组块升级(ASBU)系统工程的方式来应对各种问题。此外,它在查明近期待处理问题的同时,也说明了航空系统现代化所面临的财政问题,并且强调了合作与伙伴关系在未来航空业界面临来自多学科挑战时的重大意义。GANP 中指出的近期可能面临的问题主要包括涉及基于性能导航(PBN)和组块 0 的模块实施问题,以及对于地区规划和实施小组(PIRGs)的管控措施。

目前,《全球空中航行计划》包括航空系统组块升级(ASBU)框架、模块和相关技术路线图,涉及通信、监视、导航、信息管理和航空电子技术等诸多领域,并取得了丰硕的成果。例如通过确定全球计划举措(Global Plan Initiatives,GPIs),将先进的航空器导航能力与航空航行系统基础设施相结合;通过实施所需导航性能(Required Navigation Performance,RNP)及区域导航(Area Navigation,RNAV)的标准仪表离场(Standard Instrument Departures,SIDs)和标准仪表进场(Standard Terminal Arrivals,STARs),实现终端管制区域的优化;通过实施基于频率管理系统(Frequency Management System,FMS)的进近程序,提供更为节油降耗的航空器运行指导;通过规定空中交通管理(ATM)措施,帮助航空公司提高运行效率并减少航空器的二氧化碳排放等。

GANP 中最引人注目的是它的核心部分,即航空系统组块升级方法。这是一项灵活且规划性强的全球系统工程办法,它使所有成员国能够根据它们的具体运行需求拓展其空中航行能力。组块升级方法将使航空界能够满足在全世界每个地区的现代空中交通系统对于运量增长所需的全球协调、增加容量和提高环境效率的需求。

另外值得注意的是,全球空中航行计划概述了国际民航组织指导全球、地区和国家进行空中航行政策规划的 10 项主要原则:

① 致力于落实国际民航组织的战略目标和关键绩效领域。ICAO 的地区和国家空中航行规划将涵盖 ICAO 的每一项战略目标及其所有 11 项关键绩效领域。

② 航空安全具有最高优先地位。在空中航行规划的制定及更新中,ICAO 的地区和国家都将对 GASP 设定的安全优先事项给予应有的考虑。

③ 实施分层次的空中航行规划。GASP 和 GANP 将指导和协调 ICAO 地区及个别国家空中航行计划的制定。地区规划和实施小组(PIRGs)制定的国际民航组织地区空中航行计划也将指导和协调部分国家空中航行计划的制定,以便解决其地区内和地区间的各项问题。

④ 全球空中交通管理运行概念。Global Air Traffic Management Operational Concept,GATMOC。ICAO 认可的全球空中交通管理运行概念(Doc 9854 号文件)及相关手册,特别是《空中交通管理系统要求手册》(Doc 9882 号文件)和《全球空中航行系统绩效手册》(Doc 9883 号文件),将通过持续更新为全球空中航行和空中交通管理系统提供健全的全球化概念基础。

⑤ 全球空中航行优先事项。GANP 阐述了全球空中航行的优先工作。ICAO 应制定各项规定、指导材料并提供相关工作培训。

⑥ 地区和国家空中航行优先事项。国际民航组织地区、次地区和个别国家应通过地区规划和实施小组(PIRGs)制定各自的空中航行优先工作,使它们的个别需要与全球空中航行的优先工作取得一致。

⑦ 航空系统组块升级(ASBU)、模块和路线图。航空系统组块升级(ASBU)、模块和路线图构成了GANP的主要组成部分,它们将随着各项规定、指导材料和相关培训的不断改进而持续更新。

⑧ 使用航空系统组块升级的组块和模块。虽然GANP适用于全球范围,但ICAO并不打算将航空系统组块升级中的各个模块应用于全世界。各个地区、次地区或国家采用这些模块时,应始终遵循航空系统组块升级的各项具体需求,以确保空中交通管理系统的互用性和一致性。

⑨ 成本效益和财政问题。落实各项空中航行措施,包括落实航空系统组块升级确定的措施,可能需要国际民航组织的各个地区、次地区、国家及航空业界提供大量投资。在实施组块升级活动时,有关各方应进行成本效益分析,以决定业务模式。此外,制定有关成本效益分析的指导材料将有助于各国执行GANP。

⑩ 审查和评价空中航行规划。ICAO应该通过高度透明的确定程序,每三年审查GANP(在必要时,对所有相关空中航行规划文件)一次。空中航行委员会应每年分析一次GANP的各项附录,以确保这些附录依然准确并具备足够的时效性。ICAO成员国和各个地区应就其空中航行计划取得的进展和成效每年向ICAO提交制式报告。

全球空中航行计划最初源自1993年的一份关于《未来空中航行计划系统(FANS)》的报告的附录,后来它为人所熟知的名字则是《通信、导航和监视/空中交通管理(CNS/ATM)系统》。这些内容统一回答了各缔约国关于如何通过协调各种新兴技术以适应全球空中交通迅猛增长的问题。此后几年间,这些技术研发工作的步伐加快,(CNS/ATM)系统及其中的诸多概念也随之得到发展。

1998年,国际民航组织《通信、导航和监视/空中交通管理(CNS/ATM)系统全球空中航行计划》(Doc 9750号文件)发行了单独版本,第2版也于2001年发布。2004年,ICAO各缔约国以及整个民航运输业都热切希望能够将全球计划的概念转化为更加实用的解决方案。鉴于这种要求,国际民航组织通过与行业专题项目组开展合作,制定了两个空中交通管理(ATM)执行路线图,路线图中包含的业务倡议后来更名为全球计划倡议(Global Plan Initiatives,GPI),并且作为框架基础编入了《全球航空安全计划(第3版)》。

2006年11月30日,理事会批准了经修订的《全球空中航行计划(第3版)》。2007年9月召开的第36届大会做出决议,要求各国、各地区规划和实施小组(PIRGs)以及航空业界使用《全球空中航行计划(第3版)》中提供的指导进行规划和实施活动,并且敦促理事会监测这一要求的执行情况。2010年9月召开的第37届大会通过了A37-12号决议,指示理事会及时修改《全球空中航行计划(第3版)》,

以便国际民航组织就各缔约国的空中航行计划对全球系统的影响进行分析。并在2012 年 11 月举办的第十二次空中航行会议上根据 GANP 的最新资料，为国际民航组织制订长期规划。2013 年 5 月 29 日，理事会批准了《全球空中航行计划（第 4 版）》，将其作为今后 15 年（2013—2028 年）空中航行的全球战略方向。

第 4 版的《全球空中航行计划》对 ICAO 提出的航空系统组块升级办法进行了详细介绍，它将在包括机场运行、全球可互用的系统和数据、最佳容量和灵活航班以及高效飞行航路在内的四大绩效改善领域实施程序和技术革新。革新分为组块 0、1、2、3，分别对应 2013、2018、2023 和 2028 年四个起始年份，而后一组块的起始年份则对应前一组块的达标时限。ICAO 各成员国只需根据这一系统考虑并采用适于其运行需要的模块即可，无须实施每一个模块。同时，国际民航组织还将与其成员国通力协作，帮助每个国家根据其独有的运行特点切实确定其所需的能力建设。喜人的是，目前一些国际民航组织成员国正在进行的改善空中航行的方案（欧洲的 SESAR、美国的 NextGen、日本的 CARATS、巴西的 SIRIUS，以及加拿大、中国、印度、俄罗斯正在实施的其他方案）都与航空系统组块升级模块协调一致。这些国家现在都将它们各自的规划进行适度调整来配合各个组块升级模块，以便确保各国的短期和长期空中航行解决办法具备全球互用性。

在发展航空系统组块升级（ASBU）的模块之前，ICAO 努力侧重于发展和落实基于性能的导航（PBN）、持续下降运行（Continuous Descent Operations，CDO）、持续爬升运行（Continuous Climb Operations，CCO）和跑道排序能力（Arrival/Departure Management，AMAN/DMAN）。在落实 PBN 方面，国际民航组织近年来采取了一系列措施推动其全球化进程，比如通过大会 A37 - 11 号决议敦促所有国家落实空中交通服务（ATS）航路和进近程序，再比如将“优化包括垂直引导的进近程序”的组块模块作为近期重点实施对象，甚至包括商定下一代全球系统需要的通信设备以替换使用了半个世纪以上的航空专用电传通信网（AFTN）。有别于 PBN 关于安全的重视，COD 和 CCO 更侧重于对环境惠益的考虑，表现突出的莫过于持续下降运行带来的优化成果，它使得航空器能以最小推力从高空飞行进入机场。这一举措不但降低了噪声影响，而且比标准的“分段”进近减少了多达 30% 的燃油消耗，与 ICAO 在 2012 年颁布的燃油节省估计工具（ICAO Fuel Savings Estimation Tool，IFSET）有异曲同工之妙。目前，基于性能导航的概念仍在不断扩大，为了配合在空域、空中交通管理、飞行机组和程序设计部门日益增长的对基于性能导航的需求，ICAO 仍将致力于向航空专业人员提供对于其特殊责任和工作范畴的指导材料和相关课程。

2016 年 7 月 24 日，国际民航组织在官网发布了《2016—2030 年全球空中航行计划草案》，作为最新一版，该计划旨在指导航空运输部门在 2016—2030 年期间再上一层楼，取得更加突出的成果。

5.14 追踪系统

2014 年 3 月 8 日，马来西亚航空公司的 MH370 航班失联，227 名乘客和 12 名机组成员推定为全部遇难。鉴于事故的极端严重性，国际民航组织于同年 5 月在总部召开了关于全球飞行追踪的多学科特别会议，决定把对航班的全球追踪作为国际民航组织的优先事项，并考虑制定一项关于飞行追踪的运行概念（Concept of Operation，CONOPS）草案，其中将包含对飞行追踪目标的明确定义，确保及时把信息提供给有关人员以支持搜救行动及事故调查活动。大会之后，一个处于国际民航组织框架之下的、由民航业界领导的航空器追踪工作队（Aircraft Tracking Task Force，ATTF）随即成立，确定了使用现有技术进行正常航班追踪作为其工作目标。

2014 年，全球航空遇险和安全系统（Global Aeronautical Distress and Safety System，GADSS）的运行概念正式形成。这一系统对全球航空器进行长期追踪，就正常、不正常和遇险情况分别采取三个阶段的办法。

2015 年 2 月 2 日，国际民航组织第二次高级别安全会议（HLSC）在加拿大蒙特利尔召开，超过 850 名代表参加了本届会议。会议期间，各方代表就新的飞行追踪绩效标准展开了讨论，形成并通过了一项新的航空器 15 分钟追踪标准。这项建议标准并非强制性措施，而是建议全球航空公司利用现有和计划使用的技术以及相关程序达到这项标准。理事会主席阿留博士指出："这项新标准为追踪全球航空器飞行，以及在未来实施更加全面的全球航空遇险和安全系统奠定了坚实的基础。"

2015 年 11 月 10 日，国际民航组织理事会通过了《芝加哥公约》附件 6 的 39 次修订，主要包括对正常运行飞机跟踪的标准和建议措施（SARPs）。这一修订已于 2016 年 3 月 20 日生效，将在 2018 年 11 月 8 日起适用于国际民航组织的所有缔约国。

目前，ICAO 正在与欧洲民用航空电子设备组织（EUROCAE）和航空无线电技术委员会（RTCA）在相关领域进行密切协商，以求加快为非正常和遇险状况追踪提供相关规定和协助措施的步伐。

5.15 冲突地区

2014 年 7 月 17 日，马来西亚航空公司的 MH17 航班在乌克兰东部上空被导弹击落，283 名乘客和 15 位机组人员全部遇难。为应对这一突发事件，国际民航组织随即成立了关于冲突区对民用航空的风险的工作队（Task Force on Risks to Civil Aviation arising from Conflict Zones，TF－RCZ）。数周后的 8 月 26 日，国际民用航空组织在蒙特利尔召开了 TF－RCZ 工作队的第二次会议，制定了处理冲突区对民航的影响的总体工作方案。

MH17航班的悲剧性失事表明有必要将其作为当务之急向各个国家和地区以及航空公司提供冲突地区风险威胁的及时准确的信息。2014年12月2日，国际民航组织再次召开了TF－RCZ工作队第三次会议。会议拟议了一项旨在让航空旅客无论选择哪家航空公司、无论在何处飞行都能免遭冲突地区风险威胁的工作方案。

在2015年2月2日—5日召开的联合国机构高级别安全会议期间，国际民航组织191个缔约国对由TF－RCZ提供的已经汇编成册的工作方案进行了广泛而深入的评估。TF－RCZ工作队在会期的最后一天重申，世界民航系统可以自信地迎接冲突地区带来的威胁和挑战，并且对国际专家团队完成的关于冲突地区民航风险类型的判别工作给予了高度赞扬。这些风险评估类别将为各缔约国和航空公司提供切实指导。在此次会议上，国际民航组织再次提出了建立中央化信息共享系统的原型计划。这一计划被认为是缓解冲突地区风险进一步发展的关键，目前已经在欧洲版本的基础上进行了一些初步试验。

虽然近些年我们经历了很多冲突地区发生的空难事故，但不可否认的，航空飞行仍然是最安全的出行方式。国际民航组织将继续竭尽所能地缓解公众对于冲突地区风险威胁带来的不安情绪，TF－RCZ工作队在短时间内做出的优秀成果即是ICAO最有力的证明。

5.16 不让任何国家掉队

“不让任何国家掉队”(No Country Left Behind，简称NCLB)是国际民航组织在2014年年底提出的倡议活动，同时也开门见山地表明了其一系列活动的终极目标。这一倡议旨在为国际民航组织成员国贯彻执行各项标准和建议措施以及相关程序提供援助，在形成一个全球统一计划方案的基础上推动各国重大安全问题(SSCs)和重大安保问题(Significant Security Concerns，SSeCs)的解决，并推进其他的与安全、安保和排放相关的目标的实现。

2013年10月4日，国际民航组织大会第38届会议通过多项决议(A38－5，A38－11，A38－12，A38－15，A38－16，A38－17)，督促成员国贯彻落实国际标准和建议措施，理事会同与会各方代表广泛讨论了这一问题在未来可能面临的更严峻的挑战，认识到各国的航空管控能力参差不齐，尤其是在开发和实施减少航空排放行为方面更是有着巨大的差距。于是，“不让任何国家掉队”的想法逐渐孕育而成。

2014年，ICAO召开了其首届理事会非现场战略会议，其目的在于讨论并决定ICAO如何更好地与其成员国进行沟通并向它们提供援助。通过讨论，各方代表认识到了一些国家在实施ICAO制定的国际标准和建议措施方面仍然存在缺陷这一重大问题。于是，这届非现场会议决定将ICAO的活动重点放在存在高事故率和重大安保威胁的国家，以便更好地鼓励发达国家向发展中国家提供更多的综合性援助。会议还要求ICAO为发展中国家提供更多的直接援助，例如更积极地发挥协调作用，回应各国为汇集资源、参与地区工作、划拨自愿资金和提高建设能力等政治意愿。

2014 年 12 月 5 日,“不让任何国家掉队”举措正式上线,国际民航组织之所以选择在这一年正式发出倡议,也是为了纪念《芝加哥公约》签署 70 周年。此后通过的联合国大会 2030 项议程中,也强调了联合国的可持续发展战略也将支持国际民航组织进一步开展 NCLB 行动的实施。“不让任何国家掉队”活动集中展现了国际民航组织为协助各国实施国际民航组织标准和建议措施(SARPs)所做的各项工作,这一举措增加了相关方的旅游和贸易收入,创造了更多的就业机会,并且助力他们消除贫困,这种经济增长随后进入航空再投资环节,便能创造一个可持续发展的健康的国家航空和经济发展周期,国际民航组织希望以此来保障所有缔约国都能享受到安全可靠的航空运输带来的巨大社会经济效益。

“不让任何国家掉队”活动推动了解决安全监督审计中发现的重大安全关切(SSCs)问题的工作。2015 年 11 月 23 日,国际民航组织世界航空论坛在加拿大蒙特利尔召开,大会使用了 ICAO 六种工作语言大力支持“不让任何国家掉队”的目标。在这届特别会议上,各成员国、捐助者和民航业界代表齐聚一堂,通过增强全球航空运输能力,实现各地区可持续的社会经济繁荣。这一论坛探讨了民用航空部门已经取得的广泛社会经济效益,详细描述了“不让任何国家掉队”这一目标,进一步加强了利益相关方和国际民航组织的协同配合。ICAO 利用它独特的地位和作用,同时促进了各国对于空中航行能力和效率的重视与支持,动员了更多银行、基金和其他金融机构参与合作,并且加强了与众多国际组织就共同关注的问题开展的相关合作。

目前,“不让任何国家掉队”这一举措将在十个关键方面发力,争取早日实现其终极目标。

第一,大力宣传活动目标。作为支持国际民航组织日常运作的一部分,此项举措将为 ICAO 与各成员国的国家利益和航空协议框架提供更紧密的合作伙伴关系。这有助于 ICAO 战略目标的实现,也有助于联合国大会 2030 项议程强调的可持续发展战略的实现。ICAO 将联合各成员国、联合国、社会捐助和所有利益相关方,持续协助有需要的国家增强其航空运输系统,以促进航空对于社会、经济和环境三大支柱的贡献。

第二,宣传高水平的航空系统对于国家和政府的益处。这一行动的重点是协助各国制定必要的法案以支持民航运输事业的发展。2015 年 11 月举办的国际民航组织世界航空论坛是一个很好的例子,航空界和金融机构的对话保障了安全、高效、环保的空中运输系统的资金来源。

第三,通过开发服务工具协同各国实施这一举措。国际民航组织一直在开发各种服务工具(例如 ICAO eTools、ICAO Data+、iSTARS 2.0、EBT 和 IFSET),帮助各国明确自己的缺陷和需要,以便实施相关援助项目和计划。

第四,认同国家的贡献。ICAO 理事会已经建立了理事会主席证书系统,以激励各国解决其在安全监管方面存在的漏洞,系统将采用客观透明的标准来筛选有资格获得证书的国家。

第五，建立并加强合作伙伴关系。多年以来，ICAO与众多伙伴密切合作，通过填补框架漏洞、开展援助活动、共享安全信息来协调航民航运输业发展的步伐。通过建立航空安全援助伙伴关系（Aviation Safety Action Program，ASAP）、ICAO航空志愿者计划，以及多项评估和识别项目，国际民航组织与航空业界通力合作，避免了大量重复的工作，为各成员国节省了大量的财政和人力资源。

第六，调动航空相关项目的资源。ICAO已经出台了资源调动政策，以便实现更为恰当的、更具预见性的和可持续的自愿性供款。

第七，促进能力建设计划的实施。ICAO拟加强技术援助活动，提供更直接的援助和能力建设活动，以提高各国对于国际标准和建议措施的有效实施。

第八，确定优先援助需求和风险评估。考虑到各国不同的监督能力与航空部门活动的特点，国际民航组织将在全球航空计划确定的全球性目标之下为各个国家量身定制目标和指导文件。

第九，为了减少国家维护国际标准和建议措施（SARPs）的监管负担，国际民航组织拟制定基于风险评估的SARPs修正案，突出强调最为重要的安全、安保和效率等要素，详细内容可见大会A38－11号决议。

第十，ICAO需要建立起一个组织内部的协调机制，以避免重复工作，确保援助活动的优质高效。在这种协调机制下，技术援助请求将同战略行动一样须经由对应局机关的审批，而地区办事处将为每个地区确定实施计划的优先次序，与战略目标并行不悖地实施各项活动。

通过“不让任何国家掉队”的倡议，国际民航组织致力于提高国际标准和建议措施在世界范围的认可度和执行力，以期早日建成一个安全、高效、经济、环保的环球航空运输系统。

5.17 安全管理手册

《安全管理手册》（Safety Management Manual，SMM，以下皆称《手册》）是国际民航组织发行的一份手册，其主要目的是根据《芝加哥公约》所载附件1《人员执照的颁发》、附件6《航空器的运行》、附件8《适航性》、附件11《空中交通服务》、附件13《航空器事故和事故征候调查》、附件14《机场》中的第Ⅰ卷机场设计与运行以及附件19《安全管理》中记录的相关国际标准和建议措施，为各成员国制定并实施国家安全方案（SSP）和安全管理体系（SMS）提供指导。目前正在使用的是《安全管理手册》的第3版（Doc 9859号文件），它取代了2009年发行的第2版《安全管理手册》和《事故预防手册》（Doc 9422号文件）。

《手册》的内容结构并不复杂，但包含了丰富的内容。以第3版为例，《手册》共5章和1个附篇：第1章介绍了手册的概况，第2章讨论了安全管理的基本概念和流程，第 3 章汇总了前述各项附件中所记载的与安全管理相关的标准及建议措施，第 4 章和第 5 章概述了建立、实施及维护国家安全方案和安全管理体系的一种渐进做法，同时还附有一些提供实际指导和图示的附录；《手册》最后的附篇提供了与之相关的 ICAO 的其他指导材料的目录。

提到安全管理，我们不得不先说明在航空范畴里对于安全的定义——“安全是一种状态，即通过持续的危险识别和安全风险管理过程，将人员伤害或财产损失的可能性，降低到并维持在一个可接受的程度或其以下。”由此观之，“安全”是一个自人类踏足民航运输领域之前就诞生了的概念。但如果只考虑民航运输中的安全问题，我们又可以大致将航空安全的发展分为三个阶段：技术时代、人的因素时代和组织机构时代。

技术时代——自 20 世纪初到 20 世纪 60 年代末。航空作为大规模交通运输的一种新形式应运而生，所有被当局确定为安全缺陷的，最初都与技术因素（技术失效或失误）相关。因此，当时航空运输业在安全方面努力的重点，主要集中在技术调查和技术改进上。到 20 世纪 50 年代，随着航空技术的改进，事故率逐渐降低，安全工作逐步扩展到遵守规章与监督方面。

人的因素时代——自 20 世纪 70 年代初到 90 年代中期。在 70 年代初，由于主要技术的不断进步和安全规章的逐步完善，民航事故率大大降低，航空运输成为一种更安全的交通运输方式，于是业界在安全方面努力的重点，扩展到了包括人机互动界面在内的人的因素上。早期事故调查所获取的信息已经不能满足安全信息的需要，人的表现是事故发生最常见因素。但是，当时关于人的因素的科学探究趋向于关注个人，并没有完全考虑到运行和组织机构这一宏观背景。直到 90 年代初，航空业界才首次承认人是在复杂环境中执行各项操作的，其中包括了有可能影响人的行为的多重潜在因素。

组织机构时代——自 20 世纪 90 年代中期至今。在组织机构时代，人们开始从系统的视角审视安全问题，除了技术因素和人的因素之外，还包含了组织机构的因素。考虑到组织机构的文化和政策对于安全风险控制的影响，民航业界大胆采用了“组织机构性事故”的概念。另外，传统的数据收集与分析工作大多局限于对事故和严重事故征候调查中所收集到的数据，这需要一种全新的、积极主动的做法来加以补充。这里提到的新做法是基于日常信息的收集和分析，同时利用主被动方法，监控已知的安全风险并探测新出现的安全问题。这些改进形成了迈向安全管理的基本原则。

《手册》中对于事故的起因给出了部分解释，其核心是詹姆斯·雷森教授开发的“瑞士奶酪”模型，说明事故是突破了多重防范系统所致，并且强调了所有的事故都是主动状况和潜在状况共同作用的结果。在评估人对安全的贡献时，又引入了软件—硬件—环境—人员 SHELL 模型，其中提到差错与违规部分来源于安全文化的宣传和评估不到位。虽然安全管理过程可以识别对安全具有潜在不利影响的危险因素，但是从资源配置的角度来看，采取各种办法消除这些危险或缓解与之相关的风险而产生管理模式或行为的变化时，就会造成管理困境，给威胁因素以可乘之机。可是，复杂产品或服务提供者的组织机构，特别是民航组织机构，可能有几十个必须整合到企业中的管理系统，于是一个把所有的管理系统整合成为总的企业管理系统功能性组成部分的发展趋势从民航业界诞生了。这样的整合具有许多明显的好处，主要在于减少重复操作以降低成本，减少组织机构的整体风险并增加盈利，同时平衡各项有可能冲突的目标，并消除各种有可能冲突的责任和关系。

对危险、事故征候或事故等相关信息及时准确的报告，是安全管理的基本活动。那么有效的安全报告具备哪些要素呢？《手册》中提到了五点，分别是信息、意愿、灵活性、学习和问责制。“信息”指的是作报告的一方确定了解整个系统的人、技术和组织机构等各个因素，是安全管理的基础；“意愿”指的是人们愿意将其经验教训上报；“灵活性”指的是报告者可以在面临非常情况时，能够及时调整其报告模式，从既定模式转为直接模式，从而让信息快速到达决策层；“学习”指的是人们有能力从安全信息分析中得出结论，并有意愿实施相关改革；最后一项“问责制”为有关行为是否可被接受划分出一条明确的界限，所谓“没有规矩不成方圆”，意即无论多么鼓励人们提供与安全相关的信息，这一区分都是必不可少的。于是，《手册》给出了《安全风险严重性列表》、《安全风险评估衡量标准》和《 安全风险可容忍度衡量标准》等范例。

《手册》中不得不提的两个重要内容就是国家安全方案（SSP）和安全管理体系（SMS），于安全管理而言好比车之两轮、鸟之两翼。国家安全方案是一个国家控制和管理安全的主要系统，其实施应与本国民航系统的规模和复杂程度相适应，同时也应该获得航空职能部门的支持与协调。这一方案分为阶段 1～4 逐步实施，最终要实现其五大目标，即确保国家建立起必要的安全监管框架，确保国家监管组织机构各自安全风险管理任务互相协调，促进国家航空业整体安全绩效的监测，协调并持续改善国家安全管理功能，支持配合安全管理体系的有效实施。

同其他重大项目的实施工作一样，国家安全方案的实施也涉及在规定时间框架内应完成的许多任务和子任务。任务的数量以及每个任务的范围，取决于国家安全监督体系现有的成熟程度。在实施前，该方案将对各项任务/子任务进行优先级排序，以便逐步实施。国家安全方案的实施计划，与国家安全方案的顶层文件一起，为各国实现逐步加强其安全管理和监督过程奠定基础。

《手册》最后一章着重介绍了安全管理体系，这是一个通过有效管理安全风险来确保航空器安全运行的系统。该系统通过识别危险、收集分析数据、持续评定安全风险等级来加强航空安全。安全管理体系力求在航空事故和事故征候发生之前通过主动出击控制奉献或减弱威胁，是一个与 ICAO 机构监管责任和安全目标相称的系统。这一系统包括安全政策和目标、安全风险管理、安全保证和安全宣传四个主要部分，对于各航空组织明确提供产品和服务时可能遇到的风险并随之进行管控具有重大意义。

安全管理体系包含12项关键要素:管理者的承诺和责任、安全责任义务、任命关键的安全人员、协调应急预案的制定、安全管理体系文件、危险识别、安全风险评定和缓解、安全绩效的监测与测量、变更管理、持续改进安全管理体系、培训和教育、安全信息交流。这12项关键要素包含在前述四个主要部分里,共同确保了空中航行相关方面能获得必要的信息以及供组织机构使用的适当工具,这些工具将分别适应多种任务,符合组织机构的需要,并与制约因素相称。

自2006年出版《安全管理手册》第1版以来,该手册已经陪伴国际民航组织的安全这一战略目标走过了十年历程,为世界各国的航空安全系统的构建和完善提供了坚实的文件基础,使其有章可循。在未来,《安全管理手册》仍将继续朝着《芝加哥公约》中祈愿的安全目标不断发展前进。

5.18 安保管理体系

类似于《安全管理手册》中记载的安全管理体系(SMS),安保管理体系(Security Management Systems,SeMS)为相关各方提供了一种条理清晰的方法来管理作为其整体业务组成部分的安保工作。安保管理体系作为一个工具,旨在与其他风险管理系统密切协调,将安保风险管理系统地纳入该实体的日常运营之中。

安保管理体系旨在与其他结构化的管理体系,如安全管理体系和质量管理体系相互融合或连接。将其他管理体系作为安保管理体系的基础,可以最大限度地减少重复工作和相关开支,同时也有助于提升组织机构的业务能力和信誉。

根据国际民航组织于2015年8月颁布的最新安保管理体系说明书,这一体系应该包含以下关键要素,适用于负责实施航空安保措施,或者任何在保障民用航空免遭非法干扰行为方面发挥作用的组织结构。

(1) 管理层的承诺和问责制

① 董事会一级和高级管理层对于安保管理体系的支持;

② 推行积极的安保文化;

③ 通过重要任命反映安保管理体系的重要性;

④ 为安保管理体系提供恰当资源。

(2) 资源(包括第三方服务提供者)

① 提供适当的财政、设备支持;

② 对遴选入职人员过程中的安保问题给予适当程度的重视;

③ 制定安保设备和服务及其维护的相关规范;

④ 对第三方、合同方及供应方进行有效的监督。

(3) 威胁和风险管理

① 查明当地威胁;

② 开发威胁评估程序;

③ 开发评估安保风险的程序；

④ 开发用于查明和监测风险减缓措施有效性的审查程序。

(4) 绩效监测、报告和持续改进

① 确定绩效措施的实施情况；

② 核实数据分析过程的有效性；

③ 建立安保绩效的内部报告程序；

④ 确保数据保存过程的安全可靠。

(5) 对事故征候的响应

① 开发安保事故征候响应程序；

② 确定改进响应程序的方法；

③ 推行补充安保措施的程序。

(6) 安保管理体系的培训大纲

① 阐述在组织机构的各个层级开展安保管理体系培训的情况；

② 评估安保管理体系培训的相关性；

③ 评估安保管理体系培训沟通的有效性。

(7) 沟　通

① 确立关于安保政策、要求和优先事项的有效沟通方法；

② 开发衡量沟通有效性的程序。

通过详尽的关键要素我们可以管中窥豹，安保管理体系是一种有组织、有条理的管理航空安保的做法。务虚的“安全文化”鼓励组织机构内部实现最佳安保绩效，而务实的安保管理体系则是根本保障系统，为这些组织机构提供必要的政策、程序和问责制，以确保对其安保业务可以进行有效监督。实施安保管理体系有助于各个组织机构中可能存在的重大风险得到有效查明、减缓，并得到定期审查，因此它已经被视为一个行之有效的工具，用以评估现代航空安保措施的有效性。

5.19　亚太地区空中航行规划和实施小组

亚太地区空中航行规划和实施小组(Asia/Pacific Air Navigation Planning and Implementation Regional Group，APANPIRG)于 1991 年 6 月 26 日成立，是国际民航组织为了确保空中航行计划的相关服务和程序能够在亚太地区得以持续实施，并与相邻地区的发展协调一致而设立的一个区域合作机制。APANPIRG 由亚太地区所有提供空中导航服务的国家(受国际民航组织亚太地区办事处辖制的国家)组成，保障了亚太地区空中导航计划符合国际民航组织的标准和建议措施，符合全球空中航行计划，切实呼应了区域需求。

秘书处为 APANPIRG 制定了非正式的参考条款，由 2004 年 2 月 27 日举行的理事会第 171 届会议第六次会议批准通过。随后，理事会又在 2008 年 3 月举行的第

183 届会议和 2010 年举行的第 190 届会议上通过了该参考条款的修订案。根据参考条款的要求，APANPIRG 确定了以下 12 个方面的措施：

① 在需要时，为任务相关方审查并制定实施服务、程序和措施的目标日期，以促进亚太地区空中导航系统的协调发展；

② 协助亚太地区办事处促进亚太地区空中航行计划的实施；

③ 与全球航空安全计划保持一致，实施必要的系统性能监测，以确定空中导航领域存在的缺陷，提出解决措施；

④ 在必要时促进国家行动计划的制定和实施，为其查漏补缺；

⑤ 制定更新亚太地区航空导航计划的修订建议，以反映地区业务需求的变化；

⑥ 监视空中导航设施和服务的建设，确保区域间组织结构、经济问题(包括财务、成本效益分析和业务案例研究)和环境问题的协调；

⑦ 检查人力资源规划和培训情况，保障该地区内各国的人力资源开发能力与亚太地区航空导航计划相适应；

⑧ 审查有关业务需求和规划标准的声明，向空中导航委员会提出应对新的发展变化所需的意见和建议；

⑨ 要求金融机构在了解业务内容的基础上，为规划过程提供意见；

⑩ 保持与相关国际组织和国家组织间的密切合作，优化财政资源和技术资源的利用效率；

⑪ 在实施上述措施的过程中，采取最高效的手段并尽可能减少手续、文件和电话会议；

⑫ 与亚太地区办事处配合处理安全问题。

在协助亚太地区各国规划和实施工作过程中，APANPIRG 可以设立特别小组，由熟悉该地区和有关问题的专家向其提出建议，该小组负责协调各方解决特定的问题。

APANPIRG 负责指导和协调亚太地区空中导航系统有关的所有活动，但不具备国际民航组织其他机构赋予的职权，除非获得该机构的特别授权。APANPIRG 的所有活动都需要经过理事会审议通过方可执行，以确保全面协调所有有关亚太地区空中导航系统运行与发展的区域活动和会议均是在国际民航组织的框架下进行的。

第 6 章　中国与 ICAO

6.1　中国在 ICAO 的席位

中国是《国际民航公约》的缔约国和国际民航组织的创始成员国。

1944 年 12 月 7 日，由美国政府牵头组织的芝加哥会议召开，时任国民党政府交通部长张家璈作为中国官方代表出席了会议，并于 12 月 9 日在《芝加哥公约》上签字。1946 年 2 月 20 日，中国向美国政府交存了公约批准书。在芝加哥会议上，中国还签署了《国际民航临时协定》，理所当然地成为临时国际民航组织（PICAO，ICAO 前身）的成员国，同时也作为第三类国家被选入临时理事会。由此可见，中国也是国际民航组织的创始国之一。

1949 年 10 月 1 日中华人民共和国成立后，退居台湾的国民党当局依然非法占据中国在联合国各机构中的席位。1950 年 5 月 28 日，时任 ICAO 秘书长的罗珀博士收到中华人民共和国外交部部长周恩来的电报（电报落款日期为 5 月 30 日），称："我代表中华人民共和国中央人民政府正式通知您，中国国民党反动残余的所谓'代表'已经没有任何资格参加国际民航组织，必须被从它的各个机构和会议包括今年 5 月即将在加拿大蒙特利尔召开的第 4 届大会中驱逐出去。"

1950 年 5 月 31 日，台湾当局宣布退出《芝加哥公约》（该声明于 1951 年 5 月 31 日生效），但又于 1953 年 12 月 2 日再次提交公约"批准"书（1954 年 1 月 1 日"生效"）。

在 1971 年 10 月 25 日，联合国大会通过关于恢复中华人民共和国在联合国合法席位的第 2758 号决议之后，同年 11 月 19 日，国际民航组织理事会第 74 届会议第 16 次会议通过决议，承认中华人民共和国政府是中国在国际民航组织的唯一合法代表。1974 年 2 月 15 日，中华人民共和国政府致函国际民航组织，即由时任代理外交部部长姬鹏飞致函 ICAO 柯台特秘书长，决定承认《芝加哥公约》，并自即日起恢复参加国际民航组织的活动；同时声明，1949 年 10 月 1 日以后，台湾当局盗用中国政府名义在《芝加哥公约》的其他议定书上的签字和批准都是非法的和无效的。同时，对不定期飞行，我国声明需事先向我国政府申请，在得到答复接受后方能进入；对公约第 18 章"争端和违约"的执行，以不损害我国主权为原则。在 1974 年 9 月召开的国际民航组织第 21 届大会上，中国当选为二类理事国，此后一直连任。在 2004 年 9 月召开的第 35 届大会上，中国以 150 票高票当选为一类理事国，并连任至今。

6.2 中国在ICAO的活动

自1971年10月25日，中华人民共和国恢复联合国合法席位之日始，中国在国际民航组织的地位和作用便愈加凸显。

6.2.1 当选理事国和一类理事国

1974年9月，国际民航组织在加拿大蒙特利尔召开大会第21届会议，中国政府派出以民航总局副局长沈图为团长的代表团参加了此次会议。会上，中国当选为二类理事国。在之后召开的共九届大会上，中国一直在二类理事国中连选连任。直到在2004年9月开幕的大会第35届会议上中国首次当选一类理事国，并连任至今。

2004年10月2日上午，第35届大会正在举行第一类、第二类理事国选举。参加选举的一类理事国候选国共有11个，与大会所决定的一类理事国席位数相同，显而易见这是一次等额选举。中国当选本身并无很大悬念，只是得票高低的问题。当时参加投票的成员国有159个。各候选国的得票情况按票数多少排列如下：意大利154票、德国153票、巴西150票、中国150票、日本149票、俄罗斯149票、美国148票、澳大利亚144票、法国144票、加拿大140票、英国130票。除中国以外的其他10个国家当选一类理事国的席位已经30年未曾变化，因此中国此次竞选备受瞩目，当选后各方的祝贺纷至沓来。可以看到，即使在其他10个候选国中，150票也实属高票，其中甚至包括少量中国的非建交国。从2004年中国当选一类理事国的选举过程来看，我们赢在了两大方面，一是抓住了理事会扩大席位数的有利机会，在中国和相关各方的共同努力下，理事会同意新增的三个席位在三类理事国中平均分配；二是中国经济实力的不断增强以及对于航空运输业的重视，让世界各国看到了中国在民航领域的潜在能力，也被投票国表示支持的国家寄予了厚望。

6.2.2 设立ICAO常驻代表处

在1974年9月当选理事国后，中国即以最快的速度组建并派出了以何凤元为代表、刘福为副代表的中国代表处，常驻加拿大蒙特利尔。何凤元、刘福在国际民航组织的有效登记日期是1974年12月12日，当时正值理事会第83届会议会期，于是他们也参加了部分会议。自那时起，中国开始正常参加国际民航组织总部的各种会议和活动。

6.2.3 积极研究和加入国际航空法文书

中国自古讲究“法者，天下之准绳也”，在国际社会中，法律文书是各缔约国共同的准绳。作为国际民航组织的重要成员国，中国一直积极参与研究、制定和加入国际航空文书的工作，大力推动国际民航组织有关公约的现代化进程，并且主动向国际民航组织登记了所有已生效的双边民用航空运输协定，以提高国际航空运输管理的透明度。目前中国政府只有少量民航方面的公约未加入，例如尚在国际民航组织研究中的《罗马公约》(1952 年)、《国际航班过境协定》(1947 年)、《标注爆炸物》(1991 年)、《移动设备》(2001 年)等，国际民航组织和我国有关部门正在加紧讨论磋商，争取早日达成共识。

1974 年 2 月 15 日，中国政府函告国际民航组织，承认 1944 年 12 月 9 日当时的中国政府签署并于 1946 年 2 月 20 日交存批准书的《国际民用航空公约》。从那以后，中国政府先后就多项国际航空公约的加入或承认发布相关通知，例如在 2000 年 4 月 28 日，中国政府向国际民航组织交存《国际承认航空器权利公约》加入书，同时声明不承认旧中国政府对该公约的签署。

中国政府在加入某些公约时，对部分条款做了保留，比如对于《关于在航空器内的犯罪和其他某些行为的公约》第二十四条第一款，《制止非法劫持航空器的公约》第十二条第一款，《制止危害民用航空安全的非法行为公约》第十四条第一款，中国政府在交存加入书时对于以上条款都声明不受其约束，而对于中国政府是否加入《在可塑炸药中添加识别剂以便探测的公约》则还在进一步研究中。

6.2.4 扩大中文的适用范围

经过中国政府的多年努力，1975—1980 年，ICAO 培训了两批中文同传人员，1977 年 9 月在加拿大蒙特利尔召开的国际民航组织第 22 届大会通过决议，决定把中文作为国际民航组织的正式工作语言，首先在大会和理事会口头使用，并于以后逐步扩大适用范围。时隔六年，在 1983 年 9 月举行的第 24 届大会上，经由中国代表团提议，大会通过决议，将《国际民用航空公约》的中文文本作为供内部使用的文本。1994 年 10 月国际民航组织秘书处正式成立了中文组。自 1997 年起，为历届大会和理事会提供中文同声传译。1999 年 1 月，中文组更名中文科，张志良任首任科长。虽然有来自理事会对于削减支出和译著的压力，但该科室始终致力于扩大中文在国际民航组织的使用范围，至今已经完成了大量文献资料的汉化，并且还在不断努力。

1998 年 10 月 1 日，《国际民用航空公约》包含中文在内的六种文本的议定书签订(尚未生效)，进一步促进了中文在 ICAO 的使用。

1999 年的《蒙特利尔公约》和 2001 年的《开普敦公约》及相关议定书，在签字时就有了中文版本，现均已生效，与其他文本具有同等效力。

目前，大会、理事会、外交会议、部分全球性重要会议、法律、运输方面的会议有中文同传服务，前三种会议提供中文文件；大部分技术附件有了中文本。中文的使用在逐步扩大。

6.2.5 积极参加国际民航组织的活动

在1974年中国正式致电秘书长恢复在国际民航组织的活动之后，中国先后派代表团出席了历届大会（两次特别大会除外）、外交会议、重要的全球性会议、专业会议、研讨会、小组会、研修班等。在1998年召开的通过《芝加哥公约》中文本的外交会议上，我国驻理事会代表钱泽民当选为大会主席。香港民航处林光宇处长在2003年召开的第11届世界航行会议上当选为大会主席。

尤其值得注意的是，加拿大多伦多当地时间2015年3月11日，国际民用航空组织第204届理事会在位于加拿大蒙特利尔的总部投票选举产生了下任秘书长。中国代表团提名的时任国际民航组织行政服务局局长柳芳博士成功当选，任期为2015年8月1日至2018年7月31日。

6.2.6 积极参与并主持ICAO在本地区开展的各项活动

进入21世纪以来，中国进一步加快了在航空运输领域的发展，大力推进与国际民航组织在相关方面的合作，不但承办了国际民航组织两个项目办公室——COSCAP-北亚地区指导委员会（COSCAP-NA）办公室和基于性能导航（PBN）办公室，还在2010年成功举办了国际民航组织航空安保大会，并在会上通过了《制止与国际民用航空有关的非法行为公约》（《北京公约》）和《制止非法劫持航空器公约的补充议定书》（《北京议定书》）。此外，中国还在最近几年间多次主办亚太地区民航局长会议（Asia-Pacific DGCA Conference），甚至在2012年承办了国际民航组织的首个地区分办事处（APAC-RSO），为实现《芝加哥公约》中描述的构建安全有序可持续的国际民航体系这一宏伟目标做出了不可磨灭的贡献。

6.2.7 亚洲和太平洋地区分办事处

国际民航组织为了更好地为各成员国服务，统筹协调区域规划，陆续建立了7个地区办事处。亚太地区办事处最初于1948在澳大利亚墨尔本成立，当时被命名为远东和太平洋办事处，负责该地区12个国家民航运输系统的统一规划，这12个国家分别是澳大利亚、缅甸、锡兰（现称斯里兰卡）、中国、印度、印度尼西亚、日本、韩国、新西兰、菲律宾、泰国和越南。1955年应泰国国王的邀请，并切实考虑到其地理位置的优越性，国际民航组织将其亚太地区办事处转移到泰国曼谷，并于1955年1月3日起正式开始运作。在此后几十年的时间里，认可ICAO亚太地区办事处并接受其辖制的国家数量逐渐增至36个。2011年11月24日，理事会考虑到实际需要，同意在亚太地区设立一个分办事处。加拿大蒙特利尔当地时间2012年11月5日，国际民航组织第197届理事会做出决定，将国际民航组织亚太地区分办事处设在北京，这是国际民航组织自成立以来设立的第一个地区分办事处，主要负责该地区的空域组织和管理工作。2013年6月27日，坐落于北京顺义区中国服务大厦的国际民航组织亚太地区分办事处正式挂牌成立。在成立伊始，分办事处就斟酌损益，孕育形成了一个包含四大组成部分的基本工作框架，在与ANB和亚太地区办公室步调一致的前提下，通过创新程序提高飞行操作的安全性和效率；提高空域容量和效率以适应亚洲航空运量的飞速增长；通过交通流的协同管理优化空管业务；通过恰当的质量管理体系，制定工作计划、合理分配资源、提高团队协作能力，确保组织绩效得到持续改善。

自成立以来，为了满足亚太地区不断增长的航空运量需求，北京办事处采取空域组织管理、协同决策、空中交通流量管理、灵活使用空域和基于性能的导航等多种措施，极大程度上改善了当地的空域环境，最大限度地提高了亚太地区的空中交通管理性能。

2016年3月22日，国际民航组织理事会主席阿留博士访问了位于中国北京的国际民航组织的亚太地区分办事处。理事会主席和亚太地区办事处主任高度评价了分办事处在过去三年举办的活动和取得的成就，并积极鼓励它与有关各方进一步交流，为下一阶段的工作制定更加全面的工作方案。

6.2.8 《北京公约》和《北京议定书》

2010年9月10日，为期12天的国际航空安保公约外交大会在北京落下帷幕，共有70多个国家的300多名代表和国际民航组织高级官员出席。经过与会各国的共同努力，外交大会出台了新的国际公约正式文件，会议闭幕当日有近20个国家的代表签署了新产生的2010年《制止与国际民用航空有关的非法行为公约》(《北京公约》)和《制止非法劫持航空器公约的补充议定书》(《北京议定书》)，这不仅是国际航空立法史上，也是我国国际法史上第一个以中国城市命名的国际公约，也将成为国际反恐公约中的重要组成部分，对有效保护旅客的生命和财产安全、打击针对民航的非法干扰行为提供了强有力的法律保障。

我国举办2010年国际民航组织航空安保大会

6.2.9 主办亚太地区民航局长会议

一年一度的亚太民航局长会议是亚太地区民航管理当局之间进行多边和双边交流的重要论坛，同时也是亚太地区在民航领域唯一的高级别交流渠道。亚太民航局长会议在亚太地区民航政策协调、共同应对航空运输的挑战上发挥着积极的作用。

中国作为国际民航组织在亚太地区的重要成员国之一，迄今为止已经主办了5次亚太民航局长会议（北京1次、香港2次、澳门1次、西安1次），近十年内就有3次。

2007年10月22日—26日，第44届亚太地区民航局长会议在古城西安举行，来自35个国家和5个国际组织的250多名代表出席了此届会议。会议的主题是"可持续的安全、安保、管理系统措施"。各国民航代表在会议期间积极开展对话和互动，深入交流并研讨了国际航空关于安全、安保和管理系统的经验和问题，以应对飞速发展的亚太地区民航业所面临的各种涉及安全和安保方面的挑战。

2010年10月25日—29日，第47届亚太地区民航局长会议在澳门特别行政区举行，此次会议主题是"于困境中共同为航空业的复苏及促进发展而努力"，共有超过280名来自33个国家和地区的民航首脑、官员以及7个国际性组织的高层人员参加。会议就空中航行规划及实施，通信、导航、监测系统及空中交通管理活动，航空安全，航空安保，航空运输，航空与环境以及区域合作7大议题进行了探讨。大会联合发表了《澳门声明》，重申ICAO全球航空安全计划的必要性，与会各国代表承诺继续监督航空安保措施的实施。

2014年11月23日—27日，第51届亚太地区民航局长会议在香港特别行政区举行，此届大会的主题是"以更紧密的协作迎接航空未来挑战"。会上，来自亚太地区40多个国家和地区以及其他国际组织的250余名代表围绕该主题从安全、航行、经济和环保等多个方面进行了深入探讨。会议期间，中国民航局代表从加强亚太地区航空运输互联互通建设的角度出发，提出了成立亚太地区民航委员会的建议。

2016年8月，亚太民航局长会议在斯里兰卡科伦坡举办了其第53届会议，共有来自亚太30多个民航当局及国际组织的代表出席。会议的主题是"在绿色环境中建立安全有效的航空体系，不让一个国家掉队"，高度契合了国际民航组织"不让任何国家掉队"的行动以及近年来颇受关注的环境问题。与会各方主要围绕空中航行、航空运输的经济发展、航空与环境、技术与区域合作等议题进行了热烈讨论。中国民航局在会议期间共提交了17份会议文件，重点介绍了中国民航在安全绩效管理、高原机场运行、飞行员电子执照管理以及空中航行新技术的最新进展等内容，与亚太地区各民航当局共同分享了近年来中国民航在行业监管中取得的经验以及面临的挑战。斯里兰卡是"21世纪海上丝绸之路"的重要节点国家，中国政府对于此次会议给予了高度重视，中国民航局副局长王志清与斯里兰卡运输与民航部常秘尼哈·宋马威举行了新一轮中斯航空会谈，并在会间签署了谅解备忘录。

虽有延续数十载的亚太地区民航局长会议，但至今在亚洲地区仍然没有形成一个正式的机制，能够像欧洲民用航空会议那样，来协调成员国之间关于民航重大问题和政策的立场、推动成员国航空运输协作与发展。众所周知，在社会经济的发展过程中，亚太地区各国各地区产业结构的升级和产品结构的轻型化，一定会放大经济增长引发的航空市场需求效应。为了给亚太地区未来的空中交通需求做好准备，整个亚太地区的民航当局都应当更加重视发挥亚太民航会议，特别是亚太民航委员会的作用。

6.2.10 承办COSCAP-北亚地区指导委员会办公室

COSCAP-NA项目作为COSCAP项目在北亚地区的分支从2003年开始运营，是一个在中国、朝鲜、蒙古和韩国之间建立的合作协议，由国际民航组织通过信用基金的形式进行管理，目的在于提高北亚地区航空运输的安全和效率。COSCAP-NA项目的总部设在中国北京，于是中国也就顺理成章地成为项目主办国（中国香港特别行政区和中国澳门特别行政区加入的是南亚COSCAP项目）。

2001年，第38届亚太地区民航局长会议对COSCAP项目给予了大力支持，推动了该项目的发展。此前，南亚和东南亚的ICAO成员国都已经确定成立相关地区的COSCAP项目，于是会议敦促剩余地区成员国也应考虑成立类似项目。显而易见，此次会议的行动纲要推进了北亚地区组建COSCAP项目的进程。此后在泰国曼谷ICAO亚太地区办事处召开的北亚地区COSCAP项目首次会议上，中国民航当局同意把北京作为北亚地区COSCAP项目的中心基地，并且按需提供场所、所有必要的设备、秘书以及行政支持。

COSCAP-NA项目最初期限为5年，即2003年2月至2008年1月。在这一阶段结束后，各项目参加国又决定增加第二阶段，将COSCAP-NA项目延长至10年，第二阶段自2008年2月至2013年1月。随着形势的不断变化，目前该项目已经延长至第三阶段。

参加第一阶段项目的有5个国家，即中国、朝鲜、日本、蒙古和韩国，但是因为日本在第二阶段便退出了这一项目，所以目前该项目的参加国只有四个。COSCAP-NA已经像南亚和东南亚地区一样建立了一个专门的研讨会，在发展成熟的民航局和相对规模较小的民航局之间推动飞行安全方面的持续对话、相互协调与合作，同时创造出一个良好的环境，为统一和完善各参加国的安全监察政策、程序及规章做出努力。这一项目为对运营人、航空器及培训设施进行监察与合格审定以及批量培训安全监察人员提供了一种经济、高效的方法。除此之外，COSCAP-NA项目还负责监督北亚地区航空安全小组（NARAST），以增强项目参加国的事故防范能力。

COSCAP-NA项目在地区间建立了旨在统一提出飞行安全监督领域问题的平台，从而使相应的规章、政策和程序和谐统一，一方面在飞行安全领域实现了现有资源共享并实现利益最大化；另一方面通过提供正式和在职培训从而提高了安全监督人员的专业和实践知识水平及能力；此外，COSCAP－NA 项目可以在必要时刻代表成员国民航管理部门对航空承运人实施合格审定和监督检查，已经成为北亚地区至关重要的航空合作协议。

6.2.11 为 ICAO 提供技术支持和财政支持

中国政府自正式恢复在国际民航组织的活动之后，相继派出了大量工作人员在 ICAO 的各个下属组织机构中任职，拥有中国籍成员的机构包括但不限于空中航行委员会、航空运输委员会、非法干扰委员会、财务委员会、技术合作委员会、非洲航空安全全面地区实施计划项目指导委员会、国际航空安全财务机制管理委员会委员和国际航空与气候变化组。同时，中国政府也积极参加国际民航组织的各个技术专家组，例如机场专家组、空中交通管理需求与效能专家组、适航专家组、运行专家组、航空运输管理专家组、国际登记处监管机关专家委员会、航空安保专家组等，为国际民航组织输送了大量专家人才。

在"入会"之初，中国的民航从业人员都是从零做起，他们先后分批次接受了国际民航组织的各种业务培训，通过 UNDP、Trainair 等项目经验逐渐丰富起来，成长为能够独当一面的工作人员。俗话说得好，"吃水不忘挖井人"，中国政府在学成之际便与国际民航组织共同举办了发展中国家航空专业人员培训班，为发展中国家 150 多名航空专业人员提供了有关航空安全、安保、飞行标准和适航的培训，为国际民航运输业的间接输送了一大批人才。

另外，中国在自身发展的同时，自 1974 年起就自愿增加国际民航组织的会费，随后连年增加，只是因为受到预算相关规定的限制才没有增长得离谱。此后，中国为国际民航组织相继提供了大量财政支持，例如为扩大中文的使用捐款 30 万美元，向 AVSEC 分两次捐款 38 万美元，向 IFFAS 捐款 30 万美元，等等。2009 年，中国成为国际民航组织第六大会费缴纳国。2014 年，中国的会费和捐款总额超过了 500 万美元，而当年国际民航组织总会费收入约为 7 000 万美元。

表 6－1 列出了中国 2000—2015 年的会费缴纳情况（2000 年开始达到 1%）。

自 2002 年起，中国香港和澳门的分摊份额开始一起计入总数内。但由于我国内地国民收入和航空运量的大幅上涨已使得会费增幅达到 10%的最高限制，因此在 2007 年之前这一举措对中国的会费分摊份额并未产生实际影响。2008 年国际民航组织将增幅限额提高到 20%，并于 2009 年取消增幅限额后，我国强大的经济实力和航空运量迅速增长，再加上港澳地区的巨大份额，推动我国会费高幅攀升。因此，我国从 2009 年开始超越了意大利、加拿大和韩国，跃升至排在美、日、德、英、法之后的第六会费大国。目前，我国已成为该组织的会费第二大国。

表6-1　中国2000—2015年会费缴纳表

年　度	占总额比例/%	会费/万美元 [2008年开始以加元计]
2000	1.09	53
2001	1.14	59
2002	1.25	63
2003	1.38	70
2004	1.52	78
2005	1.67	98
2006	1.84	111
2007	2.02	123
2008	2.42	180
2009	3.67	272
2010	3.67	291
2011	4.06	333
2012	4.06	342
2013	4.06	360
2014	5.83	502
2015	5.83	513

6.3　中国代表处

中国政府于1974年年底向国际民航组织派驻了代表，并随之在其总部组建了常驻代表处。中国代表处主要负责参加ICAO举办的各类会议，时刻表达中国的立场，同时起到交流联络和收集信息的作用。作为一个外交机构，中国代表处派驻的代表、副代表及其配偶均持外交护照，在驻在国享有外交豁免权，包括免税、不受当地司法管辖、住处和车辆不受搜查、外交车牌、子女教育享受优惠等在内的多项权益。

各国的驻国际民航组织代表处人员不尽相同，中国代表处的常驻人员包括代表、副代表、航行委员、顾问、行政人员等。其中最为重要的代表由我国国务院总理任命，外交部部长签发全权证书，代表对外相当于大使级别，在首次赴任国际民航组织时，如提出要求，驻在国外交部应给予特殊外交礼遇，以示欢迎。其他国家代表处的人员也大多来自民航和外交部门，一般为外交官（大使衔）、航空技术人员（工程师、飞行员）、经济专家、法律专家、民航局长、副部长等，有的代表处由多国联合组成。

1974 年 9 月，国际民航组织第 21 届大会期间，中国当选二类理事国，随即派出首任代表何凤元、副代表刘福以及顾问和行政人员。此后，中国代表处经历了 8 任代表更替，15 位副代表先后或同时在任；自 1978 年起，有 8 名航行委员在代表处任职，其中大部分由副代表兼任。据不完全统计，1974 年至今，我国先后在代表处工作过的在编人员近 50 人。

应香港特区政府的要求，经中央人民政府批准，自 2005 年 5 月起，香港民航处派一名官员，以代表处“顾问”的身份到中国代表处工作，参加有关会议并处理香港和国际民航组织的联络事项，该名“顾问”每年轮换一次。

2016 年，中国代表处的在任职员为：代表马涛、副代表丁春宇、航行委员台枫、顾问冯志荣（香港民航处），以及其他行政人员。

中国常驻国际民航组织代表处

6.4 港澳事务

中国香港特别行政区和中国澳门特别行政区所有的民用航空事务和对外事务均以《中华人民共和国香港特别行政区基本法》和《中华人民共和国澳门特别行政区基本法》的规定为依据，在涉及国际民航组织的相关事务时，港澳地区同样应遵循基本法之规定予以应对。

例如《中华人民共和国香港特别行政区基本法》中就有下列款项：

130 条中规定了香港特别行政区负责履行国际民航组织的区域性航行规划程序

所规定的其他职责；133条中规定了香港特别行政区经中央人民政府授权，可谈判、续签或修改香港和外国政府间的航空服务协定和协议（向国际民航组织登记）；152条中规定了香港特别行政区政府可派遣代表以中国代表团成员身份出席以国家为单位参加的与香港有关的国际组织和会议，并以“中国香港”的名义发表意见；153条中规定将国家缔结和加入的国际协议是否适用于香港问题通知国际民航组织。同样的，国际民航组织对于其发行的涉及中国港澳地区的出版物也做了特殊处理。

中国香港作为亚洲的地区枢纽之一，其航空运输量巨大，并还在连年攀升。香港国际机场已经跻身“全球十大最繁忙客运机场”之列，在航空货运量方面更是霸占“全球最繁忙货运机场”之位数载之久。这一不争的事实导致香港在国际民航组织中也占据着不容小觑的地位，该组织涉及香港特别行政区的会议和活动也是屡见不鲜。2003年9月，第11届世界航行会议在加拿大蒙特利尔召开，时任香港民航处处长、中国民航代表团团长林光宇先生当选为会议主席，这是中国人首次在类似级别的会议上担任主席，在中国的反响很强烈。2005年5月起，中国政府开始安排香港代表在中国代表处工作，这是香港首次派代表在中国驻外机构中任职，取得了良好的效果，增进了中国大陆和香港地区的相互交流学习，也提高了香港有关问题的处理效率。

澳门在国际民航组织的相关事务与香港相比，性质相同，内容类似，同样遵循《中华人民共和国澳门特别行政区基本法》之规定行事，但是考虑到该方面业务相对较少，目前还未派人常驻国际民航组织中国代表处。

针对香港基本法第153条之规定，中国政府先后发布了一系列通知作为回应：

中国政府发布通知，《国际民用航空公约》自1997年7月1日、1999年12月20日起分别适用于中国香港、澳门特别行政区。

中国政府分别于1997年6月3日、1999年10月6日发布通知，之前适用于香港、澳门的《国际航班过境协定》，自我国政府对香港、澳门行使主权后，该协定将适用于香港、澳门特别行政区。

中国政府1999年12月9日发布通知，适用于澳门的《国际承认航空器权利公约》将自1999年12月20日起继续适用于澳门特别行政区。同时声明，在中国政府另行通知前，《国际承认航空器权利公约》暂不适用于香港特别行政区。

中国政府分别于1997年6月5日、1999年12月6日发布通知，中国政府于1978年11月14日交存加入书的《关于在航空器内的犯罪和其他某些行为的公约》，将自1997年7月1日起适用于香港特别行政区，自1999年12月20日起适用于澳门特别行政区。同时声明，中国政府对该公约第二十四条第一款所做的保留也适用于香港特别行政区和澳门特别行政区。

中国政府于2001年3月20日照会通知国际民航组织，《在可塑炸药中添加识别剂以便探测的公约》自1997年7月1日后仍可适用于香港特别行政区，同时，根据该公约第十三条，中国政府还希望作如下声明：香港特别行政区不是可塑炸药生产地区。在上述范围内，中国政府将承担作为该公约一方的国际权利和义务的责任。

中国政府于 1997 年 6 月 12 日发布通知，之前适用于香港的《制止在用于国际民用航空的机场发生非暴力行为以补充一九七一年九月二十三日订于蒙特利尔的制止危害民用航空安全的非法行为的公约的议定书》，将自 1997 年 7 月 1 日起继续适用于香港特别行政区，并作如下保留："中华人民共和国在加入该公约时，对 1971 年 9 月 23 日订于蒙特利尔的《制止危害民用航空安全的非法行为的公约》第十四条第一款所做的保留也适用于本议定书。"

陈列在 ICAO 大楼内的中国赠送的礼物

第 7 章　国际民航业其他主要国际组织

本章主要介绍与国际民航组织相关的其他主要国际组织，包含政府与非政府间的国际组织。

7.1　非洲民用航空委员会

7.1.1　基本情况

非洲民用航空委员会（African Civil Aviation Commission，AFCAC）是由国际民用航空组织和当时的非洲统一组织（非统组织，现称为非洲联盟）于 1964 年在埃塞俄比亚首都亚的斯亚贝巴组织召开的宪章制定会议后建立。非洲民用航空委员会于 1969 年全面建立，并于同年 5 月 11 日开始运转，1978 年成为非统组织在民航领域的专门机构。

自成立以来，非洲民用航空委员会在技术、行政和财政上都由国际民航组织的非洲成员国进行管理，后于 2007 年 1 月 1 日实现独立管理。2007 年 3 月 11 日，在埃塞俄比亚首都亚的斯亚贝巴召开的非洲民航事务部长会议第三次会议上，委托非洲民用航空委员会作为实施和贯彻《亚穆苏克罗宣言》的执行机构。2007 年 6 月 29 日在加纳首都阿克拉举行的国家和政府首脑会议批准了该决议。为了适应新的任务与地位，非洲民用航空委员会于 2009 年 12 月 16 日在塞内加尔首都达喀尔举行的全权代表会议上通过了新宪章，新宪章于 2010 年 5 月 11 日生效。

AFCAC 总部位于塞内加尔首都达喀尔桑戈尔国际机场路 8898 号（Leopold Sedar Senghor International Airport Road - B.P：8898 Dakar，Senegal）。

7.1.2　成　员

AFCAC 包括 54 个非洲国家。具体如下：

中非地区：布隆迪、喀麦隆、中非共和国、乍得、刚果、刚果民主共和国、赤道几内亚、加蓬、圣多美和普林西比。

西非地区：贝宁、布基纳法索、佛得角、冈比亚、加纳、几内亚、几内亚比绍、象牙海岸、利比里亚、马里、尼日尔、尼日利亚、塞内加尔、塞拉利昂、多哥。

南非地区：安哥拉、博茨瓦纳、莱索托、马拉维、莫桑比克、纳米比亚、南非、斯威士兰、津巴布韦。

东非地区:科摩罗、吉布提、厄立特里亚、埃塞俄比亚、肯尼亚、马达加斯加、毛里求斯、卢旺达、塞舌尔、南苏丹、索马里、苏丹、坦桑尼亚、乌干达。

北非地区:阿尔及利亚、埃及、利比亚、毛里塔尼亚、摩洛哥、突尼斯。

7.1.3 组织机构

非洲民航委员由一个常设机构负责管理,由1名主席、5名副主席(分别代表北部、西部、东部,中部和南部非洲地区)、1名非洲集团在国际民航组织理事会的协调员及1名秘书长组成。非洲民航委员会每三年召开一次大会,经常设执行机构提议,三分之二成员国同意可召开特别会议。现任主席为哈尼·厄拉达维先生(Hany Eladawy),现任秘书长为索希娜女士(Ms. Iyabo O. Sosina)。

7.1.4 愿景和使命

AFCAC的愿景是"在非洲建立安全、可靠、高效、具有成本效益的、可持续发展的和环保的民航业"。

AFCAC的使命是负责非洲民航事宜,促进各国之间的合作与协调,帮助非洲走向一体化和建立可持续的航空运输体系;促进国际民航组织标准和建议措施的实施,统一民航规章制度,使之与国际最佳惯例相协调。

7.1.5 主要工作

① 协调与国际民航组织及其相关组织和机构的合作,推动非洲民用航空的发展。

② 监管逐步开放的非洲航空运输产业,促进、协调和确保《亚穆苏克罗宣言》的实施。

③ 制定和执行相应的规章制度,促进公平竞争。

④ 促进其成员国和世界其他地区之间航空政策的沟通和理解。

⑤ 促进其他能够实现安全,环保航空产业的建议。

⑥ 确保理事会和大会决议的履行和实施。

7.2 欧洲民用航空会议

7.2.1 基本情况

欧洲民用航空会议(European Civil Aviation Conference,ECAC)是由国际民用航空组织和欧洲理事会成立的政府间组织。它位于法国巴黎塞纳河畔的讷伊,于1955年由19个成员国组成,现已发展到44个成员国。

7.2.2 成 员

ECAC 现有 44 个成员国，分别是：

阿尔巴尼亚，亚美尼亚，奥地利，阿塞拜疆，比利时，波斯尼亚和黑塞哥维那，保加利亚，克罗地亚，塞浦路斯，捷克共和国，丹麦，爱沙尼亚，芬兰，法国，格鲁吉亚，德国，希腊，匈牙利，冰岛，爱尔兰，意大利，拉脱维亚，立陶宛，卢森堡，马耳他，摩尔多瓦，摩纳哥，黑山，荷兰，挪威，波兰，葡萄牙，罗马尼亚，圣马力诺，塞尔维亚，斯洛伐克，斯洛文尼亚，西班牙，瑞典，瑞士，马其顿共和国，土耳其，乌克兰，英国。

7.2.3 组织机构

ECAC 下设协调委员会和秘书处。

协调委员会设 1 名主席，3 名副主席，不超过 7 名联络员，现任主席为英格丽女士(Ms.IngridCherfils)。由协调委员会负责，ECAC 的 44 个成员国的总干事每年召开一次非正式战略会议，此外每年召开 3 次定期会议以审查讨论和解决政策问题。

ECAC 秘书处由执行秘书领导，下辖多名助理和一个具有丰富民用航空经验的跨国专家团队。

ECAC 设有联合航空局培训机构(JAATO)，提供航空安全培训课程。

7.2.4 愿景和使命

ECAC 的愿景使命是促进欧洲航空运输系统安全、高效、可持续发展。

7.2.5 主要工作

ECAC 的主要工作包括协调其成员国之间的民航政策和做法，促进其会员国和世界其他地区之间对政策问题的认识与了解。

7.3 国际航空运输协会

7.3.1 基本情况

国际航空运输协会(International Air Transport Association，IATA)是一个由世界各国航空公司所组成的大型国际组织。其前身是 1919 年在海牙成立并在二战时解体的国际航空业务协会，截至 1939 年，该协会拥有来自 24 个国家的 30 个成员航空公司。1941 年，该协会由于战争原因正式关闭。1944 年 12 月，同盟国和非交战国政府在美国芝加哥召开了国际民用航空会议，讨论战后建立航空运输基础设施的相关事宜。出席芝加哥国际民航会议的一些政府代表、顾问以及空运企业的代表进行了磋商,决定成立一个委员会为世界范围的航空公司组织起草章程。1944 年 4 月 16 日,来自世界 31 个国家的航空公司的代表在哈瓦那会议上审议了协会章程草案,58 家航空公司签署了文件。1945 年 10 月,国际航空运输协会第一届年度大会在加拿大蒙特利尔召开。其总部设在加拿大的蒙特利尔,执行机构设在日内瓦。和监管航空安全和航行规则的国际民航组织相比,该协会更像是一个由承运人(航空公司)组成的国际协调组织,管理在民航运输中出现的诸如票价、危险品运输等问题。IATA 积极参与并支持着许多航空活动,帮助制定关键航空问题的行业政策。

在国际民用航空界,国际航空运输协会是具较大影响力的组织。国际航空运输协会为全球空运发展提供了多项技术及金融服务,国际航空运输协会还与各国政府空中交通主管部门及民用航空管理部门建立了良好的工作关系,通过国际航空运输协会与各国政府主管部门的高层互访,以及国际航空运输协会组织或参与的技术交流项目、专题工作组及专题研讨会和论坛,交流信息,增进理解,利用国际航空运输协会的专业资源,为政府空中交通主管部门及民用航空管理部门提供专业建议和解决方案,为会员航空公司提供服务。

7.3.2　会　员

国际航空运输协会的会员分为正式会员和准会员两类。国际航空运输协会会籍向获得国际民航组织成员国身份的政府所颁发执照的,任何提供定期航班的经营性公司开放。其中,国际航空运输协会正式会员向直接从事国际经营的航空公司开放,而国际航空运输协会准会员身份只向国内航空公司开放。国际航空运输协会成员为各航空公司,现有 263 个成员,遍及全世界 117 个国家和地区,承载着 83%的国际航空运输,其中欧洲地区 99 个,中国及北亚地区 27 个,太平洋地区 33 个,中东及非洲地区 56 个,美洲地区 48 个。国际航协在全球 53 个国家设有 54 个办事处,业务范围涵盖 150 个国家。

7.3.3　组织机构

1. 年度大会

年度大会是国际航空运输协会的最高权力机构,每年举行一次会议,由执行委员会组织召开,也可随时召开特别会议。所有正式会员在决议中都拥有平等的一票表决权,如果不能参加,也可授权另一正式会员代表其出席会议并表决,年度大会的决定以多数票通过。在年度大会上,审议的问题只限于涉及国际航空运输协会本身的重大问题,如选举协会的主席和执行委员会委员、成立有关的委员会以及审议本组织的财政问题等。

2. 理事会

年度大会选出的理事会由 31 家航空公司的总裁组成，理事会主席目前由国际航空集团（International Airlines Group，IAG）首席执行官威利·沃尔什先生（Mr. Willie Walsh）担任。理事会的主要职责是代表全体会员航空公司，制定各项政策并指导协会的各项工作。理事会成员任期 3 年，每年改选其中的 1/3。

3. 秘书处

国际航空运输协会所设秘书处是其日常办事机构，在首席执行官领导下开展工作。2016 年 9 月 1 日起，由法航-荷航主席兼首席执行官亚历山大·德·朱尼亚克先生（Mr.Alexandre de Juniac）担任首席执行官。

国际航空运输协会秘书处下设 6 个部门，分别是：会员与外部关系部门、安全与航行事务部门、机场/旅客/货运及安保部门、市场与商务服务部门、金融与分销服务部门、内部服务部门。

各业务部门的主要职责分工如下：

会员与外部关系部门：负责会员关系事务，航空环境，业界经济事务，政府及国际民航组织法规、商业保险事务，航空公司间的收费及行业票据服务。

安全与航行事务部门：负责飞行安全事务，航行事务，航空公司安全审计（IATA Operational Safety Audit，IOSA & IATA Safety Audit for Ground Operations，ISAGO），安全信息数据库，燃油效率项目，空管及基础设施发展战略及咨询服务，空管收费。

机场/旅客/货运及安保部门：负责机场的基础设施事务，燃油供应及收费，机场收费，旅客服务，货运、安保、行李服务、地面操作。

市场及商务服务部门：负责市场及销售事务，航空培训及发展，商业信息及出版服务，合作厂家及展销事务。

金融与分销服务部门：负责行业间清算服务，代理人资格认证及管理，航空公司分销服务，运营支援。

内部服务部门：负责内部财政、银行及税收事务，行业规划及控制，内部财政及管理，信息技术服务，内部审计。

4. 委员会

国际航空运输协会设有执行委员会（以下简称执委会）和各个专门委员会来处理各项事务。

执行委员会是全会的代表机构，对外全权代表国际航空运输协会。执委会成员必须是正式会员的代表。执委会的职责包括管理协会的财产、设置分支机构、制定协会的政策等。其理事长是协会的最高行政和执行官员，在执委会的监督和授权下行使职责并对执委会负责。在一般情况下，执委会应在年会即全体会议之前召开，其他会议时间由执委会规定。执委会下设秘书长、专门委员会和内部办事机构，维持协会的日常工作。目前执委会有30名成员。

国际航空运输协会的专门委员会分为运输、财务、法律和技术委员会。各委员会由专家、区域代表及其他人员组成，并报执委会和大会批准。目前运输委员会有30名成员，财务委员会有25名成员，技术委员会有30名成员，法律委员会有30名成员。

5. 分支机构

国际航空运输协会总部设在加拿大蒙特利尔，但主要机构设在日内瓦、伦敦和新加坡。为便于业务的开展，国际航空运输协会将全球分为5个地区，分别是：北亚地区（中国大陆、香港及澳门特别行政区，中国台北，蒙古、朝鲜）、亚洲/太平洋地区、非洲和中东地区、欧洲地区、美洲地区，并分别设有地区办事处。

地区办事处分别设有相应的部门，与总部的各个业务部门对口，在统一的计划和目标下，分别在各个地区开展相应的工作，由地区副总裁统一管理。

国际航协北亚区办事处设在北京。北亚地区会员航空公司一共是27家，中国大陆有16家：中国国际航空公司、中国东方航空公司、中国南方航空公司、上海航空公司、厦门航空公司、海南航空公司、山东航空公司、深圳航空公司、四川航空公司、天津航空公司、中国货运航空公司、吉祥航空公司、中国邮政航空公司、奥凯航空公司、首都航空公司及祥鹏航空公司；中国香港特别行政区有4家：国泰航空公司、港龙航空公司、香港航空公司和香港快运航空；中国澳门特别行政区有1家：澳门航空公司；中国台北有4家：中华航空公司、长荣航空公司、复兴航空公司及华信航空公司；此外还有蒙古航空公司以及朝鲜高丽航空公司。

7.3.4　愿景和使命

国际航协的愿景是成为一支创造价值和创新的力量，推动航空运输业安全、高效、可持续发展，链接全世界并走向富强。

国际航空运输协会的使命是：代表、引领和服务于航空运输业。

1. 代表航空业

IATA旨在提高决策者对航空运输行业的了解，增加国家和政府对于航空产业盈利能力的认识；在全球范围内维护航空公司的利益，挑战不合理的规定和收费；作为监管机构，实现合理调控。

2. 引领航空业

近70年来，IATA制定了全球航空运输业赖以生存的全球商业标准。未来IATA的目标是简化流程、提高乘客的便利性，同时降低成本、提高效率，以帮助航空公司更好地发展。

3. 服务航空业

IATA 帮助航空公司在翔实的规章制度下安全、高效和经济地运转,为所有的行业利益相关者提供广泛的产品和专家服务。

7.3.5 主要工作

根据 1978 年国际航空运输特别大会决定,国际航空运输协会的活动主要分为两大类:行业协会活动和运价协调活动。1988 年又增加了行业服务。

1. 运价协调

国际航空运输协会通过召开运输会议确定运价,经有关国家批准后即可生效。第二次世界大战以后,确立了通过双边航空运输协定经营国际航空运输业务的框架。在此框架内,由哪一家航空公司经营哪一条航线以及运量的大小,由政府通过谈判确定;同时,在旅客票价和货物运费方面也采用一致的标准,而这个标准的运价规则是由国际航空运输协会制定的。如有争议,有关国家政府有最后决定的权利。

为便于工作,协会将全球划分为三个区域:

一区包括所有北美和南美大陆及与之毗连的岛屿,格陵兰、百慕大、西印度群岛和加勒比海群岛、夏威夷群岛(包括中途岛和帕尔迈拉);

二区包括欧洲全部(包括俄罗斯联邦在欧洲的部分)和与之毗连的岛屿,冰岛、亚速尔群岛、非洲全部和与之毗连的岛屿、阿森松岛和地处伊朗伊斯兰共和国西部并包括其在内的亚洲部分;

三区包括除二区已包括部分之外的亚洲全部和与之毗连的岛屿,东印度群岛的全部、澳大利亚、新西兰和与之毗连的岛屿,以及除一区所包括之外的所有的太平洋岛屿。

2. 运输服务

国际航空运输协会制定了一整套完整的标准和措施,以便在客票、货运单和其他有关凭证以及对旅客、行李和货物的管理方面建立统一的程序,这也就是所谓的"运输服务",主要包括旅客、货运、机场服务三个方面,也包括多边联运协议。

3. 代理人事务

国际航空运输协会在 1952 年就制定了代理标准协议,为航空公司与代理人之间的关系设置了模式。协会举行一系列培训代理人的课程,为航空销售业造就合格人员。协会近年来随自动化技术的应用发展制定了适用客、货销售的航空公司与代理人结算的"开账与结算系统"和"货运账目结算系统"。

4. 法　律

国际航空运输协会的法律工作主要表现在:

① 为世界航空的平稳运作而设立出文件和程序的标准；

② 为会员提供民用航空法律方面的咨询和诉讼服务；

③ 在国际航空立法中，表达航空运输承运人的观点。

5. 技　术

国际航空运输协会对《芝加哥公约》附件的制定起到了重要的作用，目前在技术领域仍然进行着大量的工作，主要包括：航空电子和电信、工程环境、机场、航行、医学、简化手续以及航空安保等。

7.3.6 安全与航行事务的有关情况

国际航空运输协会在飞行安全、航行及基础设施方面的工作由安全与航行事务部门负责，其宗旨是：促进安全、高效和经济的空中交通运输。工作目标是：降低全球航空运输事故率，引领航空运输界降低运行成本，增加空中交通管制容量和机场容量，减少航班延误，以及实施空域和航路效率改善计划。

为了确立国际航协安全与航行事务部门的工作目标、协调各项工作的展开与实施，国际航协设立了航行委员会（Operations Committee，OPC）以及地区协调组（Regional Coordination Group，RCG）。在会员航空公司提名的基础上，航行委员会由20家航空公司的代表组成，每年召开两次会议，讨论及确定会员航空公司所关心的涉及全球飞行安全、航行事务以及基础设施建设的工作目标。国际航协的各个地区分别设有协调组，同样是在会员航空公司提名的基础上，由在该地区有航行业务的10家航空公司的代表组成，通常每年也召开两次会议，讨论确定本地区的工作目标，配合国际航协地区办事处开展工作，并提供必要的技术支援。

北亚及亚太地区，特别是中国，近年来航空运输保持着强劲的增长势头。国际航协高度关注北亚区及亚太区航空运输业的发展，为了更好地协调这两个地区的安全及航行事务，国际航协将北亚区与亚太区的地区协调组合并，航空公司的代表增加至20家，每年轮流在北亚地区办事处（北京）和亚太地区办事处（新加坡）各召开一次会议。

除了以上会议外，国际航协北亚区办事处每年还不定期召开中国国内航空公司的协调会，由中国大陆及港、澳、台的会员航空公司派代表参加。国际航协在会议上通报近期工作进展情况，各会员航空公司就所关心的问题进行讨论和交流，内容涉及飞行安全、航行、市场及商务等。

7.3.7 国际航协运行安全审计

国际航协运行安全审计（IATA Operational Safety Audie，IOSA）是由国际航协主导并管理的全球性的运行安全审计项目，旨在提高全球范围内航空公司的运行安全水平，并减少业界重复的安全审计次数。审计内容涵盖航空公司运行体系8个职能部门，包括：组织管理机构、飞行运行、签派运行控制、机务维修、客舱运行、地面操作、货物操作及安保工作。审计标准涵盖国际民航组织附件 1、2、6、8、17、18 及 19 下的运行安全条款，航空业最佳推荐措施及监管局规定、国际航协手册等。审计条款由 IOSA 特别任务组定期评估更新，从而确保所有条款与航空业界最新标准、最佳推荐措施相一致的同时，符合航空公司的运行实际情况。

国际航协于 2003 年 9 月进行了第一次的 IOSA 审计，迄今为止一共完成了 2 240余次审计。项目开始以来，先后扩展加入了货运航空公司运行审计标准及无客舱乘务员配置的客运航班运行审计标准等内容。在 2010 年，国际民航组织附件 19 关于建设安全管理体系 SMS(Safety Management System)的所有要求均以标准或推荐措施的形式包含在 IOSA 审计条款中，并根据 IOSA 相关审计要求，自 2016 年 9 月起完成 IOSA 审计，确保航空公司拥有一个符合国际民航组织要求的安全管理体系。

截至 2016 年 8 月，共有来自 226 个国家及地区的 404 家航空公司进行了IOSA 审计并完成了注册，其中北亚地区有 31 家航空公司。自 2009 年始，国际航协确立 IOSA 审计为航空公司加入国际航协的先决条件，即申请加入国际航协的航空公司必须首先进行 IOSA 审计并完成注册。同时作为已被全球普遍接受的运行安全审计标准，目前共有 147 家非国际航协会员航空公司选择 IOSA 审计并完成注册。在 2013 年 10 月召开的第 38 届国际民航组织大会上，IOSA 审计由于其对全球航空业安全运行的贡献得到了国际民航组织的肯定。

7.4 国际机场理事会

7.4.1 基本情况

国际机场理事会(Airports Council International，ACI)，原名为国际机场联合协会(Airports Association Council International)，于 1991 年 1 月成立，1993 年 1 月 1 日改称国际机场理事会。国际机场理事会是全世界所有机场的行业协会，是一个非营利性组织，其宗旨是加强各成员与全世界民航业各个组织和机构的合作，包括政府部门、航空公司和飞机制造商等，并通过这种合作，促进建立一个安全、有效、与环境和谐的航空运输体系。

国际机场理事会成立以前，世界机场行业有三个国际性组织：国际机场经营者协会(AOCI)、国际民航机场协会(ICAA)和西欧机场协会(WEAA)。为协调三个机场协会之间的关系，建立与各政府机构、航空公司、生产商和其他有关方面的正式联系，1970 年，机场协会协调委员会(AACC)成立。1985 年，西欧机场协会解散。1991 年 1 月，机场协会协调委员会、国际机场经营者协会、国际民用机场协会合并为国际机场联合协会，1993 年 1 月正式更名为国际机场理事会(ACI)。

国际机场理事会与其他国际性组织保持密切的往来,包括国际民航组织、国际航空运输协会、驾驶员协会国际联合会、国际空中交通管制员联合协会、国际商会国际航空工业联合协会等。国际机场理事会在国际民航组织内享有观察员身份,在联合国经济理事会担任顾问。它代表并体现了全体成员的共同立场,反映了机场共同的利益。

国际机场理事会总部设在瑞士日内瓦。

7.4.2 成　员

国际机场理事会目前有 554 名正式会员,分别来自 169 个国家和地区。在亚洲、太平洋地区约有 57 名正式会员,来自 42 个国家和地区,包括我国台湾省的机场。北京首都国际机场于 1996 年 11 月 17 日被国际机场理事会正式批准成为该组织的会员。

7.4.3 发展目标

国际机场理事会的发展目标为:

① 保持和发展世界各地民用机场之间的合作,相互帮助。

② 就各成员机场所关心的问题,明确立场,形成惯例,以"机场之声"的名义集中发布和推广这些立场和惯例。

③ 制定加强民航业各方面合作的政策和惯例,形成一个安全、稳定、与自然环境相适应的、高效的航空运输体系,推动旅游业和货运业乃至各国和世界经济的发展。

④ 在信息系统、通信、基础设施、环保、金融、市场、公共关系、经营和维修等领域内交流有关提高机场管理水平的信息。

⑤ 向国际机场理事会的各地区机构提供援助,协助其实现上述目标。

7.4.4 组织机构

国际机场理事会目前有五个常务委员会,就其各自分管范围制定有关规定和政策。

1. 技术和安全委员会

主要范围:缓解空域和机场拥挤状况、未来航空航行系统、跑道物理特征、滑行道和停机坪、目视助航设备、机场设备、站坪安全和场内车辆运行、机场应急计划、消防救援、破损飞机拖移等。

2. 环境委员会

主要范围:喷气式飞机、螺旋桨飞机和直升机的噪声检测,与噪声有关的运行限制,发动机排放物及空气污染,机场附近土地使用规划,发动机地面测试,跑道化学物质除冰，燃油储存及泼溅，除雾，鸟类控制等。

3. 经济委员会

主要范围：机场收费系统，安全、噪声和旅客服务收费，用户咨询，商业用地收入及发展，高峰小时收费，硬软货币，财务统计，机场融资及所有权，纳税，各种影响经济的因素（航空公司政策变动、合并事项，航空运输协议的签署，航空业与其他高速交通方式的竞争，计算机订座系统）。

4. 安全委员会

主要范围：空陆侧安全，隔离区管理措施，航空安全技术，安全与设备之间的内在关系等。

5. 简化手续和便利旅客流程委员会

主要范围：客、货、邮处理设备，旅客及货物的自动化设备，对付危险物品、走私毒品的措施，设备与安全之间和内在关系等。

国际机场理事会由六个地区分会组成：非洲地区分会，亚洲地区分会，欧洲地区分会，拉丁美洲/加勒比海地区分会，北美地区分会，太平洋地区分会。

7.5 航空公司驾驶员协会国际联合会

7.5.1 历史背景

第二次世界大战之后，民用航空业蓬勃发展，由于航空业独特的国际特性，各国单独的驾驶员协会已经无法有效地穿越国境保护其成员，驾驶员越来越需要一个国际组织来维护他们的共同利益，因而便有了成立航空公司驾驶员协会国际联合会（International Federation of Air Line Pilots' Associations，IFALPA）的设想。美国和英国的驾驶员随之开始筹备 IFALPA 的成立工作，美国航空公司驾驶员协会的巴尔特·考克斯机长做出了开创性的工作，并于 1984 年 4 月在伦敦召开成立大会，13 个国家的驾驶员协会出席了会议，IFALPA 由此诞生，并蓬勃发展，成为一个国际性的驾驶员组织。

1952 年，IFALPA 的国际地位得到国际民航组织的承认，从而获得参加国际民航组织会议的资格。至今，IFALPA 已发展成拥有 100 个成员国的大型协会，代表着全球超过十万名驾驶员的利益。

7.5.2 组织机构

IFALPA 的最高机构为年会，年会负责制定协会的相关法规、拟定工作计划、审批预算和人事任命等工作。年会设有执行董事会，由六位主要官员负责日常工作，分别是主席、常务副主席及四位副主席，分别负责技术标准、会籍和地区事务、行政、财政及行业事务。这些官员由航空公司的现任驾驶员担任，通过年会选举产生，任期两年。

年会下设11个常设委员会，分别负责联合会某一具体方面的工作，由各协会根据驾驶员本人的专长或兴趣提名组成。委员会主席由年会任命，工作计划由主管官员或年会确定，并由秘书处协助开展行政工作。这11个委员会分别是事故分析与预防委员会(Accident Analysis & Prevention Committee,AAP)、行政和财务委员会(Administration and Finance Committee,AFC)、航空器设计与运行委员会(Aircraft Design and Operation Committee, ADO)、机场与地面环境委员会(Airport and Ground Environment Committee,AGE)、空中交通服务委员会(Air Traffic Services Committee, ATS)、危险货物托运委员会(Dangerous Goods Committee,DG)、直升机委员会(Helicopters Committee,HEL)、人为因素委员会(Human Performance Committee,HUPER)、法律委员会(Legal Committee,LEG)、专业和政府事务委员会(Professional & Government Affairs Committee,PGA)和安保委员会(Security Committee,SEC)。

IFALPA将其成员按地域划分为5个地区，分别是非洲及中东地区、亚洲太平洋地区、加勒比海与南美地区、欧洲地区、北美地区，这5个地区均由各地区的执行副主席进行管理，每个地区的执行副主席都必须是现任航空公司驾驶员。值得一提的是，IFALPA 5个地区组织已经与ICAO 5个地区组织统一管理，为ICAO提供建议。

7.5.3　愿景和使命

IFALPA的愿景和使命是代表全球职业驾驶员的利益，通过提供服务与支持来促进全球高水平航空活动的安全发展。

7.5.4　主要工作

为了实现其目标，IFALPA在全球范围内积极开展活动：

① 积极与各大国际组织沟通。

② 制定统一的法律法规，并建议国际民航组织采纳其所制定的法规。

③ 努力提高驾驶员的地位，保障航空器、乘客和货物的安全。

④ 促进经济上可行的和可拓展的航空交通产业。

⑤ 为驾驶员提供培训与教育。

⑥ 为会员提供其需要的帮助。

⑦ 协助成员协会的发展。

⑧ 为成员协会提供技术、安全、法律和产业方面的专家。

⑨ 通过举办国际论坛来促进信息共享，加深成员协会之间的合作。

7.6 航空器拥有者和驾驶员协会国际理事会

7.6.1 基本情况

航空器拥有者和驾驶员协会国际理事会(International Council of Aircraft Owner and Pilot Associations,IAOPA)是由73个独立的、非政府组织的全国通用航空组织组成的非营利性联盟。IAOPA曾在长达35年的时间里代表着国际通用航空。

IAOPA的雏形是美国私用航空器拥有者及驾驶员协会(AOPA-USA),后来随着其他四个组织的加入,形成了IAOPA的临时机构,这四个组织即为IAOPA的创始成员。除AOPA-USA外,其余4个分别是:

① 澳大利亚私用航空器拥有者及驾驶员协会(AOPA-Australia)。

② 南非私用航空器拥有者及驾驶员协会(AOPA-South Africa)。

③ 加拿大所有者及驾驶员协会(Canadian Owners and Pilots Associations)。

④ 菲律宾飞行员组织(Philippine Airmen's Organization)。

IAOPA宪章规定每个国家只接受一个机构作为其会员。

IAOPA正式组织成立于1964年10月22日,并在同一天被接纳为ICAO官方认可机构。目前IAOPA下辖68个分支协会,代表着全球超过47万名飞行员和私用航空器所有者的利益。

7.6.2 目 标

① 发展国际通用航空运动,增进世界人民的沟通和了解,使通用航空更好地服务于私人或商业运输产业。

② 协调国际与国内航空组织,更好地维护成员利益。

③ 整合成员对于国际标准的观点,适时开展成员代表会议。

④ 在ICAO、WMO、ITU、EEC等组织的国际会议上促进通用航空的利益。

⑤ 鼓励推行现有计划系统、设备、服务和程序,保障通用航空安全、经济、有效运转。

⑥ 鼓励成员与其所在国家主管部门加强沟通,为通用航空争取开放的政策和充足的设备报障。

⑦ 鼓励同时参与ICAO的组织,积极传达来自ICAO的信息,帮助IAOPA,促进通用航空的发展。

7.6.3　组织机构

IAOPA的管理机构是执行委员会，由所有成员组织的首席执行官组成。执行委员会至少每两年举行世界会议，并定期召开区域会议，通常每半年一次。

主席和分别负责五个区域事宜的副主席由选举产生，任期四年。

7.7　民用航空航行服务机构

7.7.1　基本情况

民用航空航行服务机构（Civil Air Navigation Services Organization，CANSO）是世界性的空中交通管理者，其成员占到了世界航空交通量的85%以上，构成了遍布全世界的航空网络，各成员共享信息，完善规章制度，以改善地面和空中的航行服务为最终目标而不断努力。CANSO在国际民航组织中拥有正式观察员的地位，代表着其成员的利益。

7.7.2　成　员

任何空中航行服务机构都可以加入CANSO，不论其是否由国家或政府主导，对于由政府主导的组织，CANSO不会以任何方式代表其所在国的利益。

对于航空承运人或是航空交通管理机构，甚至是学术机构和航空器驾驶员，都可以成为CANSO的准会员，CANSO可以为其提供与其他正式会员的沟通机会，同时也鼓励其派出专家来协助CANSO的工作。

CANSO现有88个正式会员，11个黄金准会员，68个白银准会员。CANSO按其成员的地理位置将其大致划分为五个地区并设有地区委员会，分别是非洲地区、亚洲太平洋地区、欧洲地区、拉丁美洲与加勒比海地区，以及中东地区。

7.7.3　组织机构

CANSO的最高机构是其执行委员会，执行委员会对CANSO的所有工作负责，比如人事任命、审批预算和政策审查等。执行委员会由五个地区首席执行官组成，由年度大会选举产生，任期一年。此外，年度大会还会选举出一名准会员代表，任期三年。

CANSO还设有三个常设委员会及工作小组，分别是安全常设委员会、行政常设委员会和运营常设委员会，由来自全世界的航空专家组成，负责政策传达和标准制定工作。他们共享信息，讨论全球民用航空的热点问题，并制定相应的政策。

7.7.4 愿景和使命

CANSO 的愿景和使命是成为全球空中交通管理公认的领导者。CANSO 正在实施全球战略计划,旨在改善全球范围内的空中交通管理服务。

7.7.5 愿景 2020

2013 年 CANSO 年会批准了"愿景 2020"战略,这是 CANSO 目前正在实施的全球战略,旨在改善全球空中交通管理(ATM),建立无缝空域。这项战略勾画出 CANSO 和空中交通管理行业有史以来最全面的战略框架和相应的工作方案,给出了空中交通管理行业的变革方向,并指出了当前存在的机遇和挑战。这项战略的实现依赖于其三个核心思想:

① 成为一个强大的合作伙伴。

② 为成员和利益相关者创造价值。

③ 优化组织的效率和效益。

此外,"愿景 2020"战略还指出了当前特别需要关注的两个方面,第一是"优质监管",CANSO 呼吁加强空中交通管理的一致性和协调性,减少强制性法规;第二是"优先服务",即探索如何让新技术的投资者更快地获益。

"愿景 2020"规划了 128 个相关的工作计划,每一个都附有详细的实施计划和时间表。CANSO 与各国和行业伙伴进行合作,在全球范围内同时开展工作,力求在 2020 年实现该战略目标。随着项目的逐步开展,CANSO 也不断制定新的法规以跟上技术的进步,并从各地区收集宝贵的意见。

7.7.6 主要工作

CANSO 以促进空中航行交通管理服务的高效开展为目标,积极开展多项工作,主要有:

① 建立国际论坛,促进空中交通管理相关问题的交流讨论。

② 培养国际空中航行服务专家,促进全球空中航行服务提供者(ANSP)和其利益相关者之间的经验交流。

③ 积极与航空公司、供应商、机场等运输行业的利益相关者进行联络沟通,促进航空业的整体效益。

④ 推动世界范围内空中交通管理思想的传播,并从空中航行服务提供者(ANSP)的角度来解决当代航空运输业中存在的问题。

⑤ 参与其他国际组织,尤其是 ICAO,积极发表意见,维护成员的利益。

⑥ 制定和完善相关的法律法规,提高成员的国际地位。

7.8　航空运输行动小组

7.8.1　基本情况

航空运输行动小组(Air Transport Action Group,ATAG)是一个非营利组织,代表着众多航空从业者的利益。它是全球唯一一个全行业组织,涵盖航空业的各个方面,使每一个从业者都有机会发表他们的观点,从而促进航空业的可持续增长,为全球社会带来福利。

ATAG 的资金完全由其成员提供,如机场、航空公司、飞机机体和发动机制造商、空中导航服务供应商、航空公司飞行员和空中交通管制工会、航空商业公司、旅游和贸易合作伙伴、地面交通和通信供应商商会等。ATAG 成员的多样性,增强了其可信度和其影响力水平。

7.8.2　成　员

ATAG 在全球范围内拥有 50 多个成员,分为四类,其中一类是为其提供运作资金的成员,即基金成员,二和三类是正式会员和准会员,四类是合作伙伴。在 ATAG 的所有成员中有 14 家公司为其提供资金,分别是空中客车集团(Airbus)、国际机场协会(ACI)、ATR 飞机制造商、波音公司(Boeing)、庞巴迪飞机制造集团、CFM 国际公司、民用航空航行服务机构(CANSO)、巴西航空工业公司、通用电气航空集团、霍尼韦尔国际集团、国际航空运输协会(IATA)、普拉特·惠特尼集团、罗尔斯罗伊斯集团、赛峰集团。

7.8.3　组织机构

ATAG 的执行机构为董事会,负责 ATAG 的预算审核,向 ATAG 大会提供政策和战略意见,还负责执行董事的任命工作。

董事会的成员由大会从董事会的推举人中选举产生,每三年一次,若董事会成员出现空缺,则由董事会暂时指派,其资格由次年大会认定。

ATAG 的董事会成员现有 15 个,其中 14 个为上述的基金成员,另外一个来自美国航空集团。

此外,ATAG 还设有两个正式成员代表,由亚太航空公司协会和国际商业航空委员会的派出人员担任。

7.8.4　愿景和使命

ATAG 的愿景和使命是关注航空业的普遍性问题,为企业和政府提供交流磋商的机会。

为此,ATAG 做出了如下努力:

① ATAG 提倡对于跨行业的问题应采取交流协商的方法,比如公开讨论。

② 进行适当研究,以实现数据和信息的统一。

③ 积极改善航空也对全球经济和社会的影响,以灵活和开放的心态,创造一个透明的对话环境。

7.8.5 主要工作

由于其成员的广泛性和其所做出的努力,ATAG 被国际社会看作值得信赖的信息来源,这使得其能够与各国政府、政府间组织和有关各方积极磋商,改善全球航空运输环境。

ATAG 为全球航空从业者提供大量的信息、数据和有关的预测,并将其通过出版物发行。

ATAG 通过社交媒体开展全球范围内的航空活动,以促进航空业的可持续发展。

ATAG 还组织了备受关注的全球会议,比如一年一度的全球可持续航空峰会,以凝聚行业力量,解决气候变化对航空业的影响问题。

7.9 国际商业航空委员会

7.9.1 基本情况

国际商业航空委员会(International Business Aviation Council,IBAC)由分布在世界各地的 14 个商务航空协会组成,代表着六大洲超过 11 000 名成员的利益。IBAC 是一个非营利性组织,由经验丰富的专业人员组成,其总部设在加拿大蒙特利尔,现任总干事为库尔特·爱德华兹(Kurt Edwards)。

7.9.2 成　员

IBAC 的成员为 14 个商务航空协会,分别是:澳大利亚商业航空协会(Australian Business Aviation Association,ABAA)、巴西商业航空协会(Associaçao Brasileira de Aviáçáo Geral,ABAG)、亚洲商业航空协会(Asian Business Aviation Association,AsBAA)、印度商业航空管理协会(Business Aircraft Operators Association (India),BAOA)、英国商业与通用航空协会(British Business and General Aviation Association,BBGA)、加拿大商业航空协会(Canadian Business Aviation Association,CBAA-ACAA)、欧洲商业航空协会(European Business Aviation Association,EBAA)、欧洲

商业航空会议(法国)(European Business Aviation Council - France,EBAA - France)、德国商业航空协会(German Business Aviation Association,GBAA)、意大利商业航空协会(Italian Business Aviation Association,IBAA)、日本商业航空协会(Japan Business Aviation Association,JBAA)、中东商业航空协会(Middle East Business Aviation Association,MEBAA)、美国商业航空协会(National Business Aviation Association,NBAA)、俄罗斯商业航空协会(Russian United BusinessAviation Association,RUBAA)。

7.9.3 愿景和使命

IBAC的愿景和使命是推动和参与国际监管以及政策的制定,代表和保护商业航空的利益。

7.10 亚太航空公司协会

7.10.1 历史背景

亚太航空公司协会(Association of Asia Pacific Airlines,AAPA)源自于1965年亚洲航空公司的一次非正式会议,在这次会议上,各航空公司提出建立区域合作组织的构想。1966年9月30日,中华航空公司、大韩航空公司、马来西亚航空公司和菲律宾航空公司联合成立东方航空研究局。如其名字所示,这个机构建立之初的主要目的是为了进行调查研究与统计等工作。在四个成员的通力合作下,该机构对亚太地区航空业的发展起到了巨大的促进作用。

随后,该机构的成员不断增加。1967年,日本航空公司、印度鹰航航空公司和越南航空公司加入了该协会。1968年,泰国航空公司加入。1970年,澳洲航空公司、国泰航空公司加入。1972年,新加坡航空公司从马来西亚航空公司中独立出来,新加坡航空公司与新的马来西亚航空成为两个独立会员。1977年,文莱皇家航空公司加入。1988年,全日航空公司和新西兰航空公司加入。20世纪90年代,长荣航空、韩亚航空和港龙航空分别加入。

1996年,原东方航空研究局更名为亚太航空公司协会,以更好地反映成员的地理分布。如今的AAPA已经成为立足于亚太地区的国际性航空协会,其在马来西亚吉隆坡设有常务秘书处,同时在布鲁塞尔和华盛顿设有代表机构。

现在,AAPA在国际航空业中扮演着越来越重要的角色,其成员航空公司的服务标准也早已成为行业的标杆。

7.10.2 成 员

今天AAPA拥有16个正式成员,分别是阿斯塔纳航空公司(Air Astana)、全日航空公司(All Nippon Airways)、韩亚航空公司(Asiana Airlines)、曼谷航空公司(Bangkok Airways)、国泰航空公司(Cathay Pacific Airways)、中华航空公司(China Airlines)、港龙航空公司(Dragonair)、长荣航空公司(EVA Airways)、印度鹰航航空公司(Garuda Indonesia)、日本航空公司(Japan Airlines)、大韩航空公司(Korean Air)、马来西亚航空公司(Malaysia Airlines)、菲律宾航空公司(Philippine Airlines)、文莱皇家航空公司(Royal Brunei Airlines)、新加坡航空公司(Singapore Airlines)和泰国国际航空公司(Thai Airways International)。

7.10.3 组织机构

AAPA 的最高机构为主席大会,由一名首席执行官和多名航空公司高级官员组成,负责 AAPA 的一切行政和管理事务。大会下辖执行委员会、安全委员会、航行政策委员会、航线服务委员会和技术委员会,每个委员会又下辖多个工作小组。

1. 执行委员会

执行委员会(Executive Committee,EXCO)的主要工作是协助大会制定并颁布政策,执行委员会由五名成员组成,包括一名主席、一名副主席和另外三名成员,这三名成员每人任期三年,而主席和副主席的职务则每年由各航空公司的代表轮流担任。执行委员会下辖公共关系管理工作小组(Public Relations Managers Working Group,PRMWG)和环境工作小组(Environmental Working Group,EWG)。

公共关系管理工作小组的主要职责是在亚太地区进行推广和宣传工作,该工作组成立于 2001 年,并直接向总干事负责。

环境工作小组的成立主要是为了解决困扰航空公司的环境问题,并提出相关建议。同时,该小组还作为一个联络点,在国际舞台上代表成员国和亚太地区的利益。

2. 安全委员会

安全委员会(Security Committee,SC)的主要工作是解决技术与商业两方面的安全问题,从而保护航空公司的航行安全。安全委员会下辖货物安全工作小组(Cargo Security Working Group,CSWG),负责 AAPA 成员与其他航空公司之间有关货运业务的安全问题。

3. 航行政策委员会

航行政策委员会(Aeropolitical Committee,AC)的定位是作为一个国际论坛,以确定和讨论航行政策问题。该委员会侧重于对航行政策的监管工作,以提升 AAPA 成员航空公司的竞争力,提高经济效益。该委员会没有下辖小组。

4. 航线服务委员会

航线服务委员会(Airline Services Committee,ASC)的主要工作是关注行业的发展,通过商业化运作来促进成员航空公司的效率,同时维护消费者的利益。该委员会下辖了多个小组，包括危机管理协调小组（Crisis Management Coordination Group，CMCG）、货运工作小组（Cargo Working Group，CWG）、分配工作小组（Distribution Working Group，DWG）、应急响应计划工作小组（Emergency Response Planning Working Group，ERPWG）、简化手续工作小组（Facilitation Working Group，FWG）、防欺诈工作小组（Fraud Prevention Working Group，FPWG）、北美工作小组（North American Working Group，NAWG）、信息管理工作小组（Management Information Working Group，MIWG）。

危机管理工作小组是在 2003 年非典期间为监测非典对航空业的影响而建立的，其宗旨是在发生行业危机时能够及时地将信息准确而快速地传递给公众。危机管理小组与世界各权威组织取得了联系，包括国际民航组织、疾病预防和控制中心、世界卫生组织等。还与各行业伙伴达成了合作关系，如国际航空运输协会、亚洲太平洋旅游协会联合国世界贸易组织等。同时，该小组还与各航空公司的政府部门密切合作，以及时提供警报信息。

货运工作小组的主要工作是促进航空公司的货运业务高效安全的开展。

分配工作小组的主要任务是解决航空业的分布问题，通过低成本和高效的服务为客户提供分销渠道。

应急响应计划工作小组成立的目的是提高各成员航空公司对于应急反应计划的重视程度，通过开展一系列的培训活动，使得航空公司在事故发生时能够快速采取最优行动。

简化手续工作小组的主要责任是开展相关的论坛，促进事务的高效和便利化处理，使乘客得到最佳的旅游体验。

防欺诈工作小组通过建立大型的信息交流网络开展相关活动，以提高 AAPA 各成员航空公司及其工作人员的欺诈防范意识。该小组与秘书处和其他行业利益相关者达成合作，对犯罪分子的作案手法进行分析，防范欺诈事件的再次发生。

北美工作小组帮助各成员航空公司关注对北美机场航空服务的经济性和效率产生重大影响的问题，比如影响乘客及货物装卸效率的问题、不合理的行政或财务负担的问题等。

信息管理工作小组的主要工作是进行数据的收集处理和信息的传播，同时为成员航空公司提供讨论统计流程和信息政策的平台。

5. 技术委员会

技术委员会（Technical Committee，TC）通过提供战略指导来加强成员之间的合作，提高航空公司的安全性、可靠性、经济性和效率，并建立了一个沟通机制，使成员之间能够就利益问题快速进行沟通。该委员会下辖三个工作小组，分别是工程维护工作小组（Engineering and Maintenance Working Group，EMWG）、飞行运行与安全工作小组（Flight Operations and Safety Working Group，FOSWG）、物资管理工作小组(Materials Management Working Group,MMWG)。

工程维护工作小组的工作目标与技术委员会的整体目标一致,其侧重点在于促进成员之间在工程和维修等方面的沟通,维护成员航空公司的利益。

飞行运行与安全工作小组的工作目标也与技术委员会的整体目标一致,其工作侧重点在于关注行业机构的飞行操作和安全问题,维护成员航空公司的利益。

物资管理工作小组成立的目的是促进成员航空公司之间的信息交流,帮助成员与原始设备制造商(OEM)取得联络,以保证成员航空公司能够得到成本最低的最佳服务。

参考网站

[1] www.icao.int 国际民用航空组织网站.
[2] www.caac.gov.cn 中国民用航空局网站.
[3] www.capsca.org 预防和管理民用航空公共卫生事件的协作安排网站.
[4] www.itu.int 国际电信联盟网站.
[5] www.afcac.org 非洲民用航空委员会网站.
[6] www.ecac-ceac.org 欧洲民用航空会议网站.
[7] www.iata.org 国际航空运输协会网站.
[8] www.aci.aero 国际机场理事会网站.
[9] www.ifalpa.org 航空公司驾驶员协会国际联合会网站.
[10] www.iaopa.org 航空器拥有者和驾驶员协会国际理事会网站.
[11] www.canso.org 民用航空航行服务机构网站.
[12] www.atag.org 航空运输行动小组网站.
[13] www.ibac.org 国际商业航空委员会网站.
[14] www.aapairlines.org 亚太航空公司协会网站.

参考文献

[1] 张志良. 乘风破浪会有时 直挂云帆济沧海——纪念国际民航组织成立60周年[J]. 中国民用航空,2004,(10):72-74.

[2] 张志良. 承前启后 继往开来——记国际民航组织第32届大会[J]. 民航经济与技术,1998,(10):32-33.

[3] 朱济杰. 国际民航组织推动CNS/ATM系统的实施[J]. 民航经济与技术,1997,(03):47-51.

[4] 张志良. 国际民航界的盛会——国际民航组织第31届大会追记[J]. 民航经济与技术,1995,(12):24-26.

[5] 李树林. 国际民航组织的昨天、今天和明天——写在国际民航组织成立50周年之际[J]. 民航经济与技术,1994,(11):50-51,22.